持ち歩き

花の事典 970種

知りたい花の名前がわかる

金田初代・文　金田洋一郎・写真

西東社

はじめに

　毎年あらたな園芸品種が大量に生み出され、外国からも新種の植物が入ってきて、初めて見る花や聞いたことのない名前に接することが多くなりました。使われている名称も和名、学名、俗名、流通名、品種名などさまざまで、どれが何だかわからないという方も多いことでしょう。本書では、約1000点の豊富な写真と解説で、現在出回っている約970種の花をご紹介しています。花屋さんの店先に並んでいた花、近所の庭先で見かけて名前のわからなかったあの花もきっと載っているはずです。

　「色と季節からさがせる花のカラー写真もくじ」は、花を色で分け、季節順に並べてあるので、色と咲く季節からめざす花をさがし出すことができます。また、巻末の「知りたい花の名前が見つかる総索引」には、タイトルの花名のほか本文中に記載した和名、英名、通称なども含めて50音順に掲載しましたので、目的の花をさがす一助にお役立てください。

もくじ

植物の基礎知識 …………………… 3
色と季節からさがせる
花のカラー写真もくじ ……… 4～27

本書の特徴と使い方 …………… 28
知りたい花の名前が
見つかる総索引 ………… 332～351

PART ❶ 春の花 29～126
ハナニラ

PART ❷ 夏の花 127～258
ペチュニア

PART ❸ 秋・冬の花 259～308
ハゲイトウ

PART ❹ 周年の花 309～329
アルストロメリア

＊春＝3～5月、夏＝6～8月、秋・冬＝9～2月、周年＝1～12月に分け、周年には、観葉植物などで一年中葉を楽しめるものや、切り花での流通が多く周年出回るものを含みます。

植物の基礎知識

花のつくりと名称

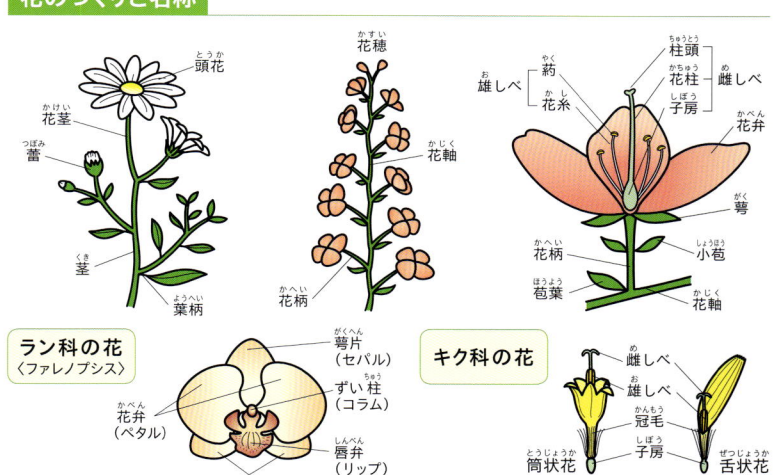

頭花／花茎／蕾／茎／葉柄／花穂／花軸／花柄／雄しべ（葯・花糸）／雌しべ（柱頭・花柱・子房）／花弁／萼／小苞／苞葉／花軸／花柄

ラン科の花〈ファレノプシス〉
萼片（セパル）／ずい柱（コラム）／花弁（ペタル）／唇弁（リップ）／萼片（セパル）

キク科の花
雌しべ／雄しべ／冠毛／筒状花／子房／舌状花

花の形

漏斗形	高坏形	唇形	鐘形・ベル形	壺形	蝶形
（アサガオなど）	（フロックスなど）	（サルビアなど）	（カンパニュラなど）	（スズランなど）	（スイートピーなど）

上唇弁／下唇弁／花筒

主な管理方法

花がら摘み
咲き終わった花を摘み取ることで、タネをつけて株が弱るのを防ぎ、病気の発生もおさえる。

切り戻し
花後や姿が乱れたときは、茎を2分の1から3分の1程度切りつめると、新しい枝が伸びて、再び花をつける。

摘心
枝や茎の先端を摘むと、わき芽が伸びて枝数が増え、花をたくさんつける。また、草丈をおさえることもできる。

色と季節からさがせる
花のカラー写真もくじ

本書で取り上げた花を色別に分け、その花が最もよく咲く季節の順に並べてあります。色から、季節からお気に入りの花を見つけることができます。葉や実を観賞するものは別にまとめました。

花の色 **赤** ………… 4	花の色 **青・紫** ………… 21
花の色 **黄・オレンジ** ……… 7	花の色 **その他** ………… 26
花の色 **ピンク** ………… 12	**葉や実**でさがす ………… 26
花の色 **白** ………… 18	

●写真右下の数字は掲載ページ　●❤️🧡🤍💚：その花の主な花色　●葉🍃 実🍎🍋：葉と実の主な色

花の色 赤 RED

春

アマリリス 36	イースターカクタス 39	クモマグサ 61	クリアンサス 61

グレビレア 63	ゲイッソリザ 67	コルムネア 69	ストロベリーキャンドル 81	スパラキシス 82

花のカラー写真もくじ

ネメシア 94	フリージア 105	マネッチア 115	
ミムラス 115	ミルトニア 116	ラケナリア 119	ロータス 124

夏

	アカバナマツムシソウ	アカリファ 129	アナナス類 139	アブチロン 140

ガイラルディア 154	カカリア 155	クリヌム 166	クレロデンドルム 168	グロキシニア 169

グロッバ 170	グロリオーサ 171	ケイトウ 172	ゴデチア 175	サラセニア 180

花のカラー写真もくじ

サルビア／セージ 178	サルピグロッシス 181	サンタンカ 181	ジニア 184	スイレン 187
バーベナ	スミシアンタ 188	タチアオイ 193	ダリア 192	ツキヌキニンドウ 195
バーベナ 208	ハイビスカス 209	ハエマンツス 207	ハナキリン 212	ハナタバコ 213
ベゴニア 226	ベッセラ 230	ヘリクリサム 232	ベロペロネ 233	モナルダ 246
モミジアオイ 247	ランタナ 253	ロケア 256	秋・冬	エリカ 262

花のカラー写真もくじ

277 シクラメン	278 シャコバサボテン		291 ハゲイトウ	299 ポインセチア

302 ミナ・ロバータ	304 リカステ	307 ルコウソウ	周年	312 アンスリウム

324 バラ	323 バンクシア	327 ヘリコニア	328 マスデバリア	328 レウカデンドロン

花の色
黄・オレンジ
YELLOW・ORANGE

春

31 アキレギア	 33 アステリスカス	 37 アリッサム	 38 アルクトティス

7

花のカラー写真もくじ

41 ウォールフラワー	42 エニシダ	43 エビネ	44 エランティス	45 エリスロニウム
57 キングサリ	47 オクナ	50 カリフォルニアデージー	51 カルセオラリア	54 カロライナジャスミン
	60 キンセンカ	62 クリサンセマム	67 クンシラン	78 スクテラリア
79 ステイロディスカス	87 セリンセ	91 ディモルフォセカ	93 ナノハナ	98 ハナビシソウ
104 フリティラリア	107 ブルビネラ	110 ベニジウム	111 ペンツィア	

夏

名称	ページ
ポピー	112
リムナンテス	122
アスクレピアス	133
アフェランドラ	138
アラマンダ	141
アルケミラ	143
アルブカ	144
アロンソア	144
ウイキョウ	147
ウォーターポピー	147
エスキナンサス	149
エレムルス	152
ガザニア	155
カランドリニア	159
クラスペディア	160
カレープランツ	160
カンナ	161
キンレンカ	162
グラジオラス	165
クロコスミア	169
クロッサンドラ	170
コウホネ	174

花のカラー写真もくじ

花のカラー写真もくじ

| 176 コレオプシス | 182 サンビタリア | 193 チグリディア | 194 チトニア |

| 197 ツンベルギア | 199 ディッソディア | 200 テコマリア | 202 トリトマ | 205 トロロアオイ |

| 206 ノウゼンカズラ | 210 パキスタキス | 215 ヒオウギ | 216 ヒペリクム | 217 ヒマワリ |

| 230 ベニバナ | 231 ヘメロカリス | 239 マーマレードノキ | 240 マツバギク |

| 243 マトリカリア | 241 マリーゴールド | 246 メランポディウム | 248 ヤトロファ | 255 リシマキア |

10

花のカラー写真もくじ

秋・冬

| 257 ルドベキア | 312 アロエ | 264 オドントグロッサム | 266 オミナエシ |

| 266 オンシジウム | 281 ステルンベルギア | 283 ソリダスター | |

| 287 デンドロビウム | 292 ハツコイソウ | 292 パフィオペディルム | 295 ビデンス |

| 296 フクジュソウ | 303 ヤナギバヒマワリ | 304 ユリオプスデージー | 305 リコリス | 308 レオノチス |

周年

| 311 アルストロメリア | 317 サンダーソニア | 317 ストレリチア | 326 ブラッシア |

11

花のカラー写真もくじ

花の色
ピンク
PINK

春

アイノカンザシ 30	アグロステンマ 30	アザレア 32	アスタルテア 33

アッツザクラ 34	アニソドンテア 37	アルメリア 38	イキシア 39	イベリス 40

カーネーション 48	ガーベラ 49	カンガルーポー 54	ギョリュウバイ 57

キンギョソウ 59	クジャクサボテン 60	クルメツツジ 62	クレピス 63	ケマンソウ 69

12

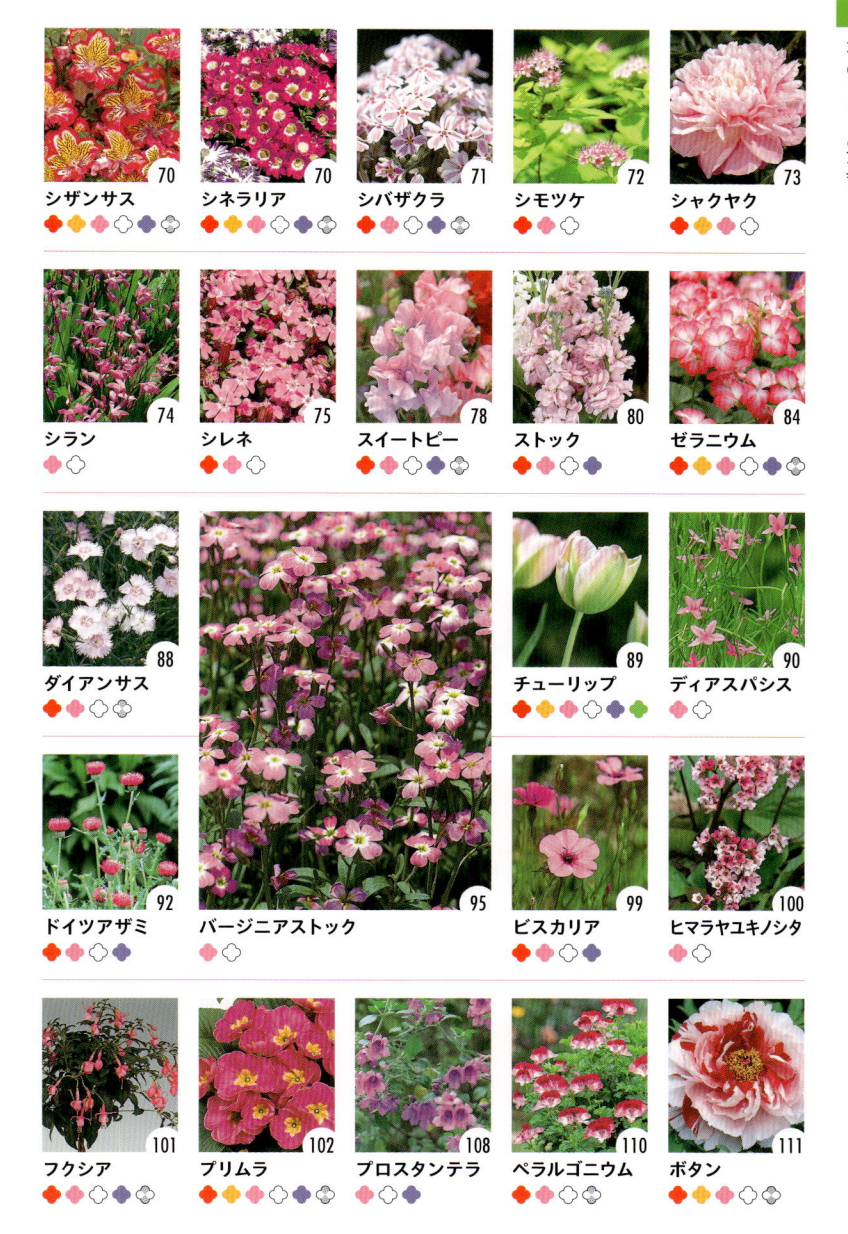

花のカラー写真もくじ

シザンサス 70	シネラリア 70	シバザクラ 71	シモツケ 72	シャクヤク 73
シラン 74	シレネ 75	スイートピー 78	ストック 80	ゼラニウム 84
ダイアンサス 88		チューリップ 89	ディアスパシス 90	
ドイツアザミ 92	バージニアストック 95	ビスカリア 99	ヒマラヤユキノシタ 100	
フクシア 101	プリムラ 102	プロスタンテラ 108	ペラルゴニウム 110	ボタン 111

13

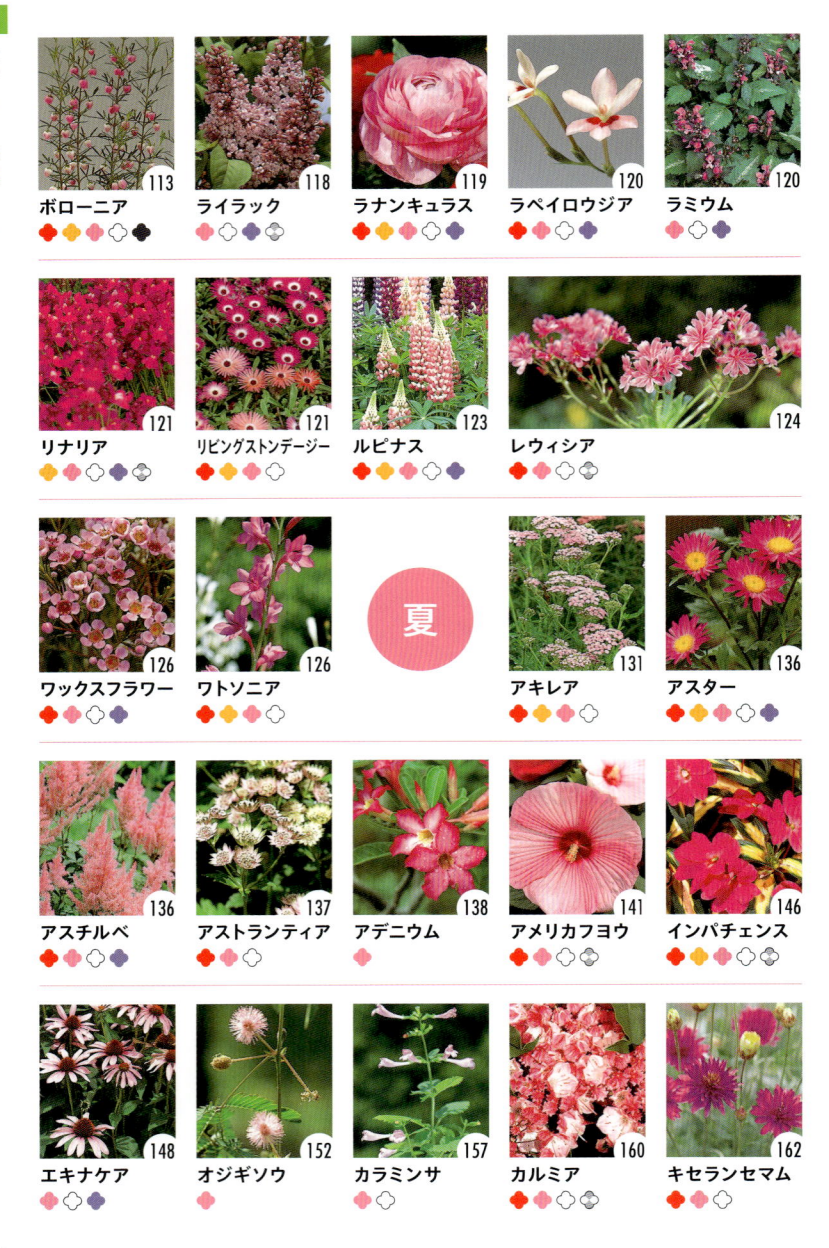

花のカラー写真もくじ

113 ボローニア	118 ライラック	119 ラナンキュラス	120 ラペイロウジア	120 ラミウム

121 リナリア	121 リビングストンデージー	123 ルピナス	124 レウィシア	

夏

126 ワックスフラワー	126 ワトソニア		131 アキレア	136 アスター

136 アスチルベ	137 アストランティア	138 アデニウム	141 アメリカフヨウ	146 インパチェンス

148 エキナケア	152 オジギソウ	157 カラミンサ	160 カルミア	162 キセランセマム

14

花のカラー写真もくじ

164 クフェア	167 クルクマ	167 クレオメ	173 ケロネ	180 サザンクロス

183 ジギタリス	186 スカビオサ	191 タイム	188 ストケシア

| 189 ストレプトカーパス | 190 スモークツリー | | 195 ツキミソウ（昼咲きツキミソウ） |

196 ツボサンゴ	198 ディアスキア	199 ディサ	202 デロスペルマ	207 ニチニチソウ

211 ハス	213 ハナスベリヒユ	214 ハナトラノオ	214 ハブランツス	215 バンドレア

15

花のカラー写真もくじ

ヒソップ 216	ヒメツルソバ 218	ヒメノボタン 219	フィゲリウス 219
ブーゲンビレア 220	ブータンノボタン 221	ブッドレア 222	フロックス 225 / ペチュニア 228
マツバボタン 240	ヘリプテラム 233	ペンステモン 235	ペンタス 235 / ポドラネア 238
	マンデビラ 242	メディニラ 245	ラバテラ 253 / リアトリス 256

秋・冬

アルテルナンテラ'千日小坊' 143	エピデンドルム 261	カトレア 267

花のカラー写真もくじ

カランコエ 268		カルーナ 269	コーレア 273	コスモス 275
コルチカム 274	シュウカイドウ 279	シュウメイギク 279	シンビジウム 280	ツルバギア 286
ニンニクカズラ 289	ネリネ 289	ハボタン 293	フジバカマ 297	ブバルディア 297
ベラドンナリリー 298	ベンケイソウ 299	ポリクセナ 301		ミセバヤ 301
ルクリア 307	周年	カスミソウ 313	ピンクッションフラワー 323	プロテア 327

17

花のカラー写真もくじ

花の色
白
WHITE

春

| エリゲロン 44 | オーニソガラム 46 | カロコロツス 51 | シャスターデージー 72 |

| スイートアリッサム 76 | スイセン 77 | スズラン 79 | スノーフレーク 82 | セラスチウム 83 |

| デージー 92 | ハゴロモジャスミン 96 | プシュキニア 101 | マーガレット 114 | リューココリネ 122 |

夏

| ワイルドストロベリー 125 | エンジェルストランペット 151 | ガーデニア 153 | ガウラ 154 |

18

花のカラー写真もくじ

| 157 カモミール | 159 ガルトニア | 163 クジャクアスター | 171 ゲッカビジン | 177 サギソウ |

| 190 ゼフィランサス | 182 サンユウカ | 183 シダルケア | 186 ジンジャー |
| | 194 チューベローズ | 198 ディクロモナ・コロラタ | 203 トケイソウ |

| 210 バコパ | 211 バジル | 218 ヒメノカリス | 221 フウセントウワタ | 222 ブライダルベール |

| 223 プルメリア |  236 ホウセンカ |  239 マダガスカルジャスミン |  244 ミント |

19

花のカラー写真もくじ

ユーコミス 249	ユーフォルビア 249	ユリ 250	ヨルガオ 252	ラグルス 252

秋・冬

アシダンテラ 260	アマゾンリリー 260	アメシエラ 261	オキザリス 265

キク 270	クリスマスローズ 272	ダイモンジソウ 286	ゲッキツ 273	スノードロップ 281

セネシオ 282	セロジネ 283	デンドロキルム 288	パンパスグラス 294	ファレノプシス 296

周年

アルピニア 310	カラー 314	スパティフィラム 319	レースフラワー 329

20

花のカラー写真もくじ

花の色
青・紫
BLUE・PURPLE

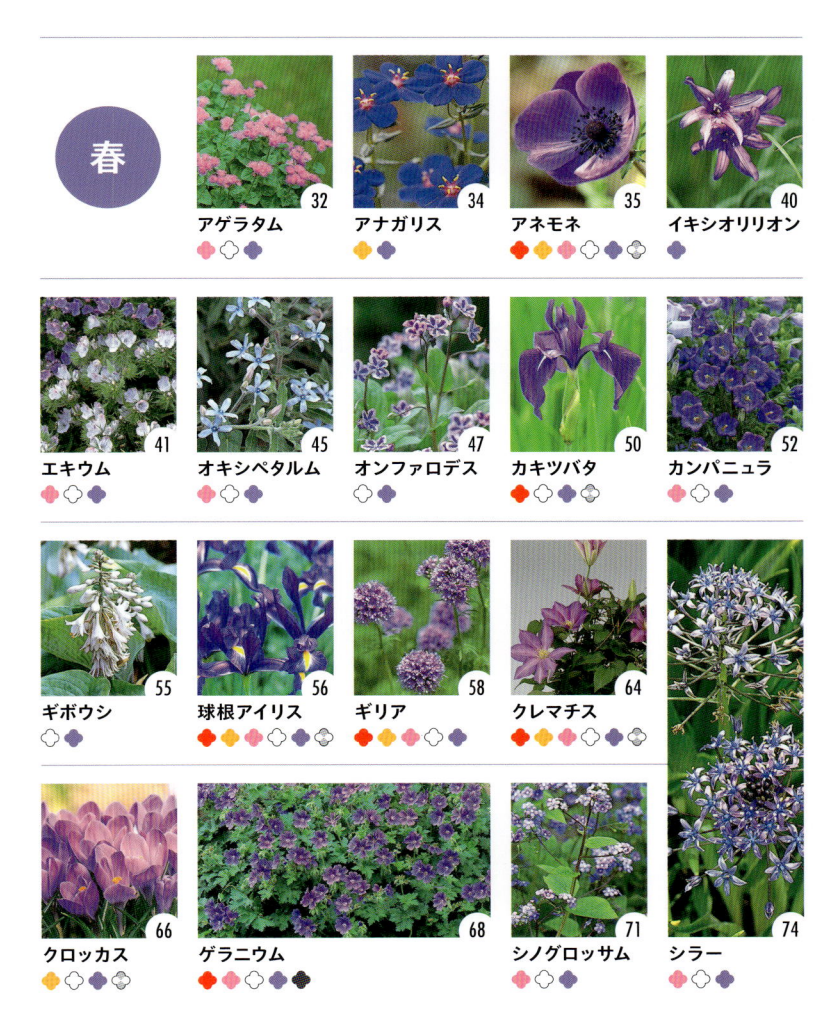

春

アゲラタム 32	アナガリス 34	アネモネ 35	イキシオリリオン 40
エキウム 41	オキシペタルム 45	オンファロデス 47	カキツバタ 50	カンパニュラ 52
ギボウシ 55	球根アイリス 56	ギリア 58	クレマチス 64	シラー 74
クロッカス 66	ゲラニウム 68	シノグロッサム 71		

花のカラー写真もくじ

シンバラリア 76	セアノサス 83	セントーレア 86	
ダンピエラ 87	チオノドクサ 90	トリテレイア 93	ネモフィラ 95
ニゲラ 94	ハナニラ 96	バビアナ 98	パンジー／ビオラ 97	ヒアシンス 99
ファセリア 100	ブラキカム 105	ブルークローバー 106	ブルーデージー 106	プルモナリア 107
ブルンフェルシア 109	ヘーベ 109	ミヤコワスレ 116	ムスカリ 117	ラークスパー 118

花のカラー写真もくじ

夏

| ワスレナグサ 125 | | アーティチョーク 128 | アガパンサス 129 |

| アカンサス 130 | アキメネス 130 | アサガオ 132 | アサリナ 133 |

| アジサイ 134 | アスペルラ 137 | アリウム 142 | アンゲロニア 145 | |

| イソトマ 145 | エキザカム 148 | | エキノプス 149 | エボルブルス 150 |

| エリンジウム 150 | オレガノ 153 | カタナンケ 156 | キキョウ 161 | クリトリア 166 |

23

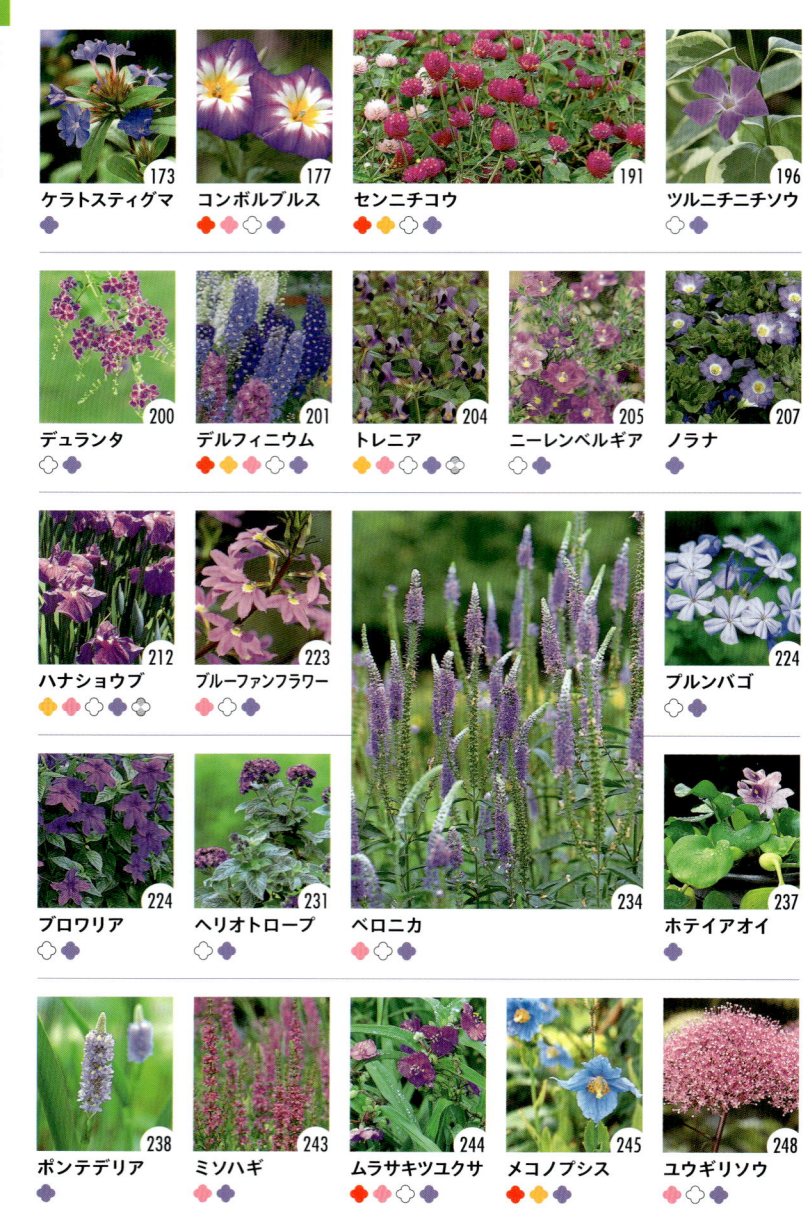

花のカラー写真もくじ

ケラトスティグマ 173	コンボルブルス 177
センニチコウ 191	ツルニチニチソウ 196
デュランタ 200	デルフィニウム 201
トレニア 204	ニーレンベルギア 205
ノラナ 207	ハナショウブ 212
ブルーファンフラワー 223	プルンバゴ 224
ブロワリア 224	ヘリオトロープ 231
ベロニカ 234	ホテイアオイ 237
ポンテデリア 238	ミソハギ 243
ムラサキツユクサ 244	メコノプシス 245
ユウギリソウ 248	

花のカラー写真もくじ

ラベンダー 254	ロベリア 258	秋・冬	エレモフィラ 264	カリオプテリス 269

	サフラン 276	シオン 276	ソラナム〈ルリヤナギ〉 284
トリカブト 288	ノボタン 290	ハーデンベルギア 291	バンダ 294

ブルーキャッツアイ 298	ホトトギス 300	モラエア 302	ユウゼンギク 303	リンドウ 306

周年	スターチス 318	セントポーリア 319	トルコギキョウ 322	ローズマリー 329

25

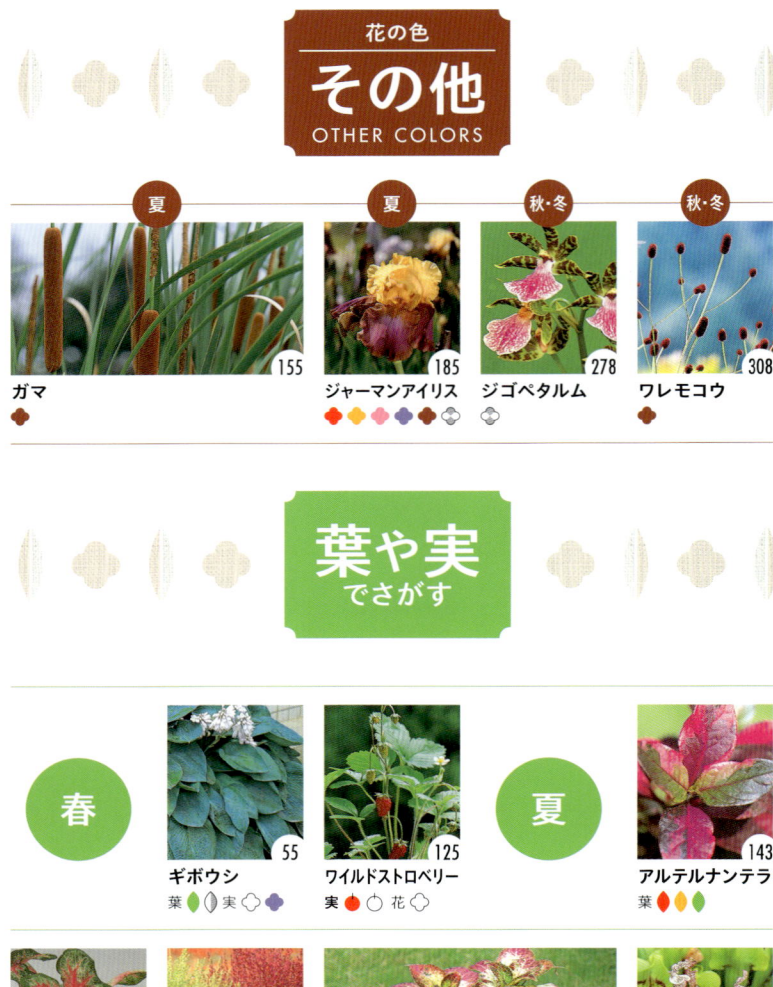

花のカラー写真もくじ

花の色 その他 OTHER COLORS

ガマ 夏 155

ジャーマンアイリス 夏 185

ジゴペタルム 秋・冬 278

ワレモコウ 秋・冬 308

葉や実でさがす

春

ギボウシ 55
葉 実

ワイルドストロベリー 125
実 花

夏

アルテルナンテラ 143
葉

カラジウム 158
葉

コキア 174
葉

コリウス 175
葉

サラセニア 180
葉 花

26

花のカラー写真もくじ

シペラス 185 葉	テラスライム 201 葉	フウセンカズラ 220 実	ホオズキ 237 実	モルセラ 247 葉

秋・冬

カルーナ 269 葉 花	ゴシキトウガラシ 274 実	ソラナム〈フユサンゴ〉 284 実	ピラカンサ 295 実

周年

フウセントウワタ 221 実 花	アエオニウム 310 葉	アルピニア 310 葉 花	アロエ 312 葉 花

カゲツ 315 葉	サボテン類 316 葉	ザミア 315 葉	セダム 320 葉	ダスティーミラー 321 葉

チランドシア 321 葉	デュランダ'ライム' 200 葉	ニューサイラン 322 葉	フェスツカ 326 葉	ローズマリー 329 葉 花

27

本書の使い方

花名（植物名）
現在、花の名前には属名、和名、流通名などいろいろのものが使われていますが、本書ではタイトルに、園芸店などで一般的に使われている名称を使用しました。

花色（葉色、実色）
主な色を表示しました。◆は赤色を表します。以下 ◆（黄・オレンジ）◆（ピンク）◇（白）◆（青・紫）◆（緑）◆（淡青）◆（灰、銀）◆（褐色）◎（複色＝覆輪、斑入りなども含む）。花以外は 葉◆ 実◆ としました。

ヒアシンス ◆◆◆◇◆

Hyacinthus

ヒアシンス科／耐寒性秋植え球根　別名：ヒヤシンス　花ことば：勝負、遊戯

原産地：ギリシア、トルコ、シリア
花　期：3〜4月　出回り時期：9〜4月
用　途：鉢植え、庭植え、切り花、水栽培

特徴 肉厚の細長い葉の中から伸ばした太い花茎に、甘い香りのする花を穂状にまとめてつける。一重と八重の品種があって花色も豊富。切り花や水栽培などで室内でも楽しめる。

管理 室内で花を咲かせるには、凍らない程度の寒さにあわせてから部屋に入れる。

上／ヒアシンス
右／ヒアシンス
'ホリホック'

学名
花にはそれぞれ世界共通の学名があります。国際的な規約に基づいて決められた学名を知っていれば、どこででも花の話題を共有することができます。本書ではタイトル部には属名のみを、説明のなかで必要なものには、属名＋種小名＋'品種名'を表記しました。スペースの都合上、本文中では属名を省略し、種小名または品種名のみになっています。

科名　その花が属する科の名称。

園芸分類と基本的な性質

【耐寒性】低温に耐えうる性質。戸外置きが可能。
【半耐寒性】霜や強い寒さに当てなければ、軒下や南向きのベランダなどで越冬が可能。
【非耐寒性】寒さに弱い。冬期に暖かい室内などでの保護が必要。
【春まき】春にタネをまき、夏から秋に開花するもの。
【秋まき】秋にタネをまき、翌春から夏に開花するもの。
【1年草】タネをまいてから1年以内に開花結実し、その後枯死する草本植物。
【2年草】発芽したその年は花が咲かず、2年目になって開花結実するもの。
【多年草】1年で枯死せず、根、芽、茎、葉が残って毎年芽を出すもの。
【球根】多年草のなかで、地下部が肥大して球状や塊状になっているもの。

別名　タイトルに使用した花名以外でよく使われている名前など。和名にはできるだけ漢字表記を付けました。

花ことば　植物にまつわる神話や伝説、その生態などから付けられたもので、英国で発表されたものを主に記しました。

原産地　原種が発見されたところ。

花期　その花が自然な状態で咲く時期。（葉や実を観賞する植物の場合は「観賞期」としました）

出回り時期　鉢植えや苗が店頭に出回る時期。一般に園芸店で売られている鉢花は促成栽培されることが多く、自然に咲く時期とは大きくずれていることもあります。

用途　その花にあった使い方。鉢植え（プランターなどコンテナ類をすべて含む）、庭植え（花壇や庭などへの地植え）、切り花（切り葉）、グラウンドカバー、ロックガーデン、つり鉢など。それぞれの花に適する順に並べてあります。

特徴　草丈、花の大きさ、話題、属名の由来などを解説しました。

管理　置き場所、水やり、冬越しの方法など、鉢植えの管理を中心にしました。

※本書は特に明記しない限り、2013年12月2日現在の情報に基づいています。

PART 1

春の花
SPRING

春

アイノカンザシ 愛の簪 ●○

Bauera

ユキノシタ科／半耐寒性常緑低木　別名：エリカモドキ、バウエラ

原産地：オーストラリア南東部
花　期：3〜5月　出回り時期：2〜5月
用　途：鉢植え

特徴 濃桃色の愛らしい花をよく茂った細い枝に下向きにたくさんつけて、初夏の頃まで次々と開いていく。エリカに似ているのでエリカモドキの和名があるが、高さ30cmほどの鉢花がアイノカンザシの通称で出回っている。

管理 春と秋は日当たりのよい戸外に置き、夏は雨の当たらない風通しのよい半日陰に移す。乾燥に弱いので、鉢土が乾いたらたっぷり水やりする。冬は室内の明るい窓辺に置き、凍らない程度に保つ。花がらはこまめに摘み取り、花後に切り戻して形を整える。

アイノカンザシ（バウエラ・ルビオイデス）

アグロステンマ ●○

Agrostemma

ナデシコ科／耐寒性秋まき1年草　別名：ムギセンノウ（麦仙翁）、ムギナデシコ

原産地：ヨーロッパ、コーカサス地方、アジア
花　期：5〜7月　出回り時期：5〜6月
用　途：庭植え、鉢植え、切り花

特徴 線形の葉をつけた細長い茎は60〜90cmになり、すじ状の斑点が入った桃赤色の5弁花は花びらの先が反り返って、全体が風になびくやさしい風情がある。属名はラテン語の「畑」と「王冠」からなり、畑に美しく咲くという意味だが、ヨーロッパではコムギ畑の雑草で厄介者扱いされているという。日本では切り花や花壇などに利用される。

管理 こぼれダネでも殖えるほど丈夫で、日当たりのよい場所でよく育つ。草丈が高くなり倒れやすいので支柱を立て、咲き終わった花がらはこまめに摘むと長く花を楽しめる。

アグロステンマ・ギタゴ

アキレギア ◆◆◇◆●✿

Aquilegia

春

キンポウゲ科／耐寒性多年草、春まき１年草　　別名：オダマキ（苧環）、西洋オダマキ

アキレギア'マッカナジャイアント'

原産地：ヨーロッパ中部、温帯アジア、北アメリカ
花　期：５〜６月　出回り時期：１〜５月
用　途：鉢植え、庭植え、切り花

(特徴) オダマキは日本にも自生し古くから親しまれているが、現在、主に出回るのは、ヨーロッパやアメリカのものを改良した花つきのよい園芸種で、草丈は約90cm。花びらのように見える萼片（がくへん）とその内側の花弁はともに５枚で、距の長いものが多い。花弁と萼片が同色のもの、複色のもの、距のない八重咲きなど多くの品種がある。花径６〜７cmの巨大輪花をつける'マッカナジャイアント'は切り花用の高性品種。

(管理) 花が咲き終わるまで風通しのよい明るい戸外に置き、鉢土が乾いたら水やりする。

カナダオダマキ

八重咲きオダマキ'ブラックバーロウ'

ミヤマオダマキ

アゲラタム 🌸🌼🟣　　　Ageratum

キク科／非耐寒性多年草、春まき１年草　　別名：アゲラツム、カッコウアザミ（藿香薊）

原産地：メキシコ、熱帯アメリカ
花　期：４〜10月　出回り時期：２〜９月
用　途：鉢植え、庭植え、切り花

特徴 青紫やピンク、白色の小さい花がこんもりと密集し、初秋まで次々と咲き続ける。矮性(わいせい)種でコンパクトなタイプが鉢花として多く出回る。属名は、花の色があせないことから「古くならない」という意味のギリシア語に由来。

管理 光線不足だと花つきが悪くなるので、日のよく当たる戸外に置く。初夏に半分程度切り戻すと秋に再び花が咲く。

アゲラタム

アゲラタム（白花）

アザレア 🌺🌸🌼🌼　　　Rhododendron

ツツジ科／半耐寒性常緑低木　　別名：西洋ツツジ（一躑躅）　　花ことば：節制

原産地：中国、日本
花　期：４〜５月　出回り時期：８〜４月
用　途：鉢植え

特徴 日本や中国のツツジをヨーロッパで鉢植え用に改良したもの。多くは大輪の八重咲きで、ピンク、赤、白、絞りや覆輪(ふくりん)など花色も豊富で華やか。本来は春の花だが、開花株が晩秋から出回り、冬から春の室内を飾る豪華な鉢花として人気がある。

管理 日当たりのよい窓辺やベランダに置き、強い寒さに当てないようにする。鉢土が乾いたらたっぷり水やりする。

上／アザレア'レオポルド'
右／アザレア'ニコレット'

アスタルテア

Astartea

春

フトモモ科／常緑低木

原産地：オーストラリア西部
花　期：4〜5月　出回り時期：2〜4月
用　途：鉢植え、切り花、庭植え

特徴 高さ1〜1.5m。よく枝分かれした細い枝に松葉を短くしたような葉をつけ、花径1cmほどのウメに似たピンクの5弁花を枝いっぱいに咲かせる。切り花が主だったが、最近では鉢花も早春から出回るようになった。属名はギリシア神話に登場する豊穣の女神アスタルティにちなむ。

管理 春から秋は日当たりと風通しのよい戸外に置くが、夏は涼しい半日陰に移す。晩秋に室内に入れ、明るい窓辺などで5℃以上を保つ。花後3分の1ほど切り戻して植え替える。

アスタルテア・ファッシキュラリス

アステリスカス

Asteriscus

キク科／耐寒性多年草

原産地：カナリア諸島〜ギリシア
花　期：4〜6月　出回り時期：3〜4月
用　途：鉢植え、庭植え

特徴 へら状の葉が互い違いにつき、花径約4cmとやや大きめの黄金色の花が草丈20〜30cmのコンパクトな株を覆うように咲く。茎や葉には短い毛が生えていてゴワゴワとした感じがある。'ゴールドコイン'や'ゴールデンダラー'、'ゴールデンボール'などの品種名でも出回る。

管理 春から秋は日の当たる戸外に置いて乾燥気味に管理し、高温多湿を嫌うので、夏は雨の当たらない風通しのよい涼しい場所に移す。花が終わったら切り戻して植え替える。

アステリスカス・マリティムス'ゴールドコイン'

春

アッツザクラ ◆◆❀○✦

Rhodohypoxis

キンバイザサ科／半耐寒性春植え球根　別名：ロドヒポクシス

原産地：南アフリカ
花　期：4～6月　出回り時期：1～5月
用　途：鉢植え、庭植え、ロックガーデン

特徴 短い葉の間から伸ばした花茎にピンクや白、赤色のかわいらしい花をつけ、次々と咲かせる。6弁花の直径は1.5～2cmで、雄しべや雌しべが極端に短くて見えない。大輪品種と八重咲き品種が多く出回っている。

特徴 開花株は日当たりのよい室内に置き、暑さに弱いので花後は戸外の涼しい半日陰に移す。葉が枯れたら鉢ごと乾燥させる。

アッツザクラ（大輪品種の赤花と白花）

八重咲きアッツザクラ

アナガリス ◆◆

Anagallis

サクラソウ科／半耐寒性常緑多年草　別名：ルリハコベ（瑠璃繁縷）、ピンパーネル

原産地：ポルトガル～スペイン
花　期：5～7月　出回り時期：3～6月
用　途：鉢植え、庭植え

特徴 日本でも伊豆諸島、紀伊半島、四国、九州、南西諸島などの海岸近くで見られる花で、地を這って広がった茎が斜めに立ち上がって10～50cmになり、鮮やかな青やオレンジ色の5弁花を多数つける。

管理 日光を好むので、できるだけ日当たりのよい場所に置き、夏は風通しのよい半日陰に移す。花後2分の1ほど切り戻すと秋に再び開花する。

アナガリス'スカイローバー'

アナガリス・アルウェンシス'スカーレット'

アネモネ ◆◆◆◇✿

Anemone

春

キンポウゲ科／耐寒性秋植え球根　別名：ボタンイチゲ（牡丹一華）、ハナイチゲ

アネモネ・コロナリア'デ・カーン'

アネモネ・コロナリア'モナリザ'

アネモネ・フルゲンス（吹き詰め咲きアネモネ）

アネモネ・ブランダ

原産地：地中海沿岸
花　期：2～5月　出回り時期：11～4月
用　途：鉢植え、庭植え、ロックガーデン

特徴 一般にアネモネというとコロナリアの園芸品種を指す。古代ギリシア時代から栽培されていたといわれ、春中カラフルな花を次々と咲かせてチューリップとともに世界中で親しまれている。草丈30～40cmで、太い茎の先に一重や半八重、八重の光沢のある美しい花を1つつける。吹き詰め咲き*のフルゲンスや野草の味わいをもつブランダも人気種。

管理 日当たりが悪いと花が咲かないので、開花株は戸外のできるだけ日当たりのよい場所に置き、鉢土の表面が乾き始めたら水を与える。花が咲き終わったら茎を根元から切り取る。

*吹き詰め咲き…雄しべが花弁化して発達し、キク科植物に多い丁字咲きのようになるもの。

アマリリス ❤️🌸💚🤍　　　Hippeastrum × hybridum

ヒガンバナ科／半耐寒性春植え球根　　別名：ヒッペアストラム　　花ことば：誇り

アマリリス'レッドライオン'

原産地：中央・南アメリカ
花　期：5～6月　出回り時期：ほぼ周年
用　途：鉢植え、庭植え、切り花

特徴 学名はヒッペアストラムだが一般には英名のアマリリスで流通する。球根から太い花茎を伸ばし、先端に豪華な大輪の花を2～4輪横向きに咲かせる。花の直径が20cm以上になる大輪花や、水さえ与えれば簡単に花が咲くオランダ直輸入のポット植えなどに人気がある。原種のシロスジアマリリスはピンクの中輪の花を秋に咲かせる。

管理 日当たりのよい暖かい場所に置き、開花中は鉢土の表面が乾き始めたら水やりする。夏は雨を避けて風通しのよい半日陰に移し、葉が枯れ始めたら凍らない場所に置く。

シロスジアマリリス

上／アマリリス'パサディナ'
右／アマリリス'レモンライム'

アニソドンテア

Anisodontea

春

アオイ科／半耐寒性多年草　別名：ヒメフヨウ（姫芙蓉）　花ことば：優しい感受性

原産地：南アフリカ
花　期：4〜6月　出回り時期：6〜7月、9月
用　途：鉢植え

特徴 木のように硬くなった高さ約1mの茎に切れ込んだ葉をつけ、上部の葉のわきから花柄を伸ばして愛らしい花を咲かせる。花は径約2cmの桃紫に濃色の脈がある5弁花で、朝開いて夕方しぼむ一日花だが、初夏の頃まで次々と咲き続ける。スタンダード仕立ての'サンレモ・クイーン'が鉢花で多く出回る。

管理 光線が弱いと花つきが悪くなるので、できるだけ日の当たる場所に置き、鉢土の表面が乾いたら水やりする。冬は室内の明るい窓辺で水を控えて冬越しさせる。

アニソドンテア・カペンシス
'サンレモ・クイーン'

アリッサム

Alyssum

アブラナ科／耐寒性常緑多年草　別名：ゴールドダスト　花ことば：美しさに勝る値打ち

原産地：地中海沿岸
花　期：2〜4月　出回り時期：1〜6月
用　途：鉢植え、ロックガーデン、つり鉢

特徴 ゴールドダストの英名で親しまれているサキサティリスは強い香りのする濃黄色の小さな花を咲かせ、ロックガーデンなどに利用される。モンタナムは茎が這うように伸びて、芳香のあるレモンイエローの花を咲かせる。

管理 できるだけ日当たりのよい戸外に置く。高温多湿に弱いので、夏は雨を避け風通しのよい半日陰に移す。花後軽く切り戻す。

アリッサム・サキサティリス

アリッサム・モンタナム
'マウンテンゴールド'

アルクトティス ◆◆○　　　　　　　　　　Arctotis

キク科／非耐寒性多年草、秋まき1年草　別名：ハゴロモギク（羽衣菊）、アフリカギク

原産地：南アフリカ
花　期：4～6月　出回り時期：4～5月
用　途：鉢植え、庭植え、切り花

特徴 草丈50～70cmで、灰白色の綿毛に覆われたやや大型の草花。長い花茎を伸ばし、先端に黄、オレンジ、クリーム色などのガーベラに似た花を1つ咲かせる。花の直径は約10cmで昼間は大きく開き、夜や曇天の日は閉じる。日本で出回るのはベニジウムとの交配種ベニディオ・アルクトティスなどで、ほとんどが交雑種である。

管理 日当たりが悪いと花が開かないので、日のよく当たる戸外に置く。水やりが多すぎると徒長するので、鉢土が乾いてからたっぷり与える。花がらは花茎の元から切る。

ベニディオ・アルクトティス'フレーム'（オレンジ色）と'ワイン'

アルメリア ◆◆○　　　　　　　　　　Armeria

イソマツ科／耐寒性多年草　別名：ハマカンザシ（浜簪）　花ことば：思いやり、同情

原産地：北アフリカ、ヨーロッパ中部、西アジア、
　　　　千島列島、チリ
花　期：3～4月　出回り時期：11～4月
用　途：鉢植え、庭植え、ロックガーデン、切り花

特徴 細い葉を茂らせた株の中から長い花茎がたくさん立ち上がり、先端に濃桃や白色の小さな花が集まった丸いかんざしのような花をつける。一般に出回るのは、3～4月に花が咲く草丈20cm前後の矮性種マリティマや、30～60cmになる高性種で5～6月に大きな花が咲くラティフォリアなど。

管理 秋から春は日当たりのよい戸外に置き、高温多湿に弱いので夏の間は雨と西日を避けて、風通しのよい涼しい場所に移動する。大株になると枯れることがあるので、秋に株分けする。

アルメリア

イースターカクタス ●●

Epiphyllopsis
(= Rhipsalidopsis)

サボテン科／半耐寒性多肉植物　別名：ホシクジャク（星孔雀）　花ことば：恋の年頃

原産地：ブラジル
花　期：4～5月　出回り時期：2～4月
用　途：鉢植え

特徴 ブラジルの岩場などに着生して育つサボテンの仲間で、イースターの頃に咲くので英名をイースターカクタスという。葉のように扁平な茎の先に赤やピンク色の花を1～3輪咲かせる。シャコバサボテンによく似ているが、花の咲く時期が遅いこと、花が星形であること、花筒が伸びないことなどから区別できる。

管理 開花中は日当たりのよい窓辺に置き、強光と過湿を嫌うので夏は雨の当たらない半日陰に移す。冬は室内でガラス越しの日を当てて5℃以上を保ち、乾燥気味に管理する。

イースターカクタス'レッドスター'

イキシア ●●●●○●

Ixia

アヤメ科／半耐寒性秋植え球根　別名：ヤリズイセン（槍水仙）　花ことば：団結してあたろう

原産地：南アフリカ
花　期：4～5月　出回り時期：2～4月
用　途：鉢植え、庭植え、切り花

特徴 針金のような細い茎に可憐な6弁の花をつけ、夜閉じていた蕾が日に当たるとぱっと開く。花色豊富で、花の基部に暗紅色や紫褐色の斑紋が入るものが多い。

特徴 寒さにやや弱いので、霜の降りない日当たりのよい場所に置き、鉢土の表面が乾いたら水やりする。花が終わって葉が枯れたら、球根を掘り上げて乾燥貯蔵する。

イキシア・ポリスタキア　　イキシア・ビリディフロラ

春

春

イキシオリリオン ◆

Ixiolirion

ヒガンバナ科／半耐寒性秋植え球根　別名：イクシオリリオン

原産地：中央アジア
花　期：5〜6月　出回り時期：8〜11月
用　途：庭植え、鉢植え、切り花

特徴 草丈40〜50cm。茎や葉がイキシアのようで花がユリに似ているところから付いた名で、鮮やかな青やラベンダー色の花をややうつむき加減につけ、1週間以上次々と咲かせる。花もちがよいので切り花も出回るが、日に当たらないと濃い花色が出ない。

管理 耐寒性があるので庭植えにしてもよい。落葉樹の下などに10球ほどまとめて植えると花茎が多数立ち、花時は美しく見栄えがする。鉢植えは開花中は日なたに置き、花が終わり葉が枯れて休眠したら涼しい場所に移し、鉢のまま秋まで乾燥させる。

イキシオリリオン・タタリクム

イベリス ◆ ◆ ◇ ◆

Iberis

アブラナ科／半耐寒性秋まき1年草、多年草　別名：キャンディタフト、マガリバナ

原産地：北アフリカ、ヨーロッパ南部、西アジア
花　期：4〜6月　出回り時期：3〜5月
用　途：庭植え、鉢植え、切り花

特徴 ピンクや紫紅色など色彩に富んだウンベラータ、多年草で常緑のセンペルビレンス、香りがあって砂糖菓子のような白い4弁花を株いっぱいに咲かせるアマラなどがあり、花壇や寄せ植えでもよく映える。

管理 庭植えは日当たりと水はけのよい場所を選ぶ。鉢植えは雨を避けて日のよく当たる戸外に置き、水を控えて育てる。

上／イベリス・ウンベラータ
左／イベリス・センペルビレンス

40

ウォールフラワー ♦♦◇　　Erysimum (= Cheiranthus)

春

アブラナ科／耐寒性多年草、春まき2年草　別名：エリシマム、ケイランツス

原産地：ヨーロッパ南部
花　期：4～6月　出回り時期：2～5月
用　途：鉢植え、庭植え

特徴 原産地では古い土壁のわずかな隙間にも生えていることから英名をウォールフラワー（城壁の花）といい、ストック（アラセイトウ）に似た香りのよい花を咲かせるのでニオイアラセイトウの和名がある。

管理 日当たりのよい場所に置き、夏は雨を避けて風通しのよい場所に移す。花後は切り戻し、冬は霜の当たらない軒下などに置く。

ウォールフラワー'モナークフェアレディー'
エリシマム'ゴールドダスト'

エキウム ♦◇♦　　Echium

ムラサキ科／耐寒性春・秋まき1・2年草、低木　別名：シベナガムラサキ

原産地：ヨーロッパ
花　期：5～7月　出回り時期：4～6月
用　途：鉢植え、庭植え

管理 白、ピンク、青、青紫色のベル形の花をやや横向きにつけるプランタギネウムの矮性種'ブルーベッダー'や、ハーブではバイパーズビューグロスの名で知られるブルガレ、低木性で大きな花穂に青い花をつけるカンディカンスなどが出回る。

特徴 日当たりを好むが夏は風通しのよい半日陰に移す。冬は霜の降りない軒下やベランダに置き、落ち葉などで覆うとよい。

エキウム・プランタギネウム'ブルーベッダー'
エキウム・ブルガレ

春

エニシダ 金雀枝 ◆◆◆○❀

Cytisus

マメ科／耐寒性落葉低木　別名：エニスダ　花ことば：謙遜、きれい好き、上品

シロバナエニシダ

エニシダ

ヒメエニシダ

原産地：ヨーロッパ中部・西部
花　期：3～5月　出回り時期：2～5月、9～11月
用　途：庭植え、鉢植え、切り花

特徴 ホウキ状に伸びたしなやかな枝いっぱいに黄金色で蝶形の花をしだれるように咲かせる。黄色に紅のぼかしが入るホオベニエニシダのほかにもさまざまな花色の園芸品種があるほか、シロバナエニシダなども出回る。鉢植えで人気のある矮性種のヒメエニシダは早春から店頭に並ぶが、関東以西の暖地では地植えにすると2mほどになる。

管理 庭植えは日当たりと水はけがよくて強風の当たらない場所を選ぶ。鉢植えは日のよく当たる場所に置き、過湿を嫌うので鉢土の表面が白く乾いてからたっぷり水やりする。

ホオベニエニシダ

エビネ 海老根 ❤️🧡🌸♧🟣🖤

ラン科／耐寒性多年草

Calanthe (Cal.)

春

黄エビネ

エビネ（地エビネ）

原産地：日本（北海道南部～九州）
花　期：4～5月　出回り時期：10～8月
用　途：鉢植え、庭植え

特徴 属名のカランテはギリシア語で「美しい花」の意味。日本原産の野生ランで、地下の球茎が数珠のように連なりエビの尻尾に似ているところから和名をエビネという。原種の黄エビネやエビネなどのほかに、現在は人工交配によって作り出された色や形の美しい園芸品種がさまざまあり、手軽に楽しめるものになった。

管理 春から秋までは木漏れ日が当たる程度の半日陰の棚の上に置き、水を切らさないようにする。晩秋からは日だまりに鉢ごと埋めて、落ち葉などで覆って凍結を防ぐ。

ニオイエビネ

43

春

エランティス ◆○

Eranthis

キンポウゲ科／耐寒性多年草　別名：黄花セツブンソウ（一節分草）　花ことば：人間嫌い

原産地：ヨーロッパ〜西アジア
花　期：4月　出回り時期：2〜4月
用　途：鉢植え、庭植え、ロックガーデン

特徴 日本に自生し節分の頃に白い花を開く山野草のセツブンソウの仲間で、黄花セツブンソウの名もある。属名はギリシア語の「春」と「花」を合わせたもので、春、最も早く開花することによる。草丈は5〜10cmで、光沢のある鮮やかな黄色の花をつけるシリシカやヒエマリスがある。白や黄色の花弁状のものは萼片（がくへん）。

管理 冬から春は日当たりのよい場所に置き、地上部が枯れたら水やりを止めて、直射日光と雨の当たらない涼しい軒下で鉢ごと乾燥させる。地植えするには落葉樹の下がよい。

エランティス・シリシカ

エリゲロン ◆◆○◆

Erigeron

キク科／耐寒性多年草　別名：洋種アズマギク（一東菊）、ゲンペイヨメナ、ゲンペイコギク

原産地：北アメリカ
花　期：5〜6月　出回り時期：4〜5月、9月
用　途：庭植え、グラウンドカバー、鉢植え、切り花

特徴 よく分枝して横に広がり、キクのような小さな花を次々と咲かせるのでグラウンドカバーに最適のカルピンスキアヌスや鉢植えで出回るスペキオサスなど、ロックガーデンや花壇の縁どりに向くものから草丈1mになる高性種までさまざまある。

管理 日当たりと水はけのよい場所に植え、梅雨前に刈り込んで風通しをよくして蒸れを防ぐ。鉢植えは春か秋に植え替える。

上／エリゲロン・カルピンスキアヌス
左／エリゲロン・スペキオサス

エリスロニウム ◆◆◇◆ Erythronium

春

ユリ科／耐寒性秋植え球根　　別名：西洋カタクリ（一片栗）　　花ことば：嫉妬

原産地：北アメリカ
花　期：3～4月　出回り時期：2～4月
用　途：鉢植え、庭植え、切り花

特徴 日本にも自生するカタクリの仲間。スプリング・エフェメラル（春だけの短い命）の代表で、早春、ユリに似た小さな花を咲かせた後、本格的な春の訪れとともに地中に潜って休眠する。主に出回る'パゴダ'は、1本の茎に数輪の黄色い花を咲かせる丈夫な品種で、ほかに白花の'ホワイトビューティー'、濃桃色の'ピンクビューティー'もある。

管理 開花前から開花中は日のよく当たる場所に置く。花が終わったら半日陰に移し、水やりを止めて鉢のまま乾燥させる。冬は落ち葉などで厚く覆って凍結を防ぐ。

エリスロニウム・ツオルムネンセ'パゴダ'

オキシペタルム ◆◇◆ Tweedia (= Oxypetalum)

ガガイモ科／半耐寒性半つる性常緑亜低木　　別名：ルリトウワタ（瑠璃唐綿）、ブルースター

原産地：ブラジル南部～ウルグアイ
花　期：5～6月、9～10月
出回り時期：5～10月
用　途：切り花、鉢植え、庭植え

特徴 咲きはじめが淡い青色の5弁花は咲き進むにつれ花色が濃くなる。株全体に白毛があり、茎葉を傷つけると乳汁が出る。ブルースターは切り花の流通名で、白花やピンク花もあり、ほかに鉢花も出回る。

特徴 日当たりがよく雨の当たらない場所に置く。赤みを帯びたら花の終わりなので、早めに摘み取る。

上／オキシペタルム・カエルレウム（ブルースター）
右／オキシペタルム・カエルレウム（ホワイトスター）

オーニソガラム ◆◆◇

Ornithogalum

| ヒアシンス科／半耐寒～耐寒性秋植え球根 | 別名：オオアマナ（大甘菜） | 花ことば：潔白、純粋 |

オーニソガラム・ウンベラツム

オーニソガラム・アラビクム

オーニソガラム・シルソイデス

原産地：南アフリカ、ヨーロッパ、西アジア
花　期：3～6月　　出回り時期：3～5月
用　途：庭植え、切り花、鉢植え

特徴 欧米で「ベツレヘムの星」と呼ばれるウンベラツムは、白い花弁の裏側が緑色で白いすじのある花をパラソルを広げるように咲かせて花壇に利用される強健種。オレンジ色の花を咲かせる小型のドゥビウム、大型で黒い雌しべがよく目立ちクロボシオオアマナという和名をもつアラビクム、乳白色の花がピラミッド状につくシルソイデスなどは主に切り花で出回る。

管理 日が当たらないと花が咲かないので、日のよく当たる場所に置き、鉢土の表面が十分乾いてから水やりする。寒さに弱いシルソイデスやマクラタは、冬に霜よけをする。

オーニソガラム・ドゥビウム'ゴールデンスター'

オクナ

Ochna

春

オクナ科／非耐寒性常緑低木　別名：ミッキーマウスプランツ

原産地：南アフリカ
花　期：5〜8月　出回り時期：ほぼ周年
用　途：鉢植え、切り花

(特徴) セルラータは高さ約1.5mで、レモンイエローの5弁花を多数つける。花びらが散った後、萼が残って黄緑色から赤に変色し、花のついていた部分が膨らんで実になり緑から黒に変わる。赤い萼と黒い実の色の対比が美しく、この姿からミッキーマウスプランツの英名がある。

(管理) 春から秋は日当たりのよい戸外に置き、伸びすぎた枝は切り戻す。冬は室内の暖かい窓辺に置いて7℃以上を保つ。

オクナ・セルラータの実 　　オクナ・セルラータ

オンファロデス

Omphalodes

ムラサキ科／耐寒性多年草、秋まき1年草　別名：オムファロデス

原産地：ヨーロッパ、アジア、メキシコ
花　期：4〜6月　出回り時期：3〜4月
用　途：鉢植え、庭植え、ロックガーデン

(特徴) 日本に自生するヤマルリソウの仲間。カッパドキアは多年草で淡紫色の小さな花が咲き、1年草のリニフォリアは白や紫青色の梅鉢形の花が咲く。属名はギリシア語で「へそに似る」の意味で、種子にへこみがあることから。

(管理) 日当たりのよい場所に置き、鉢土が乾いたらたっぷり水を与える。花後は、雨の当たらない涼しい半日陰に移す。

上／オンファロデス・カッパドキア'スターリーアイ'
右／オンファロデス・リニフォリア

春

カーネーション　◆◆◆◆◆○❀　　　Dianthus

ナデシコ科／半耐寒性多年草　　別名：オランダセキチク（一石竹）、アンジャベル

カーネーション'ニュークリスタル'

カーネーション'レックスモンドリアン'

カーネーション'ブルームーン'

原産地：地中海沿岸
花　期：4～6月、9～11月
出回り時期：3～5月
用　途：鉢植え、切り花、庭植え

特徴 5月の母の日を中心に出回るポピュラーな花。古代ギリシア時代から栽培されているが、現在のカーネーションはセキチクとの交雑で多くの品種が誕生している。最近は四季咲き性*の強いミニ系の品種で花もちのよい鉢花に人気がある。切り花は、1本の茎に大輪の花を1つつけるスタンダードタイプと、枝分かれした各茎に花がつくスプレータイプがある。

管理 できるだけ日に当てて水を切らさないように育てるが、高温多湿を嫌うので夏は風通しのよい半日陰に置く。花が終わったら茎を半分ほど切り戻すと再び花が咲く。

＊四季咲き性…開花期以外にも花をつける性質。

ミニカーネーション'ベイビーハート'

ガーベラ ◆◆◆◆○○ Gerbera

春

キク科／半耐寒性多年草　別名：ハナグルマ（花車）　花ことば：神秘、光に満ちた

ポットガーベラ

原産地：南アフリカ
花　期：4〜10月　出回り時期：周年
用　途：切り花、鉢植え、庭植え

特徴 端正でカラフルな花を太い茎の先に1つつけ次々と咲かせる。花は一重、八重、半八重、丁字咲き*などがあって切り花でとくに人気が高いが、大輪の花が咲く矮性種のポットガーベラが日本で作られてから、室内で楽しむ鉢花としての需要も多い。雨の多い日本の気候でも庭植えにできる原種系の'スーパークリムソン'もある。

管理 強い光線と乾燥を好む。光線不足では花が咲かないので、できるだけ日のよく当たる場所に置き、鉢土を乾燥気味に管理する。咲き終わった花は花茎の元から切る。

*丁字咲き…キク科植物などの花形のひとつ。管状花が発達して全体が半球状になるもの。

ガーベラ'カルデラ'

ガーベラ'デフォーラ'

ガーベラ'スーパークリムソン'

49

カキツバタ 杜若 ◆ ◇ ◆ ◈　　　　　　　　　　　　　Iris

| アヤメ科／耐寒性多年草 | 別名：カオヨグサ（貌佳草） | 花ことば：幸運が来る |

原産地：シベリア、中国、朝鮮半島、日本
花　期：5月　出回り時期：3月、5月
用　途：鉢植え

特徴 古くから歌に詠まれるなどして愛好され、江戸時代に園芸化された。青紫、白、紅、絞りなどの美しい花色のほか、斑入り葉の品種なども誕生している。花弁の付け根に網目模様がない、葉先がたれ下がらないことでほかのアヤメ属と区別できる。

管理 鉢に植え、水をためた容器につけて日当たりのよい戸外に置く。一日花なので花がらは早めに摘み取る。

カキツバタ　　　　　　　　　カキツバタ '舞孔雀'

カリフォルニアデージー ◆　　　　　　　　　　　Layia

| キク科／耐寒性秋・春まき1年草 | 別名：ライイア・エレガンス |

原産地：アメリカ合衆国（カリフォルニア）
花　期：5～6月、9～11月
出回り時期：4、11、12月
用　途：庭植え、鉢植え

特徴 細い茎が直立して高さ30～60cmになり、白い縁取りのある黄色のシュンギクのような花を茎の先に1つつけ、次々に開いて春の花壇を明るく彩る。鉢植えやポット苗のライイア・エレガンスがカリフォルニアデージーの名前で出回る。

管理 鉢植えは日当たりと風通しのよい場所に置き、高温多湿を嫌うので梅雨期は雨を避けて涼しい場所に移す。タネは春か秋にまくが、秋まきのほうが育てやすい。

カリフォルニアデージー

50

カルセオラリア ◆◆◇❀ Calceolaria

春

ゴマノハグサ科／半耐寒性秋まき1年草、多年草、低木　　別名：キンチャクソウ（巾着草）

原産地：ニュージーランド、メキシコ、ペルー、チリ
花　期：3～8月　出回り時期：12～5月
用　途：鉢植え、庭植え

(特徴) 属名はラテン語で「小さな靴、スリッパ」という意味。袋状に膨らんだユニークな形で、赤や黄色の花を株いっぱいにつけた鉢花が主に出回る。低木性のインテグリフォリアは花壇などに利用される。

(管理) 日当たりのよい窓辺に置き、鉢土の表面が乾いたら花にかからないよう株元にたっぷり水を与える。

カルセオラリア・ヘルベオヒブリダ

カルセオラリア・インテグリフォリア'ミダス'

カロコロツス ◆◆◆◇ Calochortus

ユリ科／半耐寒性秋植え球根　　別名：バタフライチューリップ

原産地：北アメリカ西部、メキシコ
花　期：4～5月　出回り時期：2～4月
用　途：鉢植え

(特徴) 属名はギリシア語の「美しい草」という意味。ほっそりした草姿に、よく目立つ美しいカップ形の花を咲かせるベヌストゥスやルーテウスは、チューリップに似た花をつけるのでバタフライチューリップともいう。

(管理) 日当たりのよい場所に置いて乾かし気味に育てる。地上部が枯れたら水やりを止め、涼しい場所で鉢ごと乾燥させる。

カロコロツス・ベヌストゥス

カロコロツス・ルーテウス

51

春

カンパニュラ ◆◆◇

Campanula

キキョウ科／半耐寒〜耐寒性多年草、1・2年草　　別名：ツリガネソウ　　花ことば：感謝

原産地：ヨーロッパ南部
花　期：4〜7月
出回り時期：ほぼ周年
用　途：鉢植え、庭植え、切り花、
　　　　つり鉢

特徴 属名はラテン語で「小さい釣鐘形」の意味で、ベル形や星形の花を咲かせる人気の草花。高性種で穂状に花をつけるグロメラータやパーシフォリアなどは花壇に、匍匐性で横に広がるフラギリスやポシャルスキアナはつり鉢に向く。高性種のメディウムは鉢植えも出回る。

管理 日当たりを好むので、鉢植えは明るい室内や日のよく当たる戸外に置き、鉢土の表面が乾いてから花や葉にかからないよう株元に水をやる。咲き終わった花がらは摘む。

カンパニュラ・メディウム
（フウリンソウ）

カンパニュラ・フラギリス'ジューン・ベル'

カンパニュラ・ポルテンシュラギアナ
（オトメギキョウ）

カンパニュラ・コクレアリーフォリア
'ブルー・ベビー'（左）と
'ホワイト・ベビー'（右）

春

上／カンパニュラ・ポシャルスキアナ'アルペンブルー'

下／カンパニュラ・グロメラータ（ヤツシロソウ）

カンパニュラ・パーシフォリア
（モモバギキョウ）

カンパニュラ'ミステリー'

53

春

カロライナジャスミン ◆

Gelsemium

マチン科／耐寒性常緑つる性低木　別名：ゲルセミウム　花ことば：優美、官能

原産地：北アメリカ南部～中央アメリカ
花　期：4～6月　出回り時期：9～7月
用　途：鉢植え、庭植え、フェンス

特徴 ラッパ形で鮮黄色の花を株いっぱいに次々と咲かせ、ジャスミンのような甘い香りを夕方に強く漂わせる。日本では一般に、自生地のカロライナ（米国南東部）に産するジャスミンという意味の英名で流通する春の代表的なつる植物だが、秋から冬の鉢花としても出回る。寒さに割合強く、細いつるが6m以上に伸びるので、関東以西では庭に植え、パーゴラやフェンスに絡ませることもできる。

管理 開花中は日当たりのよい室内に置いて、鉢土の表面が乾いてから、たっぷりと水やりをする。

カロライナジャスミン

カンガルーポー ◆◆◆◆◇

Anigozanthos

ハエモドルム科／耐寒性多年草　別名：アニゴザントス　花ことば：いたずら好き、好意

原産地：オーストラリア南西部
花　期：3～6月　出回り時期：12～5月
用　途：鉢植え、切り花

特徴 アヤメに似た葉の間から伸びる花茎に、筒形で上部が縦に割れ、先端が6裂する珍しい花をつける。花と花茎に短い毛が生え、花の形がカンガルーの前足に似ているところから付けられた英名のカンガルーポーの名でよく知られる。輸入切り花が主だったが、現在は国内でも栽培され、小型の品種が鉢花として出回り人気がある。

管理 日当たりと風通しのよい場所に置く。高温多湿を嫌うので夏は雨を避けて涼しい半日陰に移し、秋は霜の降りる前に室内に入れる。開花中は水切れに注意する。

カンガルーポー'ミニピンク'

ギボウシ 擬宝珠　葉　　　　　Hosta

春

リュウゼツラン科／耐寒性多年草　別名：ホスタ　花ことば：沈静

ギボウシ'トクダマ'　　　　　　オトメギボウシ

原産地：東アジア
花　　期：3～10月（花は6～9月）　出回り時期：2～11月
用　　途：庭植え、シェードガーデン、鉢植え

特徴 日本では昔から庭の日陰などに植えられてきた植物だが、欧米では現在たいへんな人気で盛んに栽培され、多くの園芸品種が誕生している。夏に咲く淡紫色の花も美しいが主に葉が観賞され、葉色は青味を帯びたもの、濃緑に白いすじや斑が入るもの、淡緑色、黄緑色、覆輪葉などさまざま。草丈も小型から大型品種まである。

管理 直射日光に当たると葉焼けするので、西日の当たらない半日陰で栽培すると葉がみずみずしく育つ。鉢植えも半日陰に置き、鉢土の表面が乾いたらたっぷり水やりする。

上／スジギボウシ
左／オオバギボウシ
　　'エレガンス'

55

春

球根アイリス ◆◆◆◆◇❀

Iris × hollandica

アヤメ科／耐寒性秋植え球根　別名：イリス　花ことば：伝言、優雅

ダッチアイリス'ブルー・セイル'

ジュノーアイリス'ワールシンド'

原産地：ヨーロッパ、中近東
花　期：3〜6月＊　出回り時期：1〜4月
用　途：鉢植え、庭植え、切り花

特徴 アヤメの仲間で、ダッチアイリスに代表される球根を作るグループ。花色豊富で丈夫なダッチアイリスは、内側の花弁が斜めに立ち上がるモダンな花形で、切り花でも人気がある。ダッチアイリスを小型にしたようなレティキュラータはミニアイリスともいい、鉢植えにされる。イギリスで改良された寒さに強いイングリッシュアイリス、幅広の葉を左右に広げたユニークな草姿のジュノーアイリスなどもある。

イングリッシュアイリス'イサベラ'

管理 寒さに比較的強いので日当たりのよい戸外に置き、鉢土の表面が十分乾いてからたっぷり水をやる。葉が枯れたら雨を避け、風通しのよい涼しい日陰に置いて夏越しさせる。

＊花期は種によって異なる。

イリス・レティキュラータ'ハーモニー'（手前）
とイリス・ヒストリオイデス'ジョージ'（奥）

ギョリュウバイ 魚柳梅 ❤❤○   Leptospermum

春

フトモモ科／耐寒性常緑低木　別名：ティーツリー、レプトスペルマム

原産地：マレー諸島、オーストラリア、ニュージーランド
花　期：4～5月　出回り時期：10～4月
用　途：鉢植え、庭植え

特徴 ニュージーランドの国花。葉はギョリュウに、丸い5弁の花はウメに似ているので和名をギョリュウバイという。深紅、ピンク、白などの花色で一重咲き、八重咲き、高性種、矮性種など多くの園芸品種があり、人気が高い。

管理 鉢植えは日当たりのよい場所に置き、鉢土が乾いたらたっぷり水やりする。暖地では高性種を庭木として利用できる。ギョリュウバイ（矮性一重咲き種） 　ギョリュウバイ（高性八重咲き種）

キングサリ 金鎖 ❤   Laburnum

マメ科／耐寒性落葉高木　別名：ゴールデンチェイン　花ことば：哀調をもった美しさ

原産地：ヨーロッパ中部・南部
花　期：5～6月　出回り時期：3～4月
用　途：庭植え、鉢植え

特徴 蝶形で黄金色の花がフジのように房になりたれ下がって咲くので、英名をゴールデンチェインといい、和名もキングサリという。小型で樹冠が広がるもの、花が小さく花房が細長いもの、短い花房に大きめの花をつけるもの、イギリス王立園芸協会賞（AGM）を受賞した、長い花房にたくさんの花がつく'ボッシー'などがある。

管理 夏の暑さに弱いが寒さには強いので、関東以北では庭植えが可能。日当たりと水はけがよく夏に西日が当たらない場所に植える。鉢植えは日当たりのよい場所に置く。
キングサリ

ギリア ◆◆◆◆◆◇

Gilia

春

ハナシノブ科／耐寒性秋まき1年草　別名：ヒメハナシノブ（姫花忍）、ジリア

ギリア・カピタータ

ギリア・ルブラ
（ギリア・コロノピフォリア）

原産地：北アメリカ西部
花　期：5～6月　出回り時期：5月
用　途：切り花、鉢植え、庭植え

特徴 羽根状に裂けた葉をつけた茎が90cmほどに伸び、先端に青紫色の花を球状に咲かせるカピタータ、カピタータより花、茎、葉ともにひと回り大きいレプタンサ、花の中心が紫色で目のように見えるところから英名をバーズアイ（鳥の目）というトリコロル、草丈が低く、松葉のような葉にピンクや黄色の愛らしい花を咲かせレプトシフォンの名で知られるルテア、緋色の花を穂状につけるルブラなどが代表種。

管理 日当たりが悪いと花が咲かないので、日のよく当たる場所で栽培する。

右上／ギリア・トリコロル
右／ギリア・ルテア

キンギョソウ 金魚草 ❀❀❀❀○○

Antirrhinum

春

ゴマノハグサ科／半耐寒性秋まき1年草　別名：スナップドラゴン　花ことば：でしゃばり

キンギョソウ（手前／矮性種　奥／高性種）

キンギョソウ（ペンステモン咲き八重品種）

原産地：地中海沿岸
花　期：5〜6月　出回り時期：3〜7月、11〜12月
用　途：庭植え、鉢植え、切り花、つり鉢

特徴 金魚のようにぷっくり膨らんだユニークな形の花を次々と咲かせ、春の花壇を華やかに飾る人気種。最近は四季咲き性*の強い矮性種の鉢植えが晩秋から春まで店頭に並ぶ。金魚の形をした花のほか、花筒の先が5弁花のように見えるペンステモン咲きや八重咲き、茎がたれ下がりクリーピングスナップドラゴンと呼ばれるものなど多くの品種がある。

管理 日光が好きなので日のよく当たる戸外に置くが、寒さにやや弱いので、晩秋に購入した鉢花は霜の当たらない窓辺やベランダなどに置く。花が咲き終わったら茎ごと切る。

キンギョソウ'ランピオン・ホワイト'（下垂性種）

*四季咲き性…開花期以外にも花をつける性質。

春

キンセンカ 金盞花 ◆

Calendula

キク科／半耐寒性秋まき1年草　　別名：カレンデュラ　　花ことば：繊細な美しさ

原産地：ヨーロッパ南部
花　期：2～5月　出回り時期：ほぼ周年
用　途：鉢植え、庭植え、切り花

(特徴) 輝くような黄金色の花は遠くからでもよく目立ち、花壇や鉢花などに多く利用される。ヨーロッパでは古代ローマ時代からハーブとして栽培され、ポットマリーゴールドの名で人気がある。野生種のような一重咲きの小輪種もある。

(管理) 日当たりがよいほど花色が冴える。開花前に摘心してわき芽を出させ、花がらはこまめに摘む。

キンセンカ'オレンジスター'

キンセンカ'冬知らず'

クジャクサボテン 孔雀サボテン ◆ ◆ ◆ ◇

Disocactus × hybridus

サボテン科／非耐寒性多肉植物　　別名：オーキッドカクタス　　花ことば：風刺

原産地：中央・南アメリカ
花　期：5～6月　出回り時期：5～6月
用　途：鉢植え

(特徴) ゲッカビジンの仲間。洋ランのような豪華な花を咲かせるので、英名をオーキッドカクタス（ランのようなサボテン）という。サボテン科特有の輝きのある花は花色豊富で、花径も30cmから10cm以下までさまざま。花は2～3日咲き続ける。

(管理) 日当たりのよい戸外に置き、夏は風通しのよい半日陰に移す。冬は南側のベランダなどに置いて、凍らせないようにする。

クジャクサボテン'シンデレラ'

クジャクサボテン'楊貴妃'

クモマグサ 雲間草 ◆◆○✤

Saxifraga

春

ユキノシタ科／耐寒性多年草　別名：洋種クモマグサ

原産地：ヨーロッパ北西部・中部
花　期：3～4月　出回り時期：12～5月
用　途：鉢植え、ロックガーデン

(特徴) 自然にこんもりとした草姿になり愛らしい花を咲かせるので人気の鉢花だが、クモマグサの名前で出回るのは洋種クモマグサで、日本の高山に自生するクモマグサとは別種。濃緑色の葉をつけた茎が分枝し、地面を這うように伸びてクッション状に広がり、春に花茎を伸ばして5弁の小さな花をたくさん咲かせる。

(管理) 日当たりのよい戸外に置くが、高温多湿を嫌うので夏は雨の当たらない風通しのよい半日陰に移し、できるだけ涼しく夏越しさせる。鉢土が乾いたらたっぷり水やりする。

洋種クモマグサ

クリアンサス ◆

Clianthus

マメ科／非耐寒性1年草　別名：クリアンツス、デザートピー、スターツデザートピー

原産地：オーストラリア西部
花　期：5～6月　出回り時期：3～6月
用　途：鉢植え

(特徴) 属名はギリシア語で「栄光の花」という意味で、鮮やかな花の色から名付けられたもの。鳥のくちばしのような独特な形の真っ赤な花は、中央の突出した部分が次第に黒紫色に変化して目のようになる。高さ60～120cmで、葉や茎には白い毛が密生しているので灰白色に見える。

(管理) できるだけ直射日光に当てる。高温多湿を嫌うので、夏は雨を避けて風通しのよい半日陰に置く。鉢土の表面が乾いてから、花や葉にかけないよう株元に水やりする。

クリアンサス・フォルモスス

春

クリサンセマム

Chrysanthemum

キク科／半耐寒～耐寒性秋まき1年草　別名：コレオステフス　花ことば：愛情

原産地：北アフリカ（アルジェリア）、ヨーロッパ南部、西アジア
花　期：3～5月　出回り時期：10～5月
用　途：庭植え、鉢植え、切り花

特徴 黄色い花をつけるムルチコーレ、純白の花のパルドサム、蛇の目模様の大輪花をにぎやかに咲かせるカリナタムなどをまとめてクリサンセマムと呼ぶ。カーペット状に花が咲くので、花壇や寄せ植えに最適。

管理 いずれも日当たりのよい場所で育てるが、パルドサムは水切れに弱いので注意。草姿が乱れたら、株元から10cm残して切り戻す。

クリサンセマム・カリナタム（ハナワギク）

レウカンテマム・パルドサム（白花）とコレオステフス・ミコリス（ムルチコーレ）（黄花）

クルメツツジ 久留米躑躅

Rhododendron

ツツジ科／耐寒性常緑小低木　花ことば：伝奇、節制

原産地：日本
花　期：4～5月　出回り時期：3～7月、9～1月
用　途：鉢植え、庭植え、切り花

特徴 ツツジ類は庭に植えることが多いが、クルメツツジは室内の弱い光でも花が咲くように改良されたもので、特別な手入れをしなくても、一重や八重の小輪の花を毎年株いっぱいに咲かせる。

管理 室内の明るい窓辺に置き、花がらをこまめに摘む。花後は戸外の日当たりのよい場所に移し、鉢土の表面が乾いたら水やりする。

クルメツツジ

クルメツツジ '暮れの雪'

クレピス ●○

Crepis

春

キク科／耐寒性秋まき1年草　別名：モモイロタンポポ（桃色蒲公英）、センボンタンポポ

原産地：ヨーロッパ南部
花　期：5〜7月　出回り時期：4〜5月
用　途：鉢植え、庭植え、切り花

(特徴) ルブラはタンポポに似た桃色の花を咲かせるので和名をモモイロタンポポという。草丈30〜40cmで、自生地のヨーロッパでは雑草のように育つという。タンポポのような葉がロゼット*を形成して冬を越し、春に伸ばした茎の先にピンクや白色の花をつけて、春から初夏まで次々と咲く。

(管理) 日のよく当たる戸外に置き、鉢土が乾いたらたっぷり水やりする。花弁がよじれてきたら花の寿命なので、早めに茎を根元から切り取る。

クレピス・ルブラ

※ロゼット…地際から出た葉が地面に接して放射状に広がったもの。

グレビレア ●●●●○

Grevillea

ヤマモガシ科／半耐寒性常緑低木　別名：スパイダーフラワー

原産地：オーストラリア南部〜ニューカレドニア
花　期：4〜5月　出回り時期：6〜7月
用　途：鉢植え、切り花

(特徴) 英名をスパイダーフラワーといい、歯ブラシやクモのようなユニークな形の花を咲かせるが、花には花弁がなく長い花柱が飛び出す。若木でも開花する低木性の種類が鉢花で出回るほか、ロブスタの幼木が観葉植物としても栽培される。

(管理) 日当たりのよい戸外に置き、冬は明るい室内に入れる。水切れに弱いので鉢土の表面が乾いたらたっぷり水を与える。

グレビレア（ハゴロモノマツ）　グレビレア'ピグミーダンサー'

クレマチス ◆◆◆◇◆◇　　　　　　　　　Clematis

キンポウゲ科／半耐寒～耐寒性つる性多年草　　別名：テッセン（鉄線）　　花ことば：高潔

クレマチス'H.F.ヤング'、'ドクターラッペル'、'白雪姫'（左から）

原産地：ヨーロッパ南部、西南アジア、中国、日本
花　期：5～10月　出回り時期：2～5月
用　途：鉢植え、庭植え、切り花、フェンス、
　　　　アーチ

特徴 日本原産のカザグルマや中国原産のテッセン、欧米原産のインテグリフォリア、ピチセラ、テキネンシスなどの原種やそれらを交配した園芸品種群をクレマチスと呼んでいる。花の咲く時期や形、大きさなどにさまざまな種類があるが、最近は、モンタナやベルテッセンと呼ばれる可憐なベル形の花に人気が集まっている。

管理 いずれも日当たりと風通しのよい場所を好むが、暑さに弱いので夏は半日陰に移す。鉢土を乾燥させないように表面が乾き始めたら水やりする。

テッセン

春

クレマチス・カートマニー'ジョー'

クレマチス・モンタナ'紅小町'

クレマチス・テキネンシス'サー・トレボー・ローレンス'

クレマチス・シルホーサ

クレマチス・タングチカ

クレマチス・マクロペタラ

クロッカス

Crocus

春

アヤメ科／耐寒性夏・秋植え球根　別名：ハナサフラン　花ことば：青春の喜び、信頼

クロッカス'グランドマイター'

寒咲きクロッカス'スノーハンディング'

原産地：地中海沿岸～小アジア
花　期：2～4月、11月
出回り時期：12～4月
用　途：鉢植え、庭植え、水栽培

特徴 早春、スノードロップとともにほかの花に先駆けて咲き、真っ先に春を告げる花として親しまれている。ワインカップ形の花は日が当たって温度が高くなると開き、曇りの日や夕方には閉じる。細長い葉には銀色の縦線が入る。春咲きのほかに、秋咲きや冬咲きもある。

管理 光線不足では花が咲かないので日のよく当たる場所に置き、鉢土の表面が乾いたら水やりする。寒さに十分当たらないと花が咲かないことがあるので、開花するまでは戸外に置く。水ゴケ・水栽培をしたときは花後、花茎を引き抜き、球根を庭に植える。

右上／秋咲きクロッカス'スペシオスス'
右／クロッカス'クリームビューティー'

クンシラン 君子蘭 ❖

Clivia

春

ヒガンバナ科／半耐寒性多年草　　別名：ウケザキクンシラン、クリビア　　花ことば：貴さ

原産地：南アフリカ
花　期：3～4月　出回り時期：9～7月
用　途：鉢植え

特徴 太い花茎の先に赤橙色の花を10～20輪まとめて咲かせる。和室にも合うので昔から人気が高い。黄色い花をつける黄花クンシラン、葉幅が広いダルマタイプや斑入り葉種などもある。

管理 直射日光を嫌うので明るい室内に置き、花後、遅霜の心配がなくなったら戸外の半日陰に移す。晩秋、霜の降りる前に室内に入れる。

黄花クンシラン　　ダルマクンシラン

ゲイッソリザ ❖❖❖○❖

Geissorhiza

アヤメ科／半耐寒性秋植え球根

原産地：南アフリカ
花　期：3～4月　出回り時期：1～3月
用　途：鉢植え

特徴 フリージアをほっそりさせたような草姿で、シルクのようになめらかな花弁の花やカラフルな模様のある花をカップ形や星形に咲かせる。

管理 日当たりのよい室内に置き、鉢土の表面が十分乾いたら水やりする。初夏に葉が枯れたら、鉢のまま涼しい場所で乾燥させる。

上／ゲイッソリザ
右／ゲイッソリザ・ロケンシス

67

春

ゲラニウム ◆◆◆◇◆

Geranium

フウロソウ科／耐寒性多年草、秋まき1年草　別名：フウロソウ　花ことば：陽気

ゲラニウム（青花の大輪品種）

原産地：ヨーロッパ〜コーカサス地方、日本、アメリカ
花　期：5〜9月　出回り時期：2〜8月
用　途：鉢植え、庭植え

特徴 薬草として知られ、あき地や河原などに生えるゲンノショウコや高山植物のハクサンフウロなどの仲間。最近はラベンダーブルーや濃桃、淡桃、白色などの可憐な花を咲かせる外国種に人気がある。ヒメフウロの名で出回っているのは四季咲き性*の別属のもの。

管理 日光を好むが、夏の高温多湿と蒸れに弱いので、夏の間は西日と雨が当たらない風通しのよい半日陰に置いて、株元に水やりする。

ゲラニウム・インカヌム

*四季咲き性…開花期以外にも花をつける性質。

右／ゲラニウム・サンギネウム（アケボノフウロ）
左／エロディウム・コルシクム（大輪ヒメフウロ）

ケマンソウ 華鬘草

Dicentra

春

ケシ科／耐寒性多年草　別名：タイツリソウ（鯛釣草）　花ことば：あなたに従います

原産地：中国、朝鮮半島
花　期：5〜7月　出回り時期：1〜5月
用　途：鉢植え、庭植え

特徴 高山植物のコマクサの仲間。ハート形で鮮紅色の花が1列にぶら下がって咲き、その姿が釣竿に魚がつり下げられたように見えるところから、和名をタイツリソウという。野草の雰囲気があり、茶花としても利用される。

管理 半日陰でよく育つ。暑さを嫌うので、夏は雨を避けて風通しのよい涼しい場所に置き、鉢土の表面が乾き始めたら水やりする。

ケマンソウ　　　　　　　　　　　　　ケマンソウ（白花種）

コルムネア

Columnea

イワタバコ科／非耐寒性つる性多年草　別名：ゴールドフィッシュプランツ

原産地：熱帯アメリカ、西インド諸島
花　期：早春〜初夏＊　出回り時期：1月、3〜8月
用　途：つり鉢、ヘゴ仕立て

特徴 つる状に伸びた細い茎に、濃緑色で光沢のある小さな葉を向かい合わせにつけ、赤やオレンジ、黄色の筒形の花を咲かせる。花は上部で2つに裂け、上の裂片はひさし状に、下の裂片は細長い唇形になって葉の間から突き出るように咲く。下垂する茎いっぱいに花がつくので、つり鉢やヘゴ仕立てにして楽しむとよい。

管理 つり鉢は日の当たる室内に下げ、夏は直射日光を嫌うので戸外の半日陰に移す。鉢土が乾いたら株元に水やりする。寒さに弱いので冬は室内で10℃以上に保ち、乾燥気味にする。

＊花期は種によって異なる。

コルムネア'スタヴァンガー'

春

シザンサス ◆◆◆◇◆◇ Schizanthus × wisetonensis

ナス科／非耐寒性秋まき１年草　別名：コチョウソウ（胡蝶草）　花ことば：あなたと踊ろう

原産地：チリ
花　期：４〜６月　出回り時期：１〜４月
用　途：鉢植え、切り花

特徴 華麗でチョウのような花を株いっぱいに咲かせるので和名をコチョウソウ、また、ランに似た花を手軽に入手できることから英名をプアーマンズオーキッド（貧乏人のラン）という。

管理 日当たりと風通しがよく雨の当たらないベランダなどに置き、鉢土の表面が乾いたら、花や葉にかけないよう株元に水をやる。

シザンサス'スィートリップス'

シザンサス

シネラリア ◆◆◆◇◆◇ Pericallis × hybrida (= Senecio)

キク科／半耐寒性夏まき１年草　別名：サイネリア、フウキギク（富貴菊）　花ことば：快活

原産地：カナリア諸島
花　期：３〜６月　出回り時期：９〜４月　用　途：鉢植え

特徴 光沢のある花が株を覆うように咲き、室内をカラフルに飾る早春の代表的な鉢花で、晩秋から出回る。花径約８cmの大輪タイプから約３cmの小輪タイプまでいろいろあり、花色も豊富。花茎を長く伸ばし次々と花をつける星咲きタイプもある。

管理 室内の窓辺に置き、風のない暖かい日に戸外で直射日光に当てると花や葉の色がいきいきする。水切れに注意。

F1＊シネラリア'レッドバイカラー'
（星咲きタイプ）

＊F1…一代交配種。異なる品種を交配して作った雑種の一代。開花時期や草丈などが均一に、性質は強健になる。

シネラリア

シノグロッサム ● ○ ●

Cynoglossum

春

ムラサキ科／耐寒性1年草　　別名：シナワスレナグサ、オオルリソウ（大瑠璃草）

原産地：中国西部〜チベット
花　　期：5〜6月
出回り時期：1〜6月、9〜11月
用　　途：鉢植え、庭植え、切り花

(特徴) 中国原産で、花色や雰囲気がワスレナグサに似ているところから和名をシナワスレナグサ、英名をチャイニーズフォーゲットミーノットという。まっすぐに伸びた茎の上部がよく枝分かれし、直径6mmほどの愛らしい青紫色の5弁花をたくさん咲かせる。花壇や切り花用の高性種や鉢花用の矮性種、ピンクや白花などもある。

(管理) 日当たりと風通しのよい戸外に置き、鉢土の表面が乾いたらたっぷりと水やりする。高性種は摘心して丈を低く、分枝させる。

シノグロッサム

シバザクラ 芝桜 ● ● ○ ● ●

Phlox

ハナシノブ科／耐寒性常緑多年草　　別名：モスフロックス、ハナツメクサ　　花ことば：忍耐

原産地：北アメリカ東部
花　　期：3〜5月　　出回り時期：3月
用　　途：庭植え、ロックガーデン、鉢植え

(特徴) 地面を這う茎の各節から根を出してクッション状に広がり、春の盛りの頃に可憐な5弁花を一面に咲かせて、花のカーペットのようになる。ピンクや白、ライラックなどの花色があるが、最近は白地にピンクの縦縞の入るもの、濃紅色、茎の伸びが遅い品種なども出回って人気がある。乾燥に強いので、ロックガーデンやグラウンドカバーに向く。

(管理) 日当たりの悪い場所では育たない。日のよく当たる戸外で置き場所をかえないようにする。過湿を嫌うので、鉢土の表面が十分乾いてからたっぷり水やりする。

シバザクラ '多摩の流れ'

シモツケ 下野 ●●○

Spiraea

春

| バラ科／耐寒性落葉低木 | 別名：キシモツケ（木下野） | 花ことば：自由、気まま |

原産地：中国、朝鮮半島、日本
花　期：5～7月　出回り時期：5～6月、9～11月
用　途：鉢植え、庭植え、切り花

(特徴) 高さ約1m。ユキヤナギやコデマリの仲間で、最初に発見された下野国（栃木県）にちなんでシモツケと呼ばれる。桃色の小さな花が枝先に手まり状に群がって咲き、花弁よりも長い雄しべが風に揺れて風情がある。矮性のコシモツケや白花シモツケ、花色が濃いもの、白と桃色を咲き分ける品種、黄金色の葉をつける品種などもある。

(管理) 日のよく当たる戸外に置き、乾燥に弱いので鉢土の表面が白くなり始めたらたっぷりと水を与えるが、冬は水やりを控えめにする。花が咲き終わったら、枝を好みの高さに切り戻す。

シモツケ'ライムライト'

シャスターデージー ○

Leucanthemum × superbum
(＝Chrysanthemum)

| キク科／耐寒性多年草 | 花ことば：万事忍耐 |

原産地：園芸種（アメリカで作出）
花　期：5～6月　出回り時期：5～6月
用　途：庭植え、切り花、鉢植え

(特徴) 日本のハマギクとフランスギクを交配して作った園芸種。純白の大輪花を咲かせることから、米国東部にある雪山（シャスタ山）の名が付けられた。60～80cmで直立した太い茎の先端に、一重、八重、半八重、丁字咲き*などの白い花をつける。草丈25cm前後の矮性種もあるが、花色はいずれも白色。

(管理) 日光を好むので、できるだけ日の当たる戸外に置き、鉢土が十分乾いてからたっぷり水やりする。暖地では花後に切り戻す。生育が旺盛なので毎年植え替えたほうがよい。

＊丁字咲き…キク科植物などの花形のひとつ。管状花が発達して全体が半球状になるもの。

シャスターデージー'シルバープリンス'

シャクヤク 芍薬 ◆◆◆◇

Paeonia (＝Peony)

春

ボタン科／耐寒性多年草　別名：エビスグサ（夷草）、カオヨグサ　花ことば：はじらい

シャクヤク'ラテンドレス'（西洋シャクヤク）

パエオニア・アノマラ（原種系）

原産地：中国北部〜朝鮮半島
花　期：5〜6月　出回り時期：3〜5月
用　途：庭植え、鉢植え、切り花

特徴 平安時代に中国から薬用として渡来し、ボタンとならんで豪華な花の代表として親しまれている。江戸時代に数多くの園芸品種が誕生して以来、日本の庭園に欠かせない花となっているが、欧米で改良されたモダンで軽やかな花姿の品種は、洋風の庭にも似合う。ほかに原種系や葉が細かく切れ込んだ糸葉シャクヤクなどもある。

管理 鉢植えは日のよく当たる戸外に置き、雨や風の強い日は軒下などに移す。鉢土の乾燥を嫌うので、表面の土が乾き始めたらたっぷり水やりする。花後は花首のところで切る。

シャクヤク'衆望'

シラー

ヒアシンス科／耐寒性秋植え球根　別名：スキルラ、ワイルドヒアシンス　花ことば：不変

Scilla

原産地：アフリカ、ヨーロッパ、アジア
花　期：3～5月　出回り時期：2～4月
用　途：鉢植え、庭植え、切り花

特徴 春の盛りの頃に白や青、紫色の花を咲かせる球根植物。パラソルを広げたように星形の花を上向きに多数つけるのが大きめのペルビアナ、早春に濃青色や白花をやや下向きに咲かせる小型のシベリカなどがある。

管理 日当たりと風通しのよい戸外に置き、鉢土の表面が乾いたらたっぷり水やりする。冬は鉢土を枯葉などで覆う。

シラー・ペルビアナ　　シラー・シベリカ

シラン 紫蘭

Bletilla

ラン科／耐寒性多年草　別名：シケイ（紫蕙）、ベニラン　花ことば：互いに忘れないように

原産地：中国、台湾、日本（本州の千葉県以西）
花　期：5月　出回り時期：2～5月
用　途：鉢植え、庭植え、切り花

特徴 日本の暖かい地域の日当たりのよい山地などに自生するランの仲間。紫紅色の美しい花を咲かせて江戸時代から栽培されるが、丈夫さが受けて欧米でも人気がある。白花、花弁が白で唇弁に紅色の斑が入る口紅シランなどもある。

管理 真夏の直射日光は葉焼けを起こすので、年間を通して西日の当たらない半日陰に置く。鉢土の表面が乾いたら水やりする。

シラン　　白花シラン

シレネ ●●○

Silene

春

ナデシコ科／耐寒性1年草、多年草　別名：マンテマ　花ことば：欺かれた人、偽りの愛

シレネ'ピンク・クラウド'

シレネ・アルメリア

原産地：南アフリカ、ヨーロッパ中部・南部、地中海沿岸
花　期：5～6月　出回り時期：4～6月
用　途：鉢植え、庭植え、ロックガーデン、切り花

特徴 地中海沿岸原産でサクラソウに似た花をつけ、花が咲き進むと萼が膨らむのでフクロナデシコと呼ばれるペンジュラ、茎の上部にある粘液を出す部分に虫がつくのでムシトリナデシコと呼ばれるアルメリアなどは1年草、一重や八重のカスミソウに似た花をつけるアルペストリス、花筒が大きなユニフロラなどは多年草で、主にこれらが出回る。

シレネ・アルペストリス

管理 日光を好むので日当たりと風通しのよい場所に置き、鉢土の表面が十分乾いたらたっぷり水をやる。花期が短いので咲き終わった花がらはこまめに摘む。

上／シレネ・ユニフロラ
左／シレネ・ペンジュラ

春

シンバラリア ♦

Cymbalaria

ゴマノハグサ科／耐寒性多年草　別名：ツタガラクサ、コリセウムアイビー

原産地：地中海沿岸〜西アジア
花　期：5〜11月
出回り時期：3〜7月、10〜12月
用　途：鉢植え、庭植え、ロックガーデン、つり鉢

特徴 茎が這って1mほどに伸び、地面に接した節から根を出してそこから分枝し、地面を覆って広がるのでカバープランツに最適。丸みを帯びたカエデのような葉の付け根から長い花柄を出し、紫青色で喉のところが黄色を帯びた小さな花を次々と咲かせる。ロックガーデンやウォールガーデン、つり鉢、寄せ植えなどでも楽しめる。

管理 日陰では茎だけ伸びて花つきが悪くなる。日の当たる戸外に置き、乾燥に弱いので水切れしないようにする。冬になると地上部は枯れるが、春には再び茂る。

シンバラリア

スイートアリッサム ♦ ○ ♦

Lobularia

アブラナ科／耐寒性秋まき1年草　別名：ニワナズナ（庭薺）　花ことば：優美

原産地：地中海沿岸
花　期：5〜6月、9〜10月
出回り時期：9月、12〜5月
用　途：庭植え、ロックガーデン、鉢植え、つり鉢

特徴 植え放しでもコンパクトにまとまってクッション状に茂るので、花壇やロックガーデン、寄せ植えに大活躍する。草丈10〜15cmで、白やピンク、ラベンダー色などの4弁の小さな花が株全体を覆い、早春から初夏の頃まで次々と咲いていく。甘い香りがあってアリッサム属の植物に似ているので、英名のスイートアリッサムの名で出回る。

管理 霜に当たると葉が傷むので、早春から春は軒下や南側のベランダに置く。タネをつけないよう初夏に切り戻し、風通しのよい半日陰で夏越しさせると秋にも花が咲く。

スイートアリッサム

スイセン 水仙 🟡🟠⚪🟢⚪

Narcissus

春

ヒガンバナ科／耐寒性秋植え球根　**別名**：ナルキッスス、ダフォディル　**花ことば**：自惚れ

ラッパズイセン'ピンクパラソル'

ニホンズイセン

ナルキッスス・バルボコジウム

原産地：北アフリカ、ポルトガル、スペイン、地中海沿岸
花　期：12〜4月※　**出回り時期**：11〜4月
用　途：庭植え、鉢植え、切り花、水栽培

特徴 気高さと上品な香りで人々を魅了するスイセンは、池の水面に映る自分の姿に恋焦がれた美少年ナルキッソスの化身というギリシア神話で有名。栽培の歴史は古く、古代エジプトや古代ギリシアでも観賞されていたという。小型の野生種やニホンズイセン、ラッパズイセン、1茎に多数の花がつく房咲きズイセンなどたくさんの品種がある。

管理 寒さに十分当たらないと花が咲かないので、蕾があがるまでは戸外に置く。開花中は日当たりのよい室内や戸外に置き、水を切らさないようにする。花後は子房※ごと摘み取る。

※花期は種によって異なる。※子房…雌しべの一部。受精後なかに種子ができて果実になる部分。つく位置は種によって異なる。

口紅ズイセン'アクタエア'

77

春

スイートピー ●●○●◇　　　　　　　　　　Lathyrus

マメ科／半耐寒～耐寒性秋まき1年草　　別名：ジャコウレンリソウ　　花ことば：ほのかな喜び

原産地：イタリア
花　期：4～6月　　出回り時期：12～3月
用　途：鉢植え、庭植え、切り花

特徴 春らしいパステル調の花色で香りのよい蝶形の花を初夏の頃まで次々と咲かせる。高性の品種はフェンスやネットに絡ませて立体的に、草丈の低い品種は行灯（あんどん）仕立てやつり鉢にしてもよい。最近は宿根性の品種もある。

管理 日光を好むので風通しと日当たりのよい戸外に置き、鉢土の表面が乾いたら水やりする。花がらはこまめに摘む。

スイートピー　　　　　　　　　　　　　　　宿根スイートピー

スクテラリア ●●●●　　　　　　　　　　Scutellaria

シソ科／非耐寒性常緑多年草、半耐寒性常緑亜低木

原産地：コスタリカ、コロンビア、ベネズエラ、ブラジル
花　期：春～初夏　　出回り時期：6～11月
用　途：鉢植え

特徴 日当たりのよい山野に自生するタツナミソウの仲間で、赤やオレンジ色の筒形の花をつけるコスタリカナや茎が横に広がるヴェンテナティーなどがある。

管理 直射日光を避け、明るい窓辺や雨の当たらない半日陰の戸外に置く。冬は室内で10℃以上に保つ。花後3分の1ほど切り戻す。

スクテラリア・コスタリカナ　　　　スクテラリア・ヴェンテナティー
　　　　　　　　　　　　　　　　　'ピンククリーパー'

スズラン 鈴蘭　Convallaria

春

スズラン科／耐寒性多年草　別名：キミカゲソウ（君影草）、ドイツスズラン　花ことば：幸せの再来

原産地：ヨーロッパ、中国、日本、北アメリカ
花　期：5月　出回り時期：1〜5月
用　途：鉢植え、庭植え、切り花

特徴 本州の中部以北や北海道の山野に自生するスズランは栽培されることはあまりない。一般に出回るのは花穂が長く大きめの花をたくさん咲かせるヨーロッパ産のドイツスズランで、ピンクの花色や八重咲き、斑入り葉種などもある。

管理 強い光線を嫌うので風通しのよい半日陰に置き、鉢土を乾燥させないように水やりする。

縞斑スズラン

ピンクスズラン

ステイロディスカス　Steirodiscus

キク科／半耐寒性秋まき1年草

原産地：南アフリカ
花　期：4〜5月　出回り時期：3〜6月
用　途：鉢植え、庭植え

特徴 草丈30cm前後のマリーゴールドのような草姿で、花径約2cmの一重で鮮黄色の花を株いっぱい咲かせるタゲテスと、草丈50cm〜3mで草姿も花もユリオプスデージーによく似たマーガレットコスモスが、鉢花で出回る。

管理 風通しと日当たりのよい戸外に置き、夏は雨の当たらないベランダや軒下に移す。花がらはこまめに摘む。

マーガレットコスモス'イエロー・エンジェル'

ステイロディスカス・タゲテス'ゴールド・ラッシュ'

春

ストック ◆◆○◆

Matthiola

アブラナ科／半耐寒性秋まき1年草　別名：アラセイトウ（紫羅欄花）　花ことば：永遠の恋

ストック（切り花用高性種）

ストック（照り葉系一重咲き種）

ストック（八重咲き種）

原産地：地中海沿岸
花　期：2〜4月、10〜11月
出回り時期：9〜4月
用　途：切り花、鉢植え、庭植え

特徴 白やピンク、赤紫色の芳香のある花を早春から咲かせ、切り花で人気の草花だが、花壇や鉢植え用の矮性種もたくさん出回るようになった。茎が枝分かれして株立ち状に育ちにぎやかに花を咲かせるものと、枝分かれしないで一本立ちするものがある。株全体が灰色の軟毛に覆われていて茎葉は灰緑色に見える。

管理 日のよく当たる場所で育てるが、強い霜に当たると傷むので、冬は軒下や明るい室内に置く。過湿を嫌うので、鉢土の表面が乾いてからたっぷり水を与える。

ストロベリーキャンドル ● ○ ●   *Trifolium*

春

マメ科／耐寒性秋・春まき1年草　　別名：紅花ツメクサ（一詰草）　　花ことば：胸に灯をともす

ストロベリーキャンドル

原産地：ヨーロッパ
花　期：5〜6月　出回り時期：3〜4月
用　途：鉢植え、庭植え、グラウンドカバー、
　　　　切り花

特徴 シロツメクサ（クローバー）やアカツメクサの仲間。細くてやわらかな茎の先に、キャンドルを灯したような愛らしい花穂（かすい）をつける草花で、赤花のほかに白花もある。花は下から咲き上がって、光の方向に花首が曲がる。英名はクリムソンクローバー。属名はラテン語の「三つの葉」の意味で3枚の小葉がつくことによるが、小葉が4枚つくクロバツメクサが、四つ葉のクローバーの名で出回る。

管理 日当たりのよい戸外に置き、鉢土の表面が乾いたらたっぷりと水やりする。

右上／カトレア・クローバー
右／クロバツメクサ'パープラスセンス'

上／ストロベリーキャンドル（白花種）

スノーフレーク

Leucojum

ヒガンバナ科／耐寒性秋植え球根　　**別名**：スズランズイセン（鈴蘭水仙）　　**花ことば**：汚れなき心

原産地：オーストリア、ハンガリー
花　期：4月　　出回り時期：12〜4月
用　途：鉢植え、庭植え、切り花

（**特徴**）スズランズイセンの和名は、葉がスイセンに花がスズランに似ていることから。つり下がって咲くベル形の花は、白い花弁の先端に緑色の斑点がある。現在、アキス属の秋咲きスノーフレークは小型で斑点がない。

（**管理**）丈夫で育てやすいが、夏は直射日光を嫌うので涼しい半日陰に置き、葉が枯れるまで水を切らさないように注意する。

スノーフレーク

秋咲きスノーフレーク

スパラキシス

Sparaxis

アヤメ科／半耐寒性秋植え球根　　**別名**：スイセンアヤメ（水仙菖蒲）

原産地：南アフリカ（ケープ地方）
花　期：4〜5月　　出回り時期：3月
用　途：鉢植え、庭植え

（**特徴**）草丈60〜80cmで、春の盛りに目の覚めるようなカラフルな色の花を細長い花茎いっぱいに咲かせる。主に栽培されるトリコロルの園芸品種は、花の中心部と花弁の先の色が異なり、色の境目に輪状の斑紋が入る3色咲き。

（**管理**）日当たりのよい場所に置き、鉢土を乾燥させないよう表面が乾いたらたっぷり水やりする。地上部が枯れたら鉢のまま乾燥させる。

スパラキシス・トリコロル
'アルバ・マクシマ'

スパラキシス・トリコロル

セアノサス

Ceanothus

クロウメモドキ科／半耐寒性常緑低木　別名：ケアノツス、カリフォルニアライラック

原産地：北アメリカ
花　期：4～6月　出回り時期：2～5月
用　途：鉢植え

(特徴) 光沢があって縁にわずかにギザギザのある葉をつけた枝の先に、香りのある小さな花を穂状につけ、春から初夏の頃まで枝いっぱいに咲かせる。カリフォルニア原産で花の姿がライラックに似ているので、カリフォルニアライラックの名もある。ブルーの花が美しく、若い木でもよく咲くので人気が高い。

(管理) 春から秋はできるだけ日当たりのよい戸外に置く。夏は強い西日と雨を避けて風通しのよい半日陰に移し、冬は室内の明るい場所に置く。鉢土の表面が乾いたら水やりする。

セアノサス

セラスチウム

Cerastium

ナデシコ科／耐寒性多年草　別名：ナツユキソウ（夏雪草）

原産地：イタリア
花　期：5～6月　出回り時期：10～6月
用　途：庭植え、グラウンドカバー、鉢植え

(特徴) 日本にも仲間が自生するが、一般に栽培されるのは欧米原産の種類で、主にトメントスムが英名のスノーインサマーやナツユキソウの名で出回る。草丈15～25cmで横に広がって伸びマット状に茂るので、グラウンドカバーやロックガーデン、寄せ植えなどに最適。株全体が白い毛に覆われる。高温多湿に弱いので、秋にタネをまく1年草として栽培する。

(管理) 日当たりのよい場所を好む。夏は雨を避けて風通しのよい涼しい場所に移し、乾燥気味に保つ。

セラスチウム・トメントスム

ゼラニウム

Pelargonium × hortorum

フウロソウ科／非耐寒性多年草　別名：テンジクアオイ（天竺葵）　花ことば：真の友情

ゼラニウム'リンゴ'

原産地：南アフリカ
花　期：4～11月※　出回り時期：周年
用　途：鉢植え、庭植え、つり鉢

特徴 花色が豊富で長期間咲き続けるので世界中で愛されている。低木状に育つゼラニウム系と這うように伸びるアイビーゼラニウム系があり、高性種から矮性種までさまざまな草丈のものが出回るが、現在は、多くの花茎が立って球状にこんもりと花が咲く矮性のタイプが主流。芳香がありハーブとして利用されるセンテッドゼラニウムも人気がある。

管理 日光を好むので日当たりと風通しのよい場所に置くが、高温に弱いので夏は西日を避けて風通しのよい半日陰に移し、水やりを控える。花がひと通り終わったら切り戻す。

※花期は環境により周年。

星咲きゼラニウム
'スターテル・スカーレット'

モミジバゼラニウム'バンクーバーセンテニアル'

五色葉ゼラニウム'栄冠'

斑入り葉ゼラニウム'富士の峰'

パンジーゼラニウム

上/ローズゼラニウム（センテッドゼラニウム）
左/アイビーゼラニウム'シュガーベイビー'

春

セントーレア ◆◆◆◆○◆◆

Centaurea

キク科／耐寒性秋まき1年草、多年草　別名：ケンタウレア　花ことば：優雅、デリカシー

ヤグルマギク

スイートサルタン

原産地：ヨーロッパ東南部、西アジア
花　期：4～5月　出回り時期：2～5月、8～10月
用　途：鉢植え、庭植え、切り花

特徴 ヤグルマギク（別名ヤグルマソウ）に代表されるセントーレアの属名は、ギリシア神話に出てくる半人半馬ケンタウルスに由来するといわれ、ケンタウルスのひとりが傷を負ったとき、ヤグルマギクの葉で治したという伝説がある。ほかに、青紫や白、ピンク色の香りのよい花をつけるスイートサルタン、鮮やかな黄色のイエローサルタン、花弁が細く裂けた独特な姿の花を咲かせるモンタナ、濃い黄色のアザミのような形の花をつける大型の黄金ヤグルマソウなどがある。

管理 ヤグルマギクは花つきの苗が年末から出回るが、霜で傷むので日当たりのよい軒下や明るい窓辺に置く。開花期は風通しと日当たりのよい戸外に置き、水切れに注意する。

右上／セントーレア・モンタナ
右／黄金ヤグルマソウ

セリンセ ◆ ♣　　　　　　　　　　　　　　　　　　Cerinthe

春

ムラサキ科／耐寒性秋まき1年草

原産地：ヨーロッパ南部
花　期：4～5月　出回り時期：3～4月
用　途：庭植え、鉢植え、切り花

(特徴) やわらかい茎を抱くようにしてつく明るい緑色の葉と、長さ約3cmの筒形の花が下向きに咲く姿がとてもユニークな人気の草花。花と苞葉（ほうよう）が濃い紫色で美しい'プルプラスケンス'は、金属光沢のある青味を帯びた緑の葉がひときわ目を引く。草丈は30～50cm。

(管理) 日当たりのよい場所に置く。寒さには強く、とくに防寒する必要はないが、乾燥に弱いので土が乾いたら午前中に水やりする。

セリンセ'イエローキャンディー'（黄花）と'プルプラスケンス'（紫花）

ダンピエラ ♣　　　　　　　　　　　　　　　　　　Dampiera

クサトベラ科／半耐寒性多年草

原産地：オーストラリア
花　期：3～5月　出回り時期：2～4月
用　途：鉢植え

(特徴) 細かく枝分かれしたやわらかな茎が株元からたくさん出て茂り、青紫色の小さな花を株いっぱいに次々と咲かせる。最近出回る原種のディバーシフォリアは這（は）うように伸びて花を咲かせるので、寄せ植えなどに向く素材として注目されている。

(管理) 暑さ寒さに弱く過湿を嫌うので、夏は雨と西日を避けて半日陰に置き、冬は室内の明るい窓辺で凍らせないようにする。

ダンピエラの鉢植え　　ダンピエラ

ダイアンサス

Dianthus

ナデシコ科／耐寒性1年草、多年草　別名：**ナデシコ（撫子）、セキチク（石竹）**

タツタナデシコ

ヒゲナデシコ（ビジョナデシコ）

ダイアンサス'カラーマジシャン'

原産地：ヨーロッパ、中国、日本、北アメリカ
花　期：4～6月　**出回り時期**：2～5月
用　途：鉢植え、庭植え、切り花

（特徴）ダイアンサスはナデシコの仲間の総称で、ギリシア語のダイオス（神聖な）とアントス（花）に由来する。一般にはカーネーション以外をこう呼び、ヒゲナデシコ（ビジョナデシコ）やセキチクがよく知られている。古くから改良が行われて多くの品種が誕生しているが、いずれも花の縁に細かな切れ込みが入った愛らしい花で、細い葉をつけた茎の節が盛り上がる。

（管理）日光を好むので日当たりのよい戸外に置き、鉢土の表面が乾いたらたっぷり水やりする。花がひと通り咲き終わったら、3分の1ほど切り戻すと再び開花する。

チューリップ ◆◆◆◇◆◆

Tulipa

春

ユリ科／耐寒性秋植え球根　　別名：ウッコンコウ（鬱金香）　　花ことば：博愛、名声

チューリップ'グリーンランド'

チューリップ'モンセラ'

原産地：北アフリカ、トルコ、中央・東アジア
花　期：3～5月　出回り時期：12～3月
用　途：鉢植え、庭植え、切り花

(特徴) すっきりした美しい姿と豊富な花色で春の花のなかでも最も親しまれている。3月下旬から咲く早生種、4月上旬から咲く中生種、4月下旬から咲く晩生種、原種およびその雑種に大きく分けられる。八重咲きや花弁の先が尖ったものなど花形も変化に富んでいるが、最近は、草丈が低く可憐な花をつける原種や'ライラック・ワンダー'のような原種に近い品種の人気が高まっている。

(管理) 日当たりのよい場所に植えれば確実に花が咲く。鉢土の表面がよく乾いてから水やりする。

上／チューリップ'パープル・プリンス'
右／チューリップ'ライラック・ワンダー'

春

チオノドクサ ◆○◆　　　　　　　　　　Chionodoxa

ヒアシンス科／耐寒性秋植え球根　別名：ユキゲユリ（雪解百合）

原産地：東地中海沿岸、小アジア
花　期：3〜4月　出回り時期：2〜4月
用　途：庭植え、ロックガーデン、鉢植え

特徴 主に出回るのはルシリエで、早春、目にしみるような藤青色で花の中心が白い小さな星形の花を多数咲かせる。草丈は約15cm、ピンクや白い花を咲かせるものもある。ほかにルシリエの大輪種ギガンチア、美しい空色の花を咲かせるサルデンシスなどがある。属名はギリシア語で「雪の栄光」という意味で、自生地では雪解けの頃に咲くことから名付けられたもの。英名もグローリーオブザスノー（雪の誉れ）という。

管理 落葉樹の下などに植え放しにしておける。鉢植えは冬も水を切らさないようにする。

チオノドクサ・ルシリエ

ディアスパシス ◆○　　　　　　　　　　Diaspasis

クサトベラ科／半耐寒性多年草　別名：ピンククロス

原産地：オーストラリア南西部
花　期：4〜6月　出回り時期：6月
用　途：鉢植え

特徴 フィリフォリアは細い茎がよく枝分かれして高さ20〜30cmになり、細長い葉のわきから伸ばした茎に、星形で白や濃桃色の5弁花を春から初夏まで次々と咲かせる。

管理 日光を好むのでできるだけ日当たりのよい戸外に置いて、鉢土が乾いたらたっぷりと水やりする。凍らない程度に防寒し越冬させる。

ディアスパシス・フィリフォリア

ディアスパシスの鉢植え

ディモルフォセカ ◆◆○◆

Dimorphotheca

春

キク科／半耐寒性秋まき1年草、多年草　別名：アフリカキンセンカ　花ことば：富、明快

ディモルフォセカ・シヌアタ'ピーチシンフォニー'

オステオスペルマム'シルバースパークラー'

原産地：南アフリカ
花　期：4〜5月
出回り時期：1〜4月
用　途：鉢植え、庭植え、切り花

(特徴) 以前ディモルフォセカと呼ばれていた豊富な花色をもつ多年草は、現在はオステオスペルマム属に分類されており、オレンジや黄色の艶のある花を咲かせて花が終わると枯れる1年草がディモルフォセカとされている。しかし、両者を区別せず、どちらもディモルフォセカの名で流通することが多い。いずれもたくさんの鉢花が出回り人気がある。

(管理) 日が当たらないと花が開かないので、何よりも日当たりを優先する。鉢土の過湿を嫌うので、できるだけ乾燥気味に保つ。

左上／オステオスペルマム
左／ディモルフォセカ・シヌアタ
　　'スプリングフラッシュ・エロー'

91

春

デージー ❀❀○　　　　　　　　　　　　　　　　　　　　　Bellis

キク科／耐寒性秋まき1年草、多年草　別名：ヒナギク（雛菊）、ベリス　花ことば：慰め

原産地：ヨーロッパ、地中海沿岸
花　期：4～5月　出回り時期：1～4月
用　途：庭植え、鉢植え

特徴 寒いうちから赤や白、ピンク色の愛らしい花を株いっぱいに次々と咲かせるので春の花壇に最適。花径2～3cmの品種から7～8cmの大輪品種まである。園芸種には八重咲きが多いが、欧州では昔「愛してる、愛してない」の恋占いに一重咲きの原種が使われたという。本来は多年草だが、日本では夏越しがむずかしいので1年草とする。

管理 日が当たらないと花が咲かないので日当たりのよい戸外に置き、鉢土を乾かさないように表面が乾いたら十分に水やりする。花がらや枯れて黄色くなった葉は摘み取る。

デージー

ドイツアザミ ドイツ薊 ❀❀○❀　　　　　　　　　　Cirsium

キク科／耐寒性1年草、多年草　別名：寺岡アザミ、ハナアザミ　花ことば：権利、安心

原産地：日本（本州、四国、九州）
花　期：3～6月　出回り時期：1～6月
用　途：庭植え、鉢植え、切り花

特徴 日本に自生するノアザミから改良された園芸品種で、江戸時代に誕生した。上部で枝分かれした長い茎の先に赤やピンク、白色などの花を初夏の頃まで咲かせる。草丈は約1m、花色も鮮やかなので花壇のアクセントになる。野の花のように丈夫で、手入れをしなくても毎年よく花が咲く。

管理 暑さ寒さに強く、丈夫で育てやすい。鉢植えにするときは、深さ40cm以上あるコンテナに植えて日当たりのよい場所に置けば、とくに手入れの必要もなく花が楽しめる。

ドイツアザミ

トリテレイア

Triteleia

春

ネギ科／耐寒性秋植え球根　　別名：ヒメアガパンサス　　花ことば：うれしい便り

原産地：カナダ西部、アメリカ合衆国（カリフォルニア）
花　　期：4〜6月　出回り時期：12〜2月
用　　途：鉢植え、庭植え、切り花

特徴 主に栽培されるのは、細長い花茎の先にアガパンサスを小さくしたような濃青色の花をつけるラクサで、切り花も出回る。他に黄花のイキシオイデス、青花のブリッジシーなどがあり、いずれもナチュラルな雰囲気が楽しめる。

管理 日当たりと風通しのよい戸外に置く。葉のある間は水をたっぷり与え、葉が黄色くなったら球根を掘り上げて、涼しい場所で保存する。

トリテレイア・ブリッジシー

トリテレイア・ラクサ'クィーンファビオラ'

ナノハナ 菜の花

Brassica

アブラナ科／耐寒性秋まき1年草　　別名：ナバナ（菜花）　　花ことば：活発、快活

原産地：ヨーロッパ、東アジア
花　　期：12〜5月　出回り時期：10〜4月
用　　途：鉢植え、切り花、庭植え

特徴 アブラナは油の採取用で、観賞用にはハクサイを改良した花の大きな種類が栽培される。若草色のやわらかな葉をつけた太い茎の先に、十字形で明るい黄色の4弁花をたくさん咲かせる。葉に縮みのある縮緬系と縮みの少ない丸葉系の2つのタイプがあるが、草姿のよい縮緬系に人気がある。

管理 年末から出回るポット苗は日のよく当たる花壇に植えたり、鉢植えにして日当たりのよい場所に置く。土が乾いたらたっぷりと水やりする。

ナノハナ'観月'

ニゲラ ◆○◆

Nigella

春

キンポウゲ科／耐寒性秋まき1年草　　別名：クロタネソウ（黒種草）　　花ことば：とまどい

原産地：ヨーロッパ南部
花　期：5〜6月　出回り時期：1〜5月、9月
用　途：鉢植え、庭植え、切り花、ドライフラワー

(特徴) 細かい糸状の総苞にふんわりと包まれたユニークな花で、花が終わると風船のような果実を結ぶ。香りのある種子は黒く和名をクロタネソウといい、属名もラテン語の「黒い」という意味。直立する茎は60〜80cmになり、よく枝分かれした茎の先に径3〜4cmの青やピンク、白などの花をつける。花には一重と八重咲きがあり、高性種と矮性種が栽培されている。袋状の果実はドライフラワーの材料になり、花とともに人気がある。

(管理) 日光を好むので日当たりのよい戸外に置き、鉢土の表面が乾いたら水やりする。

ニゲラ・ダマスケナ

ネメシア ◆◆◆○◆○

Nemesia

ゴマノハグサ科／非耐寒〜半耐寒性秋まき1年草　　別名：ウンランモドキ　　花ことば：正直

原産地：南アフリカ（ケープ地方）
花　期：4〜6月　出回り時期：10〜5月
用　途：鉢植え、庭植え

(特徴) 洋ランのような美しい花を春から初夏にかけて株いっぱいに咲かせる。基本種のストルモサ、大輪で独特のぼかしが入るなど花色も豊富な変種のサットニー、小さな花が秋にも咲く宿根ネメシアなどがある。

(管理) 雨に当たると花が傷むので、日当たりのよいベランダなどに置く。鉢土が乾いたら花にかけないよう株元に水をやる。

ネメシア　　宿根ネメシア

94

ネモフィラ ◯ ● ✿

Nemophila

春

| ハゼリソウ科／耐寒性秋まき1年草 | 別名：ルリカラクサ（瑠璃唐草） | 花ことば：どこでも成功 |

原産地：北アメリカ
花　期：3～5月　出回り時期：1～3月
用　途：鉢植え、庭植え

特徴 英名をベビーブルーアイズ（赤ちゃんの青い瞳）といい、青い花の中心が白くなるメンジーシーと、白い花弁の先端に紫の斑点が入るマクラタが多く出回る。

管理 涼しく乾燥した気候を好むので、戸外の風通しのよい日当たりに置き、過湿にならないよう水やりを控える。花がらや枯れた葉は摘み取る。

上／ネモフィラ・メンジーシー（青花）と
　　ネモフィラ・マクラタ（白花）
左／ネモフィラ・メンジーシー'ペニーブラック'

バージニアストック ● ◯

Malcolmia

| アブラナ科／耐寒性秋まき1年草 | 別名：マルコルミア、マルコミア |

原産地：地中海沿岸
花　期：4～5月、9～10月
出回り時期：4月
用　途：庭植え、鉢植え

特徴 20～40cmほどの茎の上部に、ピンクやローズ、白色の香りのある4弁花をつけ、早春から株いっぱいに次々と咲き続けて春中楽しめる。寒さに強く丈夫で、イギリスでは子供でも簡単に育てられる花として親しまれている。マリティマが英名のバージニアストックの名前で出回る。

管理 庭植えには日当たりと水はけのよい場所を選ぶ。鉢植えは日当たりと風通しのよい戸外に置き、鉢土が乾いたら水やりする。花が終わったら種を取り、秋にまく。

バージニアストック（マルコルミア・マリティマ）

95

春

ハゴロモジャスミン 羽衣ジャスミン ○   Jasminum

モクセイ科／半耐寒性常緑つる性植物　別名：ジャスミン　花ことば：愛らしさ

原産地：中国南西部（雲南省）
花　期：3〜4月　出回り時期：9月、12〜5月
用　途：鉢植え、庭植え

(特徴) 香水の原料となるジャスミンの仲間。2〜3mに伸びてよく枝分かれしたつるの先に、甘い香りのする純白の花を30〜40輪つける。花は蕾のうちは紫を帯びたピンク色だが、開くと白色になって初夏の頃まで次々と咲いていく。行灯仕立ての鉢が年末から出回り、冬の鉢花としても人気がある。

(管理) 春から秋は戸外の日当たりのよい場所に置く。比較的寒さに強いので、東京以西の温暖な地域では戸外で冬越しできるが、それ以外の地域では、冬は室内に入れて3℃以上に保つ。

ハゴロモジャスミン

ハナニラ 花韮 ◆ ○ ♦   Ipheion

ネギ科／耐寒性秋植え球根　別名：イフェイオン　花ことば：別れの悲しみ

原産地：メキシコ〜アルゼンチン
花　期：3〜4月　出回り時期：3〜4月
用　途：鉢植え、庭植え

(特徴) 葉がニラに似て球根に臭気があるウニフロラムは和名ハナニラ、早春に星形の花を咲かせるので英名をスプリングスターフラワーという。白や淡紫色の花弁には中央に紫色のすじが入る。黄色い花が咲くセロウィアナは近縁種。

(管理) 日が当たらないと花が咲かないので日のよく当たる戸外に置き、冬も鉢土が乾いたらたっぷり水やりする。

ハナニラ'ウィズレーブルー'　　イフェイオン・セロウィアナ

パンジー／ビオラ Viola × wittrockiana

春

スミレ科／耐寒性秋・春まき1年草　別名：サンシキスミレ（三色菫）　花ことば：思想

クリーピングビオラ'アルパイン・ウィング'

パンジー'シャロン'

原産地：ヨーロッパ、西アジア
花　期：11〜5月　出回り時期：9〜4月
用　途：鉢植え、庭植え

特徴 パンジーとビオラは基本的に同じものだが、一般に花径8cm以上の巨大輪から5〜6cmの中輪をパンジー、2cm前後の小輪で多くの花をつけるものをビオラと呼ぶ。しかし小輪系のパンジーや大輪系のビオラも誕生し、区別しにくくなっている。最近は、茎が這って広がるクリーピングビオラや宿根ビオラなど、ビオラ人気が高まっている。いずれも晩秋から開花株が出回り、冬でも花が楽しめる。

管理 冬は霜を避け、日当たりのよいベランダや軒下に置く。暖かくなり花がたくさん咲き出したら、花にかけないよう株元にたっぷり水やりし、こまめに花がらを摘む。

左上／宿根ビオラ'コルビネ'
左／パンジー'ブラックプリンス'

春

ハナビシソウ 花菱草 ●●●○

Eschscholzia

| ケシ科／耐寒性秋まき1年草 | 別名：カリフォルニアポピー | 花ことば：私を拒絶しないで |

原産地：北アメリカ西部
花　期：4～6月　出回り時期：11～4月
用　途：鉢植え、庭植え、切り花

特徴 金属光沢のある4枚の花弁は日中開き、夜は閉じる。オレンジ色で一重の花が基本種だが、園芸品種には赤や黄、クリーム色などの花色や八重咲きもある。ヒメハナビシソウは花がひと回り小さい。

管理 風通しと日当たりのよい戸外に置く。乾燥に強く鉢土の過湿を嫌うので、土の表面が十分乾いてから水やりする。

ハナビシソウ　　　　　　　　　　　　ヒメハナビシソウ

バビアナ ●○●

Babiana

| アヤメ科／半耐寒性秋植え球根 | 別名：ホザキアヤメ（穂咲菖蒲） | 花ことば：離れる愛 |

原産地：南アフリカ（ケープ地方）
花　期：4～5月　出回り時期：2～4月
用　途：鉢植え、庭植え、切り花

特徴 和名はホザキアヤメ。30cm前後の花茎に紫色の花を短い穂状につけて下から順に咲いていくストリクタと、青紫色の花の中心が緋赤色になるルブロキアネアがある。

管理 春から地上部が枯れるまでは日当たりのよい戸外に置く。寒さにやや弱いので、晩秋には室内に入れ、暖かい窓辺に置く。

バビアナ・ルブロキアネア　　バビアナ・ストリクタ

ヒアシンス ◆◆◆◇◆

Hyacinthus

春

ヒアシンス科／耐寒性秋植え球根　別名：ヒヤシンス　花ことば：勝負、遊戯

原産地：ギリシア、トルコ、シリア
花　期：3〜4月　出回り時期：9〜4月
用　途：鉢植え、庭植え、切り花、水栽培

特徴 肉厚の細長い葉の中から伸ばした太い花茎(すいじょう)に、甘い香りのする花を穂状にまとめてつける。一重と八重の品種があって花色も豊富。切り花や水栽培などで室内でも楽しめる。

管理 室内で花を咲かせるには、凍らない程度の寒さにあわせてから部屋に入れる。

上／ヒアシンス
右／ヒアシンス'ホリホック'

ビスカリア ◆◆◇◆

Silene (= Lychnis)

ナデシコ科／耐寒性春・秋まき1年草　別名：コムギセンノウ（小麦仙翁）、ウメナデシコ

原産地：地中海沿岸
花　期：5〜6月　出回り時期：4〜6月
用　途：庭植え、鉢植え、切り花

特徴 ビスカリアと呼ばれるのはシレネ・コエリ-ロサのことで和名はコムギセンノウ、花がウメに似ているのでウメナデシコとも呼ばれる。よく枝分かれした30〜50cmのほっそりとした茎の先端に、花径2〜3cmの5弁花を咲かせる。花色は藤紫、白、赤、ピンクなどがあり、切り花でも出回る。

管理 庭植えは日当たりと水はけのよい場所を選ぶ。鉢植えは日当たりと風通しのよい戸外に置き、多湿に弱いので夏は雨を避けて涼しい半日陰に移す。

ビスカリア'ローズエンジェル'

99

春

ヒマラヤユキノシタ ヒマラヤ雪ノ下　Bergenia

ユキノシタ科／耐寒性多年草　　別名：ベルゲニア　　花ことば：情愛、切実な愛情

原産地：ヒマラヤおよびその周辺
花　期：2～5月　出回り時期：1月
用　途：鉢植え、庭植え、ロックガーデン

特徴 草丈10～60cmで、地上に出る太い根茎に厚くて丸い光沢のあるうちわのような大きな葉をつけ、ウメに似たピンク色の花を咲かせる。日だまりでは2月頃から花が咲き、葉は寒さにあうと紫紅色を帯びる。冬の紅葉した草姿も美しく、切り葉としても利用される。花色はピンクのほかに濃桃や白もある。

管理 夏の暑さに弱く強光で葉焼けを起こすので、夏の間は西日を避けて風通しのよい半日陰に置き、鉢土の表面が乾いたらたっぷり水やりする。

ヒマラヤユキノシタ

ファセリア　Phacelia

ハゼリソウ科／耐寒性秋まき1年草　　別名：ハゼリソウ

原産地：アメリカ合衆国（カリフォルニア）
花　期：5～6月
出回り時期：3～4月、6月、11～12月
用　途：鉢植え、庭植え

特徴 鐘形で径2cmほどの濃青色の美しい花を咲かせるカンパヌラリアや、花穂が渦巻状に曲がり、雄しべが飛び出した淡青色の花を初夏に咲かせるハゼリソウが主に栽培される。

管理 日当たりと風通しのよい戸外に置く。夏は高温多湿に弱いので雨を避けて涼しい場所に移し、やや乾燥気味に保つ。

ファセリア・タナセテイフォリア（ハゼリソウ）

ファセリア・カンパヌラリア

フクシア ●●○●◐

Fuchsia

春

アカバナ科／常緑低木　別名：ホクシャ、ツリウキソウ（釣浮草）　花ことば：信頼した愛

原産地：ニューギニア、ニュージーランド、タヒチ、中央・南アメリカ、西インド諸島
花　期：4～6月　出回り時期：2月、5～9月、11月
用　途：鉢植え、つり鉢

特徴 風鈴を下げたように咲く花は、筒先が4裂する萼から花弁がのぞき、さらに雄しべや雌しべが長く伸びる魅力的な姿で、英名をレディースイヤードロップス（貴婦人の耳飾り）という。萼と花弁の色はいろいろ。

管理 暑さに弱いので夏はできるだけ風通しのよい涼しい半日陰に置き、水やりを控える。

フクシア'ゴールデン・アニバーサリー'

フクシアのスタンダード仕立て

プシュキニア ○●

Puschkinia

ユリ科／耐寒性秋植え球根　別名：プーシキニア

原産地：小アジア～イラク北部、イラン
花　期：3～4月　出回り時期：9月
用　途：庭植え、ロックガーデン、鉢植え

特徴 一般に出回るのは、草丈10～20cmのヒアシンスを小型にしたようなスキロイデスの変種リバノティカで、白い花弁に濃青色のすじの入った花をつける。

管理 冷涼な気候を好むので、庭植えには夏に日陰になる落葉樹の下などを選ぶ。鉢植えは地上部が枯れたら水やりを止め、鉢ごと乾燥させる。

プシュキニア・スキロイデス・リバノティカ

春

プリムラ ◆◆◆◇◆◇

Primula

サクラソウ科／非耐寒〜耐寒性1年草、多年草　別名：西洋サクラソウ　花ことば：うぬぼれ

プリムラ・ポリアンサとプリムラ・ジュリアン

原産地：ヨーロッパ、中国
花　期：12〜3月　出回り時期：9〜3月
用　途：鉢植え、庭植え

🏷特徴　日本原産のサクラソウに対し、外国原産で常緑性の種類をプリムラと呼び、春を告げる代表的な鉢花として人気が高い。黒を除くすべての色があるといわれるほど豊富な花色のポリアンサやジュリアン、サクラソウに似た清楚な花のマラコイデス、ソフトな花色のオブコニカ、ほのかに香る黄花を2〜3段つけるキューエンシスやシネンシス、紅色の小さな花をつけるロゼアなどがある。

🏷管理　いずれも日光を好み、光線不足では花つきが悪くなるので、室内に置いた鉢植えは、穏やかな晴天時に戸外に出して日に当てる。鉢土の表面が乾いたら、たっぷりと水やりする。

サクラソウ'竜田の夕'

春

プリムラ・キューエンシス　　プリムラ・オブコニカ'うつり紅'

プリムラ・
ロゼア

プリムラ・シネンシス

上／プリムラ・ポリアンサ'プリムローズ・
　ミスインディゴ'
　　右／プリムラ・マラコイデス'うぐいす'

フリティラリア

Fritillaria

ユリ科／耐寒性秋植え球根　別名：ヨウラクユリ（瓔珞百合）　花ことば：威厳、天上の愛

フリティラリア・インペリアリス'ルブラ・マクシマ'

フリティラリア・ペルシカ

原産地：地中海沿岸、イラン、中国、日本
花　期：4〜5月　出回り時期：1〜4月
用　途：鉢植え、庭植え、切り花

特徴 日本にも自生するクロユリやバイモの仲間で、ベル形の花が下向きに咲く個性的な花形で人気がある。大型の花を王冠のようにつけるインペリアリスや、まっすぐに伸びた花茎に紫褐色の小型の花を20〜40輪もつけるペルシカは大型種。花弁に独特の市松模様が入り、ルネッサンス期の壁画にも登場するメレアグリスと茶褐色の地に黄色の覆輪が入る花をつけるミハイロフスキーは小型種。

管理 日当たりと風通しのよい戸外に置き、鉢土を乾燥させないよう土の表面が乾いたら水やりする。花後は鉢のまま乾燥させ、雨の当たらない涼しい場所で夏越しさせる。

右上／フリティラリア・メレアグリス
右／フリティラリア・ミハイロフスキー

ブラキカム 🌸🌸🌸🌸　　　　　　　　Brachycome

キク科／半耐寒～耐寒性多年草、1年草　　別名：ヒメコスモス、ブラキスコメ

原産地：オーストラリア南部、ニュージーランド
花　期：4～5月　　出回り時期：3～5月、12月
用　途：鉢植え、庭植え、ロックガーデン、つり鉢

特徴 よく分枝した細い茎の先に径3cmほどの青紫色の花を多数咲かせ、ヒメコスモスと呼ばれるイベリディフォリアが主に出回る。ほかに野ギクのような可憐な花をつけるディバシフォリアやムルティフィダがある。

管理 日当たりと風通しのよい戸外に置く。高温多湿が苦手なので夏は雨を避けできるだけ風通しのよい涼しい半日陰に移す。

ブラキカム・イベリディフォリア　　ブラキカム・ムルティフィダ

フリージア 🌸🌸🌸🌸🌸　　　　　　　　Freesia

アヤメ科／半耐寒性秋植え球根　　別名：アサギズイセン（浅葱水仙）　　花ことば：親愛の情

原産地：南アフリカ（ケープ地方）
花　期：3～4月　　出回り時期：11～3月
用　途：鉢植え、庭植え、切り花

特徴 香りのある小さな花が花茎の先に片側に並んで咲く。花色豊富で、一重や半八重、八重咲きがあり、花の大きさも巨大輪から小輪までさまざま。

管理 寒さにやや弱いので日当たりのよい室内に置き、鉢土の表面が乾き始めたらたっぷり水やりする。咲き終わった花は摘み取る。

フリージア'マリナ・ソフィア'　　フリージア'ブルー・ヘブン'

105

春

ブルークローバー

Parochetus

マメ科／耐寒性多年草

原産地：ヒマラヤ地方〜スリランカ、中国南西部、東南アジアの高地
花　期：3〜6月、10〜11月　　出回り時期：11〜5月
用　途：鉢植え、庭植え

特徴　地面を這って伸びる茎の各節から花茎を出して蝶形の青い花をつける。花は早春から開いて盛夏にいったん休み、涼しくなって再び咲き出す。長い柄の先につく3枚の小葉には茶褐色の半円形の斑紋があって、花のない時期でも美しい。属名はギリシア語で「小川の傍ら」という意味で、湿り気の多い場所に自生していることによる。

管理　日の当たる戸外に置き、夏は半日陰に移す。鉢土の表面が乾いたら水やりする。

ブルークローバー

ブルーデージー

Felicia

キク科／半耐寒性多年草、秋まき1年草　　別名：ルリヒナギク、フェリシア　　花ことば：純粋

原産地：南アフリカ
花　期：3〜6月　　出回り時期：ほぼ周年
用　途：鉢植え、庭植え、切り花

特徴　花径3〜4cmのコバルトブルーの花は黄色い中心部とのコントラストが美しく、しゃれた雰囲気がある。ブルーデージーは英名で、斑入り葉の品種もある。中心部が濃紫色のフェテロフィラは1年草タイプ。

管理　日当たりと風通しのよい戸外に置く。咲き終わった花がらは花茎の元から切り取る。花後3分の1ほど切り戻す。

ブルーデージー'タンザナイトブルー'

フェリシア・フェテロフィラ
'スプリングメルヘン'

ブルビネラ ◆◇　　　　　　　　　　　　　　　　　　　　Bulbinella

春

ツルボラン科／耐寒性多年草　　別名：キャッツテール　　花ことば：右往左往、休息

原産地：南アフリカ、ニュージーランド
花　期：3〜4月　出回り時期：11〜3月
用　途：鉢植え、庭植え、切り花

特徴 主に栽培されるフロリバンダは、1mほどの花茎の先端に小さな星のような鮮黄色の花を穂状にたくさんつけ、下から上に次々と咲かせる。草丈1m弱でオレンジ色の花をつけるもの、1m以上になって白い花をつけるものもあり、切り花でも人気がある。

管理 日当たりのよい戸外に置き、花後は花茎を根元から切る。夏に地上部が枯れて休眠したら水やりを止める。庭植えは日当たりと水はけのよい場所を選び、冬は霜に当てないように防寒する。

ブルビネラ・フロリバンダ

プルモナリア ◆◇◆　　　　　　　　　　　　　　　　　　Pulmonaria

ムラサキ科／耐寒性多年草

原産地：ヨーロッパ〜温帯アジア
花　期：4〜5月　出回り時期：3〜5月
用　途：鉢植え、庭植え

特徴 葉に淡緑や銀灰色の斑点があって青紫色の花が咲くオフィキナリスは、ハーブとしても利用される。ほかにピンクの花が後で青色を帯びるサッカラタ、ピンクの蕾が開くと青色になり、葉に斑点がないアングスティフォリアなどがある。

管理 寒さに強いが高温多湿には弱いので、夏だけ西日を避けて涼しい半日陰に置き、鉢土の表面が乾いたらたっぷり水やりする。

プルモナリア
'シシングハーストホワイト'　　プルモナリア・オフィキナリス

プロスタンテラ

Prostanthera

シソ科／半耐寒性常緑低木〜小高木

プロスタンテラ・バクステリ・セリシア　　プロスタンテラ'ミントベル'

原産地：オーストラリア南西部・南東部、タスマニア
花　期：3〜5月　出回り時期：2〜4月
用　途：鉢植え、庭植え

特徴 属名は「絹糸状の」という意味のラテン語で、茎葉が細い毛に覆われることから名付けられたもの。株全体が銀白色になりピンクの小さな花が咲くバクステリ、英名のミントブッシュや'ミントベル'という名前で出回るものは葉に触れるとミントの香りが漂い、ハーブとしても利用される。

管理 春から秋は日当たりと風通しのよい戸外に置くが、真夏は西日の当たらない涼しい半日陰に移す。冬は軒下や室内に置いて凍らない程度に保つ。鉢土の表面が乾いたら水やりする。

クリーピングミントブッシュ

ブルンフェルシア

Brunfelsia

春

ナス科／半耐寒性常緑低木　　別名：ニオイバンマツリ（匂い蕃茉莉）

原産地：ブラジル南部、パラグアイ、アルゼンチン
花　期：4〜6月
出回り時期：3〜6月、8〜9月
用　途：鉢植え、庭植え

特徴 和名はニオイバンマツリ。ジャスミンに似た香りの花をつけ、その甘い香りは夜になると強くなる。花はスミレ色がだんだんと白に変化し、1本の木に2色の花が咲いたように見える。英名はイエスタデー・ツデー・アンド・ツモロー。アウストラリスの鉢花は寒さに強くて丈夫。

管理 冬から春は日の当たる室内に置き、夏は強光を嫌うので戸外の半日陰に置く。鉢土が乾いたら水やりするが過湿に注意。冬は葉を落とすが春には再び芽が出る。

ブルンフェルシア・アウストラリス

ヘーベ

Hebe

ゴマノハグサ科／非耐寒〜耐寒性常緑小低木　　別名：トラノオノキ（虎の尾の木）

原産地：ニューギニア、ニュージーランド、南アメリカ
花　期：4〜6月　　出回り時期：ほぼ周年
用　途：鉢植え、切り花

特徴 属名はギリシア神話のヘラクレスの妻ヘーベの名にちなむ。白や紅桃色の小さな花が集まって房状に美しく咲く。ヨーロッパなどでは地植えにされるが、日本の夏の高温多湿が苦手なので、一般には鉢植えにする。

管理 春から秋は日当たりと風通しのよい戸外に置き、夏は雨を避けて涼しい半日陰に移す。鉢土が完全に乾いてから水やりする。

上／ヘーベ（紫花の品種）
右／ヘーベ'ドロシーピーチ'

春

ベニジウム ◆

Venidium (= Arctotis)

キク科／半耐寒性多年草、秋まき1年草　別名：ジャノメギク　花ことば：美は常に新しい

原産地：南アフリカ
花　期：3～5月　出回り時期：1～4月
用　途：鉢植え、庭植え、切り花

特徴 花径約8cmで光沢のあるオレンジ色の花は、中心にある黒褐色の蛇の目模様がよく目立ち、和名をジャノメギクという。花は太陽の光が当たる日中だけ開き、夜間や曇りの日は閉じる。属名は「脈」の意味のラテン語で、茎に鮮明な脈が見えることから付けられたもの。

管理 日が当たらないと花が咲かないので、鉢植えは日当たりと風通しのよい戸外に置き、庭植えもよく日の当たる場所を選ぶ。鉢土の過湿を嫌うので、表面が十分乾いたら水やりする。

ベニジウム・ファスツオスム

ペラルゴニウム ◆◆○○

Pelargonium × domesticum

フウロソウ科／半耐寒性多年草　別名：ファンシーゼラニウム　花ことば：真実の愛

原産地：南アフリカ
花　期：3～5月　出回り時期：2～6月
用　途：鉢植え

特徴 ゼラニウムの仲間で、豪華な美しい花を咲かせるが、春から初夏にかけての一季咲きで、花の咲く期間が限られている。ピンクやサーモン、覆輪など花色が豊富で、大輪から小輪まである。

管理 雨に当たると花が傷むので、日当たりのよい軒下などに置き、夏は半日陰に移す。花がらはこまめに摘む。

ペラルゴニウム・インクラッサツム
'エンゼルスティック'

ペラルゴニウム

ペンツィア

Pentzia

春

ヒアシンス科／半耐寒性秋まき1年草

原産地：南アフリカ北部
花　期：5月　出回り時期：4～5月
用　途：庭植え、鉢植え、切り花、ドライフラワー

特徴 羽根状に細かく切れ込んだ葉をつけた細い茎が40～60cmほどに伸び、その先に直径3～4cmで黄色い球形の花を梅雨前まで次々と咲かせる。ハーブで知られるタンジーと草姿が似ていて同様の強い香りがあるが、本種のほうが花が大きく、葉の切れ込みが細かい。花の色があせないので、切り花やドライフラワーとしても利用される。

管理 庭植えは日当たりのよい乾燥気味の場所を選ぶと徒長せず、コンパクトに育つ。鉢植えは日当たりのよい戸外に置き、鉢土の過湿を嫌うので表面が乾いてから水やりする。

ペンツィア・グランディフロラ

ボタン 牡丹

Paeonia

ボタン科／耐寒性落葉低木　**別名**：フカミグサ（深見草）　**花ことば**：恥じらい、富貴

原産地：中国
花　期：4～5月　出回り時期：9～5月
用　途：庭植え、鉢植え、切り花

特徴 豊富な花色と変化に富む花形で古くから人気の高い花木。中国では古来より「百花の王」と賞されている。春咲きのほかに、初冬と春の2回咲く寒ボタンもある。

管理 日当たりと風通しのよい戸外に置いて、夏は西日を避けて、涼しい半日陰に移す。咲き終わった花は花首の下から切り取る。

寒ボタン

ボタン'島錦'

111

春

ポピー ◆◆◆○✿　　　　　　　　　　　　　　Papaver

ケシ科／耐寒性秋まき1年草、多年草　花ことば：慰め（アイスランドポピー）

アイスランドポピー

ヒナゲシ

原産地：ヨーロッパ、アジア、北アメリカ西部
花　期：4～6月　　出回り時期：3～4月
用　途：鉢植え、庭植え、切り花

特徴 ポピーはケシの総称で、現在栽培されているのは、主にオレンジや黄色系の花をつけるアイスランドポピー、つややかな赤やピンクの花を咲かせるヒナゲシ、太い花茎の先に大輪の花をほかのポピーより遅く咲かせ、茎と葉に剛毛があるのでオニゲシとも呼ばれるオリエンタルポピーの3種。いずれも薄紙細工のような繊細な花で人気がある。

管理 いずれも寒さに強く、日光を好むので日当たりのよい戸外に置く。乾燥に比較的強いので、水は鉢土の表面が乾いてから、花にかけないよう株元にたっぷり与える。

オリエンタルポピー

ボローニア ◆◆◆◇◆

Boronia

春

| ミカン科／非耐寒性常緑低木 | 別名：ボロニア | 花ことば：打てば響く |

ボローニア・ヘテロフィラ

ボローニア・メガスティグマ'キャンデュエリ'

原産地：オーストラリア南部
花　期：3〜5月　出回り時期：2〜4月
用　途：鉢植え、切り花

特徴 香りがよくて鐘形の小さな花を直立する細い枝いっぱいに咲かせる人気の鉢花。最も一般的なのはピンクボローニアと呼ばれるヘテロフィラで、濃桃色のほかに白花もある。最近は、花弁の裏が暗褐色で壺形の花をつけ、ブラウンボローニアと呼ばれるメガスティグマやその変種で黄花の'ルテア'、星形の花を咲かせるピンナータなども出回る。

管理 春から秋は日当たりと風通しのよい戸外に置き、夏は半日陰に移す。冬は霜に当てないよう南向きのベランダや室内に取り込む。乾燥に弱いので鉢土の表面が乾き始めたら水をやる。

ボローニア・クレヌラタ'ピンクパッション'

ボローニア・ピンナータ'シドニー'

マーガレット ◆◆○

Argyranthemum (=Chry)

春

キク科／半耐寒性多年草、常緑低木　別名：モクシュンギク（木春菊）　花ことば：恋占い

マーガレット各種

オレンジマーガレット

原産地：カナリア諸島
花　期：3～6月　出回り時期：12～7月
用　途：鉢植え、庭植え、切り花

特徴 やや大輪の花を株いっぱいに咲かせる一重の白花種が清楚な草姿で人気が高いが、シュンギクとの交配種の黄花や桃花種、また最近ではオレンジ色の花を咲かせるものもある。一重のほか八重や丁字咲き*、鉢花に向く20cmほどの矮性種から120cmぐらいになる切り花用の高性種まで、さまざまなものが栽培されている。

管理 日光を好むので日当たりと風通しのよい戸外に置く。こまめに花がらを摘み、すべての花が終わったら3分の1程度切り戻して涼しい半日陰に置く。寒冷地では冬は室内に取り込む。

＊丁字咲き…キク科植物などの花形のひとつ。管状花が発達して全体が半球状になるもの。

右上／マーガレット（丁字咲き）
右／マーガレット'サマー・メロディー'

114

マネッチア

Manettia

春

アカネ科／非耐寒性常緑つる性多年草　別名：アラゲカエンソウ（粗毛火焔草）

原産地：パラグアイ、ウルグアイ
花　期：5〜11月　出回り時期：4〜12月
用　途：鉢植え

(特徴) 主に出回るインフラタは、英名をファイアークラッカー（爆竹）バイン、和名をアラゲカエンソウという。2〜4mほどに伸びるつるには先の尖った卵形の葉が向かい合わせにつき、葉のわきに長さ約2cmの筒形の花をつける。ビロード状に粗い毛が生え、基部が膨らんだ花は鮮やかな赤色で、先端の黄色の部分がわずかに反り返る。

(管理) 開花中は日当たりのよい室内に置き、初夏から秋は日当たりと風通しのよい戸外に置く。晩秋になったら室内に取り込み、暖かい窓辺などに置いて8℃以上に保つ。

マネッチア・インフラタ

ミムラス

Mimulus

ゴマノハグサ科／半耐寒性秋まき1年草、多年草　別名：モンキーフラワー

原産地：南アフリカ、北アメリカ
花　期：3〜9月　出回り時期：2〜7月
用　途：鉢植え、庭植え

(特徴) 日本にも自生するミゾホオズキの仲間。赤や黄色の派手な地色に大きな斑点模様が入るラッパ形の花で、その様子がサルの顔に似ているので、英名をモンキーフラワーという。最近、ピンクやオレンジ色で、斑点のない大輪の豪華な花を次々と咲かせるミスティックシリーズが登場して、注目されるようになった。

(管理) 日当たりと風通しのよい戸外に置いて、こまめに花がらを摘む。湿地性の植物なので、夏は西日の当たらない涼しい半日陰に移し、鉢土の表面が乾く前に水やりする。

ミムラス

春

ミヤコワスレ 都忘れ ◆○◆

Miyamayomena

キク科／耐寒性多年草　別名：ミヤマヨメナ（深山嫁菜）　花ことば：別れ、強い意志

原産地：日本（関東以西）
花　期：4～5月　出回り時期：2～4月
用　途：鉢植え、庭植え、切り花

(特徴) 野原に自生するミヤマヨメナから江戸時代後期に作られた園芸種。可憐で清楚な花姿で古くから人気がある。承久の乱に敗れて佐渡に流された順徳院がこの花を見て都の栄華を忘れたといわれている。紫のほかピンクや白花もある。

(管理) 日当たりのよい戸外に置き、夏は西日を避けて涼しい半日陰に移す。乾燥に弱いので鉢土の表面が乾き始めたら水やりする。

ミヤコワスレ '江戸紫'
ミヤコワスレ '浜乙女'

ミルトニア ◆◆◆○◆

Miltonia (Milt.)

ラン科／着生ラン　別名：パンジーオーキッド　花ことば：愛の訪れ

原産地：コロンビア、エクアドル、ブラジル
花　期：3～7月　出回り時期：1～7月
用　途：鉢植え

(特徴) 唇弁の基部に入る模様がパンジーに似ているのでパンジーオーキッドとも呼ばれ、多彩な色の花弁にはビロードのような光沢がある。ランの開花が少ない早春から初夏にかけて出回る。

(管理) 日当たりのよい室内の窓辺に置き、夏は戸外の半日陰に移す。乾燥に弱いので鉢土を乾かさないようにし、冬は室内で10℃以上に保つ。

ミルトニア・スペクタビリス・モレリアナ
ミルトニア　リベルテ'オーミ'

ムスカリ

Muscari

春

ヒアシンス科／耐寒性秋植え球根　別名：グレープヒアシンス　花ことば：失望、失意

ムスカリ・アルメニアカム（紫花）と
ムスカリ・ボトリオイデス'アルバ'（白花）

ムスカリ・アルメニアカム'ブルースパイク'

原産地：ヨーロッパ、地中海沿岸、西南アジア
花　期：4月　出回り時期：11〜4月
用　途：鉢植え、庭植え、切り花

特徴　壺形で濃青色に白い縁取りのある小さな花を密につけるアルメニアカムが最も有名で、八重咲きの'ブルースパイク'や矮性種などの園芸種も出回る。細葉で丈が低く花数の少ないボトリオイデス、やや幅広の葉をつけ2色咲きになるラティフォリウム、藤桃色の羽毛のような花をつけるコモスム'プルモスム'などもある。

管理　日光を好むので、日当たりと風通しのよい戸外に置き、鉢土の表面が乾いたらたっぷり水やりする。花が終わったら、球根を太らせるために花がらを早めに取り除く。

上／ムスカリ・ラティフォリウム
左／ムスカリ・コモスム'プルモスム'

春

ラークスパー ●●○●

Consolida

キンポウゲ科／半耐寒〜耐寒性1年草　別名：チドリソウ（千鳥草）、ヒエンソウ

原産地：ヨーロッパ南部
花　期：4〜5月　出回り時期：4月
用　途：庭植え、切り花、鉢植え

(特徴) 30〜100cmになる茎に細かく線状に裂けた葉をつけ、青紫や赤、ピンク、白色のおしゃれな花を穂状にたくさん咲かせる。花壇や切り花、ドライフラワーに多く利用される人気の草花で、英名のラークスパーで流通する。草丈30〜45cmの矮性（わいせい）で、ヒアシンス咲きと呼ばれる八重咲き品種の鉢花も出回る。

(管理) 庭植えするときは、移植を嫌うので日当たりのよい場所に直まきする。鉢植えは日当たりと風通しのよい戸外に置き、鉢土の表面がよく乾いてから水やりする。

ラークスパー

ライラック ●○●◉

Syringa

モクセイ科／耐寒性落葉小高木　別名：ムラサキハシドイ（紫丁香花）　花ことば：思い出

原産地：ヨーロッパ南東部〜西アジア
花　期：5〜6月　出回り時期：1〜4月、8月
用　途：庭植え、鉢植え、切り花

(特徴) 甘い香りを漂わせる小さな花がまとまって咲く高さ約5mの花木で、リラの名前で親しまれている。ヒメライラックは中国原産で高さ1mほどの矮性（わいせい）種。

(管理) 日当たりがよいほど花つきがよくなるので、できるだけ日当たりと風通しのよい戸外に置き、夏は西日を避けて涼しい半日陰に移す。

上／ヒメライラック
右／ライラック

ラケナリア 🌸🌸🌸🌸🌸🌸

Lachenalia

春

ヒアシンス科／半耐寒性秋植え球根　別名：アフリカンヒアシンス　花ことば：移り気

原産地：南アフリカ（ケープ地方）
花　期：12〜4月　出回り時期：2〜3月
用　途：鉢植え、切り花

(特徴) 厚みのある細長い葉の中から花茎を10〜30cmほど伸ばし、カラフルでロウ細工のような花を穂状（すいじょう）につけて下から咲いていく。花が下垂するペンジュラタイプと上向きに咲くヒアシンスタイプ、春咲きのほか秋や冬に咲くものなどがある。

(管理) 寒さにやや弱いので南向きのベランダなどに置き、過湿を嫌うので鉢土の表面が乾いてから水やりする。

ラケナリア・ブルビフェラ（ペンジュラタイプ）
ラケナリア・ウニコロル（ヒアシンスタイプ）

ラナンキュラス 🌸🌸🌸🌸🌸

Ranunculus

キンポウゲ科／半耐寒性秋植え球根　別名：ハナキンポウゲ（花金鳳花）

原産地：ヨーロッパ南東部〜中近東
花　期：4〜5月　出回り時期：12〜4月
用　途：鉢植え、庭植え、切り花

(特徴) 光沢のある花弁を幾重にも重ねた豪華な花。花径15cm以上になる超巨大輪種や巨大輪種、鉢植えに向く草丈20cm前後の'ポット・ドワーフ'や茎が這って広がる多年草の'ゴールドコイン'などが出回る。

(管理) ん日当たりのよい窓辺に置く。'ゴールドコイン'は、花後2分の1程度切り戻すと秋に再び開花する。

上／ラナンキュラス'ポット・ドワーフ'
左／ラナンキュラス'ゴールドコイン'

春

ラペイロウジア ●●○●   Lapeirousia

アヤメ科／半耐寒性秋植え球根

原産地：南アフリカ
花　期：3～5月　　出回り時期：2～4月
用　途：鉢植え、切り花

(特徴) 草丈20～40cmで、山野草のような雰囲気の可憐な花を咲かせる。下の花弁の基部に濃紅色の斑紋（はんもん）が入りヒメヒオウギとも呼ばれるラクサや、プチルージュの名があるシレノイデスが出回る。

(管理) 室内の日当たりのよい窓辺に置く。花後は徐々に水やりを控え、地上部が枯れたら鉢のまま乾燥させる。

ラペイロウジア・ラクサ

ラペイロウジア・シレノイデス

ラミウム ●○●   Lamium

シソ科／耐寒性多年草　　別名：デッドネットル

原産地：北アフリカ、ヨーロッパ、温帯アジア
花　期：4～6月　　出回り時期：4～7月
用　途：庭植え、グラウンドカバー、鉢植え

(特徴) 日本にも自生するオドリコソウの仲間で、ヨーロッパ原産のマクラツムがグラウンドカバーやつり鉢、寄せ植えなどに利用される。向かい合わせについた葉のわきに、ピンク色の小さな花が茎を囲むように3～4段つき、次々と咲き上がっていく。卵形の葉には中央部に灰白色のすじが入って美しい。黄緑色や銀白色の葉をつける品種もある。

(管理) 風通しのよい明るい半日陰に置き、細かい毛で覆われている葉にかけないよう株元に水をやる。花が終わったら古い茎を切り戻して草姿を整える。

ラミウム・マクラツム

リナリア Linaria

春

ゴマノハグサ科／耐寒性秋まき1年草、多年草　別名：ヒメキンギョソウ

原産地：北半球の温帯各地
花　期：3～6月　出回り時期：1～5月
用　途：庭植え、ロックガーデン、鉢植え、切り花

(特徴) キンギョソウに似た小さな花を穂状につけて初夏の頃まで咲かせるモロッコ原産のマロッカナが古くから栽培される。草丈約20cmの'グッピー'は、花壇の縁取りや寄せ植えに最適。高性のプルプレアは多年草で、夏の終わり頃まで咲く。

(管理) 日当たりと風通しのよい戸外に置き、鉢土の表面が乾いたらたっぷり水やりする。

リナリア・マロッカナ'グッピー'

リナリア・プルプレア'キャノン・ウェント'

リビングストンデージー Dorotheanthus

ツルナ科／半耐寒性秋まき1年草　別名：ドロセアンサス、ベニハリ（紅波璃）

原産地：南アフリカ
花　期：4～5月　出回り時期：3月
用　途：鉢植え、庭植え、ロックガーデン

(特徴) 春の盛りに、色鮮やかで金属光沢のあるデージーに似た花を株いっぱいに重なり合うように咲かせる。花径は約4cmで細長い花弁が数10枚つき、中心に蛇の目模様の入るものが多い。太陽の光を浴びて開き、夕方や曇りの日には閉じる。肉厚でへら状の葉と這うようにして広がる茎には、ざらめ状の透明な結晶体がついている。

(管理) 直射日光を好み、日陰では花が開かないので、できるだけ日のよく当たる戸外に置く。乾燥に強いので鉢土が十分乾いてから水やりする。花期が長いので花がらは早めに摘む。

リビングストンデージー

春

リムナンテス

Limnanthes

リムナンテス科／耐寒性秋まき1年草　別名：ポーチドエッグプランツ

原産地：北アメリカ
花　期：4～6月、8～10月
出回り時期：3～5月
用　途：鉢植え、庭植え

特徴 属名はギリシア語で「沼の花」の意味で、湿地に自生することから。主に栽培されるのはダグラシーで、羽根状の葉をつけた茎がよく分枝して匍匐し、上部の葉のわきから長い花柄を出して径2cm前後の芳香のある花を1つつける。5枚の花弁の先端は少しへこみ、中心が黄色く周囲が白いので目玉焼き草の愛称がある。

管理 日がかげると花を閉じるので、できるだけ日のよく当たる戸外に置く。乾燥を嫌うので鉢土の表面が乾く前に水やりするが、やりすぎると草姿が乱れるので注意する。

リムナンテス・ダグラシー

リューココリネ

Leucocoryne

ヒガンバナ科／半耐寒性秋植え球根　別名：レウココリネ　花ことば：温かい心

原産地：チリ
花　期：5～6月　出回り時期：4月
用　途：鉢植え、切り花

特徴 属名はギリシア語で「白い棍棒」の意味。花の基部に3本の角（仮雄しべ）が突き出ることにちなむ。細くて硬い花茎の先に優美な星形の花を数個咲かせる。甘い香りがあって花もちがよいので、切り花としても人気がある。白や藤紫色の花にクリーム色の輪が入るイキシオイデスや、紫色の花に紅紫の輪が入るプルプレアなどが出回る。

管理 暖地では庭植えもできるが、暖地以外では鉢植えにして、日当たりと風通しのよい戸外に置く。葉が枯れたら鉢のまま乾燥させ、晩秋に室内に入れて窓辺で冬越しさせる。

リューココリネ・イキシオイデス'ピュアーホワイト'

ルピナス ◆◆◆◆◇◆

Lupinus

春

マメ科／耐寒性多年草、1・2年草　別名：ノボリフジ（昇藤）　花ことば：貪欲、空想

ラッセルルピナス（後方）とミナレットルピナス（手前）

原産地：地中海沿岸、北アメリカ
花　期：4〜6月　出回り時期：2〜6月
用　途：鉢植え、庭植え、切り花

特徴 手のひらのような形の葉の間から蝶形の花をつけた花穂（かすい）が立ち上がり、春から初夏にかけて咲き上がっていく。60cm以上になる大きな花穂をつけるラッセルルピナス、ラッセルルピナスを小型に改良し鉢植えに向くミナレットルピナス、わずかに芳香のある黄色い花を咲かせる黄花ルピナス、花弁の先が白く全体にやわらかな毛に覆われたカサバルピナスなどがある。葉の形からハウチワマメ（羽団扇豆）の別名もある。

管理 強い寒さや高温多湿を嫌い日光を好むので、風通しと日当たりのよい戸外に置き、鉢土の表面が十分乾いてから水やりする。多年草は花後、花穂を切り取る。

左上／黄花ルピナス
左／カサバルピナス

レウィシア ◆◆○✿   Lewisia

スベリヒユ科／耐寒性多年草　別名：イワハナビ（岩花火）

原産地：北アメリカ北西部
花　期：4〜6月　出回り時期：11〜7月
用　途：鉢植え、ロックガーデン

特徴 肉厚の葉をロゼット※状に広げ、その中心から約10cmの花茎を次々と出して花を咲かせる。以前は愛好家が山野草として栽培していたが、最近は一般向けの鉢花としても人気。常緑性のものと花が終わると葉が枯れる落葉性のものがあるが、常緑のコチレドン系の園芸品種が主に出回る。

管理 風通しと日当たりがよく雨の当たらないベランダや窓辺に置き、夏は西日と雨を避けて涼しい半日陰に移す。鉢土が十分乾いてから葉にかけないように水やりする。

レウィシア・コチレドン

※ロゼット…地際から出た葉が地面に接して放射状に広がったもの。

ロータス ◆◆   Lotus

マメ科／半耐寒性多年草　別名：ロツス

原産地：カナリア諸島〜ベルデ岬諸島
花　期：4〜5月
出回り時期：2〜6月、9月、12月
用　途：鉢植え

特徴 茎や葉が白色の毛で覆われて銀白色に見えるベルテロティーは、線状の小葉のつく枝が這うようにして60cmぐらいまで伸びて広がり、橙赤色で花径3〜4cmの鳥のくちばしのような花をつける。この花形からオウムのくちばしの愛称がある。マクラツスは茎が太く、橙黄色の花弁の周辺部が赤みを帯びる。

管理 春と秋は風通しと日当たりのよい戸外に置く。夏は西日と雨を避けて風通しのよい半日陰に移し、鉢土の表面が乾いたら水やりする。晩秋に室内に入れ、5℃以上に保つ。

ロータス・ベルテロティー

ワイルドストロベリー　Fragaria

バラ科／耐寒性多年草　別名：エゾノヘビイチゴ（蝦夷の蛇苺）　花ことば：敬慕と愛

原産地：ヨーロッパ～アジア
花　期：4～6月（実は5～7月）
出回り時期：3～5月
用　途：庭植え、グラウンドカバー、鉢植え

特徴　白い花が咲き、夏に甘い香りのする小型の実をつける野生種のイチゴで、14世紀頃から栽培されているといわれている。ランナー（走出枝）を伸ばして広がるので、グラウンドカバーとしても利用される。白い実をつけるものや、ランナーを伸ばさないアルペンストロベリーと呼ばれるものもある。

管理　庭植えは日当たりと水はけのよい場所を選び、鉢植えは風通しと日当たりのよい戸外に置く。過湿を嫌うので鉢土の表面が乾いてからたっぷり水やりし、枯れた葉は取る。

ワイルドストロベリー

ワスレナグサ 忘れな草　Myosotis

ムラサキ科／耐寒性1年草、多年草　別名：エゾムラサキ（蝦夷紫）　花ことば：私を忘れないで

原産地：ヨーロッパ、アジア
花　期：4～5月　出回り時期：3～4月
用　途：鉢植え、庭植え、切り花

特徴　細長い葉をつけた茎が根元からよく枝分かれして、青紫に黄色の目が入ったかわいらしい花をたくさん咲かせる。草丈10cm前後の矮性種から30cm以上にもなる切り花用の高性種まであり、基本種の青花のほかにピンクや白花などの園芸品種もある。和名のワスレナグサは、英名のフォーゲットミーノットを直訳したもの。

管理　風通しと日当たりのよい戸外に置く。乾燥に弱いので鉢土の表面が乾き始めたらたっぷりと水やりするが、やりすぎると葉ばかり茂って花つきが悪くなるので注意。

ワスレナグサ

春

春

ワックスフラワー ♦♦♣♢♦

Chamelaucium

フトモモ科／半耐寒性常緑低木　別名：ジェラルトンワックスフラワー

原産地：オーストラリア南西部
花　期：4〜6月　出回り時期：1〜3月
用　途：鉢植え、切り花、庭植え

特徴 針のような細い葉をつけた枝はよく分枝して、ピンクや白色などのロウ細工のような光沢のある小さな5弁花を枝先いっぱいに咲かせる。輸入切り花として早くから流通していたが、最近はウンキナツムを改良した園芸種が鉢花で出回って人気がある。ワックスフラワーは英名。

管理 風通しと日当たりのよい戸外に置くが、雨に弱いので梅雨期は軒下やベランダに移し、冬は室内の明るい窓辺に置く。過湿を嫌うので、鉢土の表面が十分乾いてから水やりする。

ワックスフラワー

ワトソニア ♦♦♣♢

Watsonia

アヤメ科／半耐寒性秋植え球根　別名：ヒオウギズイセン（姫扇水仙）　花ことば：豊かな心

原産地：南アフリカ（ケープ地方）、マダガスカル島
花　期：4〜6月　出回り時期：4〜6月
用　途：鉢植え、庭植え、切り花

特徴 草丈50〜120cm。グラジオラスを小型にしたような草姿で、まっすぐに伸びた花茎にピンクや白、オレンジ色などのラッパ形の花を交互につけ、下から上に咲き上がる。花後に葉が枯れる落葉タイプと常緑で越冬するタイプがある。ほかに、鉢植えに向く草丈40cmほどの矮性種ドワーフ・ワトソニアや花に香りのあるものもある。

管理 春から秋は風通しのよい日の当たる戸外に置き、冬は室内の明るい窓辺に置く。鉢土の過湿を嫌うので、土の表面が乾いてから水やりする。咲き終わった花がらは摘む。

ワトソニア

PART 2

夏の花
SUMMER

夏

アーティチョーク ◆

Cynara

キク科／耐寒性多年草　別名：チョウセンアザミ（朝鮮薊）　花ことば：そばにおいて

原産地：地中海沿岸
花　期：6月　出回り時期：5～9月
用　途：庭植え、切り花、ドライフラワー、食用

特徴 草丈1.5～2m。深い切れ込みがある灰緑色の葉をつけた太い茎の先端に、花径15cmにもなる大きなアザミに似た花を1つつけ、次々と開花する。近縁種のカルドンから改良されたといわれ、古代ギリシア・ローマ時代から、蕾を食用にするために栽培されている。アーティチョークは英名。最近は、切り花用の品種も出回る。

管理 鉢花として出回ることはないので、日当たりと水はけのよい場所に春タネをまくか、ハーブとして出回る苗を大きめの鉢に植えると2年目に花が咲く。

アーティチョーク

アカバナマツムシソウ 赤花松虫草 ●

Knautia

マツムシソウ科／耐寒性多年草　別名：クナウティア・マケドニカ

原産地：バルカン半島中部、ルーマニア南東部
花　期：7～9月　出回り時期：5月
用　途：鉢植え、庭植え、切り花

特徴 マツムシソウの近縁で、野草風の花を咲かせるマケドニカがアカバナマツムシソウの名で流通する。草丈は60～80cm。茎につく葉は羽根状に裂けて粗い毛があり、花径1.5～3cmの花をつける。

管理 日当たりと風通しのよい戸外に置き、鉢土が乾いてから水やりする。春先に切り戻すと草丈を低く、花もたくさん咲かせられる。

アカバナマツムシソウ

アガパンサス ◆◇

Agapanthus

夏

| ネギ科／半耐寒〜耐寒性多年草 | 別名：ムラサキクンシラン（紫君子蘭） | 花ことば：恋の訪れ |

原産地：南アフリカ
花　期：6〜8月　出回り時期：2〜7月、9〜11月
用　途：庭植え、鉢植え、切り花

特徴 クンシランのような艶のある葉の中から初夏に太い花茎を伸ばし、紫や白色の涼しげな花をパラソル状にたくさんつける。常緑タイプと冬に地上部が枯れるタイプがあり、花が下向きに咲くもの、横向きに咲くもの、草丈も1mを超える大型種から30cm前後の矮性種までさまざま。属名はギリシア語で「愛の花」という意味。

管理 暑さ寒さに強いので、一年中日当たりと風通しのよい戸外に置く。鉢土の過湿を避け、土の表面が乾いたらたっぷり水をやるが、冬は乾燥気味に保つ。

アガパンサス

アカリファ ◆◇

Acalypha

| トウダイグサ科／非耐寒性多年草 | 別名：ベニヒモノキ（紅紐の木） |

原産地：世界の熱帯〜亜熱帯地方
花　期：6〜10月　出回り時期：4〜11月
用　途：鉢植え、つり鉢

特徴 仲間には観葉植物も多いが、花を楽しむものとしては、花穂がネコの尻尾のようなのでキャッツテールの名で出回るヒスパニオラエと、長いものだと花穂が50cm以上にもなるヒスピダがある。

管理 光線不足だと花つきが悪くなるので、できるだけ日の当たる戸外に置き、鉢土の表面が乾いたら水やりする。冬は室内で5℃以上に保つ。

アカリファ・ヒスパニオラエ

アカリファ・ヒスピダ（ベニヒモノキ）

アカンサス

Acanthus

キツネノマゴ科／半耐寒性多年草　別名：ハアザミ（葉薊）　花ことば：芸術、巧み

原産地：熱帯アフリカ、地中海沿岸、熱帯アジア
花　期：6～8月　出回り時期：1、3、5月
用　途：庭植え、鉢植え、切り花

特徴 羽根状に切れ込んだ大きな葉が、ギリシア建築コリント様式の円柱を飾る意匠に用いられたことで有名な植物。初夏に太い花茎を1mほど伸ばし、白と淡い紅紫色の花をいっぱいにつけて下から順に咲き上がっていく。古くから栽培されているのは大型種のモリスで、葉がアザミに似ているのでハアザミの名がある。

管理 日なたを好むが強い直射日光がやや苦手なので、夏は西日を避けて風通しのよい明るい半日陰に置き、鉢土の表面が乾いたら水やりする。花が終わったら花茎ごと切り取る。

アカンサス・モリス

アキメネス

Achimenes

イワタバコ科／非耐寒性秋植え球根　別名：ハナギリソウ（花桐草）　花ことば：珍品

原産地：熱帯アメリカ
花　期：6～9月　出回り時期：7～8月
用　途：鉢植え、つり鉢

特徴 初夏から秋にかけて、ピンクや紫色のちょっといびつなラッパ形の花を次々と咲かせる。草丈は30～60cmで、晩秋に地上部が枯れて休眠する。属名はギリシア語で「寒い季節を好まない」という意味だが、日本の夏の高温多湿にも弱いので、主に室内で楽しむ。

管理 鉢は直射日光を避けた明るい窓辺などに置き、真夏は雨と西日を避けて、できるだけ風通しのよい涼しい半日陰に移す。花や葉にかけないよう株元に水やりする。

アキメネス

アキレア ◆◆◆◇

Achillea

夏

キク科／耐寒性多年草　別名：ノコギリソウ（鋸草）、ヤロー　花ことば：闘い、忠実

アキレア・ミレフォリウム

アキレア・フィリペンドゥリナ（黄花ノコギリソウ）

原産地：ヨーロッパ、コーカサス地方、アジア、北アメリカ
花　期：5～8月　出回り時期：3月
用　途：庭植え、切り花、鉢植え

特徴 日本にも自生種があるが、切り花や花壇などで栽培されるのはヨーロッパ原産の西洋ノコギリソウと呼ばれるミレフォリウム。英名のヤローの名でハーブとしてもよく知られている。基本種は白花だが、赤やピンク、黄色などの園芸種もある。草丈60～80cmで純白の花を咲かせるプタルミカ（オオバナノコギリソウ）には、八重の花が咲く'ザ・パール'がある。

管理 日当たりと風通しのよい戸外に置くが、冷涼な気候を好むので、夏は西日の当たらない涼しい半日陰に移す。鉢土の過湿を嫌うので、土がよく乾いてからたっぷり水やりする。

アキレア・プタルミカ'ザ・パール'

夏

アサガオ 朝顔 ❀❀❀❀❀❀❀

Pharbitis

ヒルガオ科／非耐寒性春まき1年草　花ことば：はかない恋、平静、結びつき

アサガオの行灯（あんどん）仕立て　　変化アサガオ（桔梗咲き）

原産地：亜熱帯アジア、熱帯アメリカ
花　期：7〜9月　出回り時期：4〜8月
用　途：鉢植え、庭植え

特徴 奈良時代に薬用として中国から渡来したといわれる。江戸時代には観賞用として栽培され、花径20cm以上の大輪アサガオや変化咲きアサガオなど、さまざまな園芸品種が誕生した。これらアサガオ属のほかに、夏から霜の降りる頃まで咲くイポメア属のソライロアサガオなどが、西洋アサガオの名前で出回る。

管理 日光を好むので風通しのよい日のよく当たる戸外に置き、毎日十分に水やりして鉢土を乾燥させないようにする。採種しない場合は花がらを摘む。

上／西洋アサガオ'ブルーダジュール'
左／リュウキュウアサガオ（オキナワアサガオ）

アサリナ ◆◆◆◇

Asarina (= Maurandya)

夏

ゴマノハグサ科／半耐寒性つる性多年草　別名：ツタバキリカズラ（蔦葉桐葛）

原産地：ヨーロッパ、北アメリカ
花　　期：6～10月　出回り時期：3～7月
用　　途：鉢植え、庭植え

特徴 スカンデンスは細いつるを伸ばし、葉のわきから花柄を出して鐘形の花を初夏から秋の頃まで次々と咲かせる。寒さに弱いので1年草扱いにする。寒さに強いプロクンベンスは茎が匍匐し、軟毛に覆われた葉のわきに淡黄色の花を咲かせる。

管理 半日ぐらい日の当たる明るい半日陰に置いて、鉢土が乾いたら早めに水やりする。

アサリナ・プロクンベンス 　アサリナ・スカンデンス

アスクレピアス ◆◆◆◇

Asclepias

ガガイモ科／耐寒性多年草、半低木　別名：トウワタ（唐綿）　花ことば：行かせてください

原産地：アフリカ、南・北アメリカ、西インド諸島
花　　期：7～8月　出回り時期：7～10月
用　　途：鉢植え、庭植え、切り花

特徴 江戸時代に渡来したトウワタの仲間。花形がユニークで切り花としても人気がある。クラサビカは草丈1m前後。細長い葉の付け根から花茎を伸ばし、橙赤と黄色のコントラストが美しい星形の花を咲かせる。ほかに橙色の花をつけるツベロサ、赤紫色の花のシリアカなどがある。茎や葉を切ると乳汁が出るので、英名をミルクウィードという。

管理 日光が好きで暑さに強いので日当たりのよい戸外に置き、鉢土が乾いてから水やりする。クラサビカは寒さに弱いので1年草として扱う。ほかは暖地なら戸外で越冬する。

アスクレピアス・クラサビカ

133

アジサイ 紫陽花 Hydrangea

夏

ユキノシタ科／耐寒性落葉低木　別名：ハイドランジア、シチヘンゲ（七変化）

ハイドランジア・アルボレスケンス'アナベル'

原産地：日本
花　期：6〜7月　出回り時期：3〜6月
用　途：庭植え、鉢植え、切り花

特徴 花の少ない梅雨の時期を代表する日本原産の花木で、江戸時代末期にヨーロッパに渡り、鉢花用に改良された。その後、日本に逆輸入されて西洋アジサイやハイドランジアと呼ばれ、日本でも多くの園芸種が誕生している。花房が手まりのように咲くタイプ（手まり型）と、額縁のように周りに咲くタイプ（ガクアジサイ型）があり、円錐状に花をつけるカシワバアジサイやミナヅキも人気がある。

管理 室内で花を楽しむ場合も、できるだけ日の当たる場所に置き、花が終わったら、戸外の風通しのよい明るい半日陰に移して夏越しさせる。乾燥に弱いのでたっぷり水やりする。

ハイドランジア'ブルースカイ'
（ガクアジサイ型）

カシワバアジサイ（八重）

夏

ハイドランジア'フラウ・スミコ'（手まり型）

上／アジサイ'墨田
の花火'
（ヤマアジサイ系）
左／ミナヅキ
（ノリウツギ系）

アスター ◆◆◆◆◇

Callistephus

キク科／非耐寒性春まき1年草　別名：エゾギク（蝦夷菊）、チャイナアスター

原産地：中国北部、朝鮮半島北部
花　期：7～9月　出回り時期：5～7月
用　途：切り花、庭植え、鉢植え

特徴 紫や紅などの落ち着いた花色が多く、江戸時代から栽培され、主に切り花が利用されてきた。株元から分枝するタイプと茎の上部が分枝するスプレータイプがあり、花弁が盛り上がるポンポン咲きや八重咲き、マーガレットのような花形の大輪種など品種も多彩。以前アスター属に分類されていたので、現在もアスターの名で流通している。

管理 高温多湿を嫌い、光線不足だと徒長するので風通しと日当たりのよい戸外に置き、鉢土の表面が乾いたら水やりする。花が終わっても散らずに残るので、花の下から切り取る。

アスター

アスチルベ ◆◆◆◇

Astilbe × arendsii

ユキノシタ科／耐寒性多年草　別名：ショウマ（升麻）　花ことば：恋の訪れ、自由

原産地：中央アジア、日本、北アメリカ
花　期：5～9月　出回り時期：3～7月、9月、11月
用　途：庭植え、鉢植え、切り花

特徴 現在流通しているのは日本と中国のショウマ類をドイツで改良したもので、これら園芸品種を総称してアスチルベという。細くて硬い茎の先に白やピンク、赤色などのアワ粒のような小さな花を多数つける。花が開くにつれて全体がふんわりとした感じになり、初秋の頃まで咲き続ける。草丈が70cmを超える高性種から40cm前後の矮性種まである。

管理 日光を好むが、夏の直射日光に当たると花が傷むので夏以降は西日を避け、風通しのよい明るい半日陰に置く。乾燥に注意し、鉢土の表面が乾いたらたっぷり水やりする。

アスチルベ

アストランティア ◆◆◇ Astrantia

夏

| セリ科／耐寒性多年草 | 別名：アストランチア | 花ことば：愛の渇き |

原産地：ヨーロッパ中部～東部
花　期：6～8月　出回り時期：4～6月
用　途：庭植え、切り花、ドライフラワー、鉢植え

特徴 主に栽培されるのはマヨルで、切り花やポット苗が店頭に並ぶ。5裂して縁にギザギザのある大きな葉をつけ、長い花茎の先には小さな花がかたまって半球状につく。花弁のように見えるのは苞(ほう)。花は苞の中心の丸く盛り上がった部分で、白地に緑色を帯びるものと桃色を帯びるものがある。花もちがよく、ドライフラワーにも向く。

管理 高温多湿を嫌う。夏は雨と西日を避けて、東や北側の風通しがよく涼しい半日陰に置き、鉢土が乾いてから水やりする。

アストランティア・マヨル'プリマドンナ'

アスペルラ ◆◆◇ Asperula

| アカネ科／耐寒性秋まき1年草 | 別名：タマクルマバソウ |

原産地：西アジア
花　期：5～7月　出回り時期：3～6月
用　途：庭植え、鉢植え

特徴 細く角張った茎がはじめ立ち上がって20～30cmに伸び、後に倒れるようにして広がっていく。線形の葉が茎にくるりと輪生し、茎の先に青紫色の小さな花を密集させて次々と開いていく。甘い香りを漂わせる花は漏斗(ろうと)形で、長さ0.5～1cm。主に出回るのはオリエンタリスで、タマクルマバソウの名もある。

管理 庭植えには、日当たりと水はけのよい場所を選ぶ。鉢植えは風通しのよい日の当たる戸外に置き、鉢土が乾いてから、花にかけないよう株元に水やりする。

アスペルラ・オリエンタリス

夏

アデニウム ◆

Adenium

キョウチクトウ科／非耐寒性多肉植物　別名：デザートローズ

原産地：東アフリカ〜アラビア半島
花　期：5〜6月　出回り時期：3〜7月、10月
用　途：鉢植え

(特徴) 多肉質の幹の基部が壺のように膨らむ形がユニークで、熱帯地域では庭木にされるというが、さし木で殖やされた鉢物は、太い茎がやわらかな感じがする程度で、基部が膨らむことはない。エキゾチックな雰囲気で人気のあるオベスムが鉢花として出回る。熱帯の半砂漠地に育ちバラ色の花を咲かせるので、英名をデザートローズ（砂漠のバラ）という。

(管理) 日光を好み、光線不足では花が咲かないので日当たりのよい戸外に置く。冬は室内の日の当たる窓辺に置いて、8℃以上に保つ。切り口から出る乳液は有毒なので注意。

アデニウム・オベスム

アフェランドラ ◆◆◆

Aphelandra

キツネノマゴ科／非耐寒性常緑低木　別名：キンヨウボク（錦葉木）

原産地：中南米の熱帯・亜熱帯地方
花　期：7〜8月　出回り時期：2〜12月
用　途：鉢植え

(特徴) 主に出回るスクアロサは、4列に並んだ黄色い苞の間から長さ約4cmの唇形の花を突き出すように咲かせる。長さ25〜30cmで光沢のあるやや多肉質の葉は、葉脈が白く美しいので観葉植物としても利用され、葉脈が際立った銀白色の'ダニア'は、花も大きく美しいので最も人気がある。

(管理) 日当たりのよい室内に置き、水を切らさないようにする。高温多湿を好むが、夏は直射日光を避けてレースのカーテン越しの日を当て、冬は15℃以上に保つ。

アフェランドラ・スクアロサ'ダニア'

アナナス類 ◆◆◆◆◇

Ananas

夏

パイナップル科／非耐寒性多年草　花ことば：あなたは完璧（パイナップル）

左／オオインコアナナス（フリーセア・ポエルマンニー）　右／インコアナナス（フリーセア・カリナタ）

原産地：アンデス山系を中心とした中央・南アメリカ
花　期：5～7月　出回り時期：周年
用　途：鉢植え、切り花

(特徴) 園芸上はパイナップル科の植物全体をアナナス類と呼ぶ。フリーセア、グズマニア、エクメアなど開花時に苞が美しく色づく園芸品種が多い。なかでもフリーセア・ポエルマンニーは赤く大きな花穂が1か月以上も美しい姿を保つ人気種。最も多く出回るのはグズマニアで、マグニフィカは赤い苞と白い花の対比が美しい。

(管理) 室内の窓辺でレースのカーテン越しの日に当てる。葉の基部にある筒状の部分から水分を吸収するので、春から秋の生育期には筒状部にたっぷり水を入れておく。

左上／グズマニア・マグニフィカ
左／シマサンゴアナナス
　　（エクメア・ファスキアタ）

アブチロン ◆◆◆◇

Abutilon × hybridum

夏

| アオイ科／半耐寒性常緑低木 | 別名：ウキツリボク、フラワリング・メイプル | 花ことば：尊敬 |

アブチロン'アンダルシアスーパー大輪レッド'

アブチロン・メガボタミクム'チロリアンランプ'(ウキツリボク)

原産地：世界の熱帯〜亜熱帯地方
花　期：3〜9月　出回り時期：3〜12月
用　途：鉢植え、庭植え

特徴 赤い萼（がく）と黄色の花弁の対比がおもしろいウキツリボクと、葉に黄色いスポット状の斑（ふ）があり、赤いすじ模様が入るオレンジ色の花を咲かせるキフアブチロンが主に流通していたが、最近は赤や黄、オレンジ色など色鮮やかで、花径4〜7cmの大きな花を下向きに次々と咲かせる園芸品種も出回る。

管理 初夏から秋までは風通しと日当たりのよい戸外に置き、鉢土の表面が乾いたらたっぷり水やりする。寒さにやや弱いので、晩秋には日当たりのよい室内に取り込み、水を控える。

アブチロン・ストリアツム'トンプソン'(キフアブチロン)

アメリカフヨウ アメリカ芙蓉 ♦♦ ◇ ◇ Hibiscus

夏

アオイ科／耐寒性多年草、春まき1年草　別名：クサフヨウ（草芙蓉）、ローズマロウ

原産地：北アメリカ東部
花　期：7〜9月　出回り時期：3月、6〜8月
用　途：庭植え、鉢植え

特徴 草丈1〜1.8mで、株の上部の葉のわきに20cmを超える大きな花を夏の日差しにも負けず次々と咲かせる。花は一日花で朝開いて夕方に閉じるが、毎日新しい花が初秋の頃まで咲いていく。草丈の高い種類のほかに鉢植え用の矮性種もあり、花色もピンクを基本に白や紅、ぼかしの入るものなど豊富。

管理 日光を好み暑さに強いので、よく日の当たる戸外に置き、鉢土を乾かさないよう表面が乾き始めたら水やりする。次々と咲くので、咲き終わった花がらはこまめに摘む。

アメリカフヨウ

アラマンダ ♦ ♦ Allamanda

キョウチクトウ科／半耐寒性つる性常緑低木　別名：アリアケカズラ

原産地：中央・南アメリカの熱帯地域
花　期：6〜10月　出回り時期：5〜7月
用　途：鉢植え、庭植え

特徴 丸みのある大輪の黄色い花を初夏から秋に次々と咲かせる'ヘンダーソニー'は、花つきがよく丈夫。やや小ぶりで直径約5cmの黄色い花をつけるネリフォーリアや、淡い紫紅色の花をつけるビオラケアは鉢植えで出回る。

管理 高温と日光を好む。風通しと日当たりのよい戸外に置き、晩秋から春は日当たりのよい室内で5℃以上に保つ。

上／アラマンダ・ビオラケア
左／アラマンダ・カタルティカ
　　'ヘンダーソニー'

アリウム ◆◆◆◇

Allium

夏

| ネギ科／耐寒性秋植え球根 | 別名：ハナネギ（花葱） | 花ことば：無限の悲しみ、正しい主張 |

アリウム・ギガンチウム

原産地：ヨーロッパ、アジア、北アメリカ
花　期：4～11月　出回り時期：4～5月、9月
用　途：鉢植え、庭植え、切り花

特徴 ニラやタマネギなどネギの仲間で花を観賞する種類をアリウムと呼び、園芸用に栽培される。太い花茎をまっすぐ1m以上伸ばした先に紫紅色の小さな花が球形につく大型種のギガンチウム、草丈20～30cmの小型種で黄色い花のモーリーやパラソル状に白い花を咲かせるネアポリタナム、ほかに珍しい青色の花をつけるカエルレウムなど、多くの種類が出回る。

管理 丈夫で、日当たりのよい場所なら植え放しでも2～3年はきれいな花が咲く。鉢植えも日当たりのよい戸外に置き、鉢土が乾いてからたっぷり水やりする。

アリウム・モーリー

上／アリウム・カエルレウム
右／アリウム・ネアポリタナム

アルケミラ ◆

Alchemilla

夏

| バラ科／耐寒性多年草 | 別名：レディースマントル、ミラー、ハゴロモグサ |

原産地：ヨーロッパ、小アジア、北アメリカ
花　期：6〜7月　出回り時期：周年
用　途：グラウンドカバー、切り花、鉢植え

(特徴) 茎は上部で細かく枝分かれして40〜50cmになり、先端に黄緑色の小さな花を群がって咲かせる。径5mmほどの花には花弁がなく、黄色い雄しべがよく目立つ。灰緑色の葉が美しく、密生するのでグラウンドカバーに最適。英名のレディースマントル（婦人のマント）は、大きな葉をマントに見立てたもの。

(管理) 日なたから半日陰までよく育つが、高温多湿に弱いので、庭植えには夏に西日の当たらない場所を選ぶ。鉢植えも夏は風通しのよい半日陰に置き、水切れに注意する。

アルケミラ・モリス

アルテルナンテラ ◆葉 ◆◆◆

Alternanthera

※アルテルナンテラ属のナガツルノゲイトウは特定外来生物のため栽培できません

| ヒユ科／非耐寒性多年草 | 別名：テランセラ、アキランサス | 花ことば：熱すると冷める恋 |

原産地：ブラジル
観賞期：8〜10月　出回り時期：5〜12月
用　途：鉢植え、庭植え

(特徴) 旧名のテランセラで流通するフィコイデアやルビー色の葉のアカバセンニチコウなど、花よりも葉の色が美しいものが多いなかで、ポリゲンスの園芸品種'千日小坊'は秋に濃紅色のかわいい花をつける。

(管理) 風通しと日当たりのよい戸外に置き、鉢土の表面が乾いたらたっぷり水やりする。育ち始めの頃に数回摘心すると、草姿がこんもりと整う。

上／アカバセンニチコウ'レッドフラッシュ'
左／アルテルナンテラ・ポリゲンス'千日小坊'

夏

アルブカ ◆◆◇ Albuca

ユリ科／半耐寒性秋植え球根

原産地：主に南アフリカ
花　期：5月中旬～6月　出回り時期：2～6月、9月
用　途：鉢植え、切り花、庭植え

特徴 属名はラテン語で「白色の」という意味で、最初に発見された種が白花だったことによるという。先端がゆるく曲がった花茎の先に、わずかに芳香のある黄色い花をつり下げるカナデンシスが多く栽培される。花は花弁の中央に淡い緑色のすじが入り、外側の3枚の花弁が水平に開く。切り花で出回るネルソニーは、純白の花を上向きに咲かせる。

管理 風通しと日当たりのよい戸外に置き、過湿を嫌うので鉢土が乾いてから水やりする。晩秋に室内に入れて明るい場所に置き、10℃以上に保つ。暖地では露地植えで越冬する。

アルブカ・カナデンシス

アロンソア ◆◆◇ Alonsoa

ゴマノハグサ科／半耐寒性常緑多年草　別名：ベニコチョウ

原産地：ペルー
花　期：7～10月　出回り時期：4～7月
用　途：庭植え、鉢植え

特徴 赤褐色を帯びた四角い茎はよく枝分かれして高さ50～60cmぐらいになり、葉のわきに赤やオレンジ色で径1.5cmほどの花をたくさんつけて次々に咲いていく。花は5弁でややうつむいて咲き、4本の雄しべのうち1本が長く突き出て曲がる。ワルセウィッチーがベニコチョウの和名で出回る。庭に植える場合は1年草として扱う。

管理 日のよく当たる場所に置き、暑さに弱いので夏は雨を避けて風通しのよい涼しい半日陰に移す。冬はフレームなどに入れて凍らない程度に保つ。春先に摘心（てきしん）して分枝させる。

アロンソア

144

アンゲロニア 🌸🌸○❀

Angelonia

夏

ゴマノハグサ科／非耐寒性常緑多年草

原産地：メキシコ～ブラジル、西インド諸島
花　　期：6～10月　出回り時期：5～6月
用　　途：鉢植え、庭植え、切り花

特徴 属名は南アメリカでの呼び名アンゲロンにちなんで付けられたもので、サリカリーフォリアが出回る。やわらかい茎は直立して60～80cmになり、上部の向かい合わせについたヤナギのような葉のわきに、径2cmほどの花を1つずつ横向きにつけて、次々と咲いていく。花色は紫青や白、または白地に紫青色の模様が入る。

管理 風通しと日当たりのよい戸外に置く。乾燥に弱いので水切れに注意し、鉢土の表面が乾いてきたらたっぷり水やりする。庭植えには半日ぐらい日の当たる場所を選ぶ。

アンゲロニア・サリカリーフォリア

イソトマ 🌸🌸○

Solenopsis

キキョウ科／半耐寒性多年草、1年草　別名：ローレンチア

原産地：オーストラリア南部～西部
花　　期：7～11月　出回り時期：4～6月
用　　途：鉢植え、庭植え

特徴 主に栽培されるアクシラリスは、羽根状に裂けた葉のわきに星形の花をつけ、初夏から秋まで次々と咲いていく。青花の'ブルースター'や白花の'ホワイトスター'のほか、ピンク色の花を咲かせるものもある。本来は多年草だが園芸上では春まき1年草として扱われる。旧属名のローレンチアで流通することもある。

管理 風通しと日当たりがよく雨の当たらない軒下やベランダなどに置く。過湿に弱いので鉢土の表面が乾いてから株元に水やりする。茎葉を切ると出る乳液は有毒なので注意。

イソトマ'ブルースター'

145

インパチェンス ◆◆◆◇◈

Impatiens

夏

ツリフネソウ科／非耐寒性1年草　別名：アフリカホウセンカ（一鳳仙花）　花ことば：短気

ニューギニアインパチェンス'シリウス'

シーシェルインパチェンス

原産地：熱帯アフリカ
花　期：6〜10月　出回り時期：3〜10月
用　途：鉢植え、庭植え、つり鉢

特徴 丈夫で育てやすく、1日2〜3時間日が当たるだけでも株を覆うように次々と花が咲き、花期も長いことから花壇や鉢花でよく利用される夏の花の人気種。属名は「忍耐できない」という意味で、熟した果実に触れるとすぐにはじけてタネが飛び出す性質から。這い性でつり鉢に向く黄花のレペンスや、花や葉が大きく斑入り葉種もあるニューギニアインパチェンスなども出回る。

管理 夏期は強い直射日光、とくに西日を避け、風通しのよい明るい半日陰、北や東向きの軒下に置く。過湿に弱いので鉢土が乾いてから水やりする。花がらはこまめに摘む。

右上／インパチェンス各種
右／インパチェンス・レペンス

ウイキョウ 茴香 ◆

Foeniculum

夏

セリ科／耐寒性多年草　別名：フェンネル、スイートフェンネル　花ことば：賛美に値します

原産地：ヨーロッパ南部～西アジア
花　期：6～8月　出回り時期：周年
用　途：鉢植え、切り花、薬用、ハーブ

特徴 古代エジプト時代から栽培されていたといわれ、英名のフェンネルの名でハーブや切り花としても利用される。糸のように細かく裂けた葉をつけた丸い茎は直立して1～2mほどになり、分枝した先端に黄色の小さな花が花火のように咲く。茎葉が銅色になるブロンズフェンネルや株元が肥大するフローレンスフェンネルなどもある。

管理 大株に育つので深さ30cm以上の大鉢に植え、風通しと日当たりのよい戸外に置く。過湿に注意し、鉢土が乾いてから水やりする。寒冷地では、冬は落ち葉などで株元を覆う。

ウイキョウ

ウォーターポピー ◆

Hydrocleys

ハナイ科／半耐寒性多年草　別名：ミズヒナゲシ、ミズウチワ

原産地：ベネズエラ、ブラジル
花　期：7～10月　出回り時期：8月
用　途：水鉢栽培

特徴 浮葉をもつ水草でケシのような花が咲き、英名のウォーターポピーの名で出回る。ハート形の葉のわきから長さ7～10cmの花柄を水面の上に伸ばし、先端に鮮やかな黄色い花を咲かせる。花は径4～5cmの3弁花で1日でしぼむが、夏から秋まで次々と開いていく。多数の花をつけるが、日本では通常結実しない。

管理 鉢植えを水槽などに沈め、日のよく当たる戸外に置く。日光を好み、日当たりが悪いと花が咲かない。冬は温室に入れ、水温を5℃以上に保つ。

ウォーターポピー

※ 夏

エキザカム ◆○

Exacum

リンドウ科／非耐寒性1年草、多年草　別名：ベニヒメリンドウ（紅姫龍胆）

原産地：インド洋北西部（イエメンのソコトラ島）
花　期：4〜10月　出回り時期：3〜9月
用　途：鉢植え、庭植え

（特徴）主に出回るアッフィネは、芳香のある青紫や白色の花を秋頃まで次々と咲かせ、一重、半八重、八重咲きがある。'ベンガルブルー'は濃い青紫色の花に黄色の葯が美しい。

（管理）強い直射日光に当たると花や葉が傷むので、夏は西日を避けて風通しのよい明るい半日陰に置く。冬は室内の暖かい窓辺で10℃以上に保つ。咲き終わった花がらは摘む。

エキザカム・アッフィネ
エキザカム'ベンガルブルー'

エキナケア ●◆○

Echinacea

キク科／耐寒性多年草　別名：エキナセア、ムラサキバレンギク（紫馬簾菊）

原産地：北アメリカ東部〜中部
花　期：6〜9月　出回り時期：3〜6月
用　途：庭植え、鉢植え、切り花

（特徴）草丈60〜100cmになる茎は中ほどでよく分枝し、先端に径約10cmの花を1つつける。花は花びら状の舌状花と中心部の針山のように盛り上がった筒状花からなり、舌状花は満開になるとたれ下がる。たれ下がった花の形状が、纏の周りについている飾りの馬簾に似ているのでムラサキバレンギクの和名がある。

（管理）庭植えには、日当たりと水はけのよい場所を選んで植え付ける。鉢植えは風通しと日当たりのよい戸外に置き、多湿を嫌うので鉢土が乾いてから水やりする。

エキナケア・プルプレア

エキノプス ◆○

Echinops

夏

| キク科／耐寒性多年草 | 別名：ルリタマアザミ（瑠璃玉薊）、ブルーボール | 花ことば：権威 |

原産地：ヨーロッパ東部〜西アジア
花　期：7〜8月　出回り時期：6月
用　途：庭植え、鉢植え、切り花、ドライフラワー

特徴 属名はギリシア語で「ハリネズミに似ている」という意味で、球形の花がトゲだらけのように見えるところから。普通エキノプスの名で栽培されるのはリトロで、和名をルリタマアザミといい、アザミのようなトゲのある葉をつけた茎の先に青紫色の花をつける。草丈70〜100cm、葉の裏に綿毛があり銀白色に見える。ロックガーデンに植えるとよく育つ。

管理 冷涼で乾燥した気候を好み、夏の高温多湿を嫌うので、西日の当たらない涼しい半日陰に置き、鉢土が乾いたら水やりする。

エキノプス

エスキナンサス ◆◆

Aeschynanthus

| イワタバコ科／非耐寒性多年草 | 別名：リップスティックプラント、ハナツルグサ（花蔓草） |

原産地：インド、東南アジア
花　期：6〜8月　出回り時期：周年
用　途：鉢植え、つり鉢

特徴 属名はギリシア語で「恥じらう花」という意味で、赤面したように赤い花をつけることから。細長い唇形で赤や黄色のビロードのような花が細い茎の先について次々に開いていき、その花の姿から英名をリップスティックプラントという。株が立ち上がるタイプと茎が長くたれ下がるタイプがあり、つり鉢仕立てのものが多く出回る。

管理 日光不足だと花つきが悪くなるので風通しと日当たりのよい窓際に置くが、強光線にはやや弱いので、真夏は直射日光を避けて半日陰に置き、葉水を与える。

エスキナンサス・スペキオサ

149

エボルブルス

Evolvulus

夏

ヒルガオ科／非耐寒性多年草　別名：アメリカンブルー

原産地：中央アメリカ　花　期：5月中旬〜10月
出回り時期：3〜11月　用　途：鉢植え、つり鉢、庭植え

（特徴）90年代に日本に入ってきた花で、四季咲き性*が強く花つきがよいことなどから急速に普及した。花は日が当たると開き、夕方や曇天には閉じるが、3〜4日咲き続ける。茎が這うように伸びて四方に広がるのでグラウンドカバーにも向く。アメリカ原産で涼しげな青い花を咲かせるので、アメリカンブルーの名でも出回る。

（管理）暑さに強いので戸外の日当たりのよい場所に置き、鉢土の表面が乾いてから水やりする。冬は霜や寒風に当てないよう、南向きのベランダや室内の明るい窓辺に置く。

エボルブルス・ピロスス

※四季咲き性…開花期以外にも花をつける性質。

エリンジウム

Eryngium

セリ科／半耐寒〜耐寒性多年草、1・2年草　別名：シーホリー、マツカサアザミ

原産地：ヨーロッパ、コーカサス地方など
花　期：6〜8月　出回り時期：4〜8月、10〜11月
用　途：鉢植え、切り花、ドライフラワー、庭植え

（特徴）よく分枝した茎も短円柱状の花も銀紫に色づくプラナム、短円柱状の花の下の苞片がレース状に広がって美しいアルピナム、青や淡緑色の花の下の大きな苞片が銀色になるギガンチウムなどがある。

（管理）日なたを好むので日当たりと風通しのよい戸外に置くが、高温多湿に弱いので、梅雨期からは雨を避けて涼しい半日陰に移し、夏越しさせる。

上／エリンジウム・アルピナム
右／エリンジウム・プラナム
（マツカサアザミ）

エンジェルストランペット　Brugmansia, Datura

夏

ナス科／非耐寒性1年草、多年草、常緑低木〜小高木　別名：キダチチョウセンアサガオ

エンジェルストランペット　　　　　　　　　　　　ダツラ・メテル（八重咲き）

原産地：インド、中央・南アメリカ
花　期：7〜9月（1年草）、
　　　　　4〜11月（多年草）
出回り時期：3〜8月
用　途：鉢植え、庭植え

（特徴）以前はダツラやダチュラの名で知られていたが、現在は、トランペット形の大輪の花を下向きに咲かせる低木タイプをブルグマンシア属、上向きに咲かせてトゲのある果実をつける1年草タイプをダツラ属に分けられている。ブルグマンシアは和名のキダチチョウセンアサガオ、英名のエンジェルストランペットと呼ばれる人気種で、花に香りがある。

（管理）日光を好むので春から秋は日当たりのよい戸外に置き、水を切らさないようにする。晩秋に枝を切り落として室内に入れ、日のよく当たる窓辺に置き、水やりを控える。

左上／エンジェルストランペット
左／ダツラ'ゴールデンクィーン'

エレムルス

Eremurus

ユリ科／耐寒性秋植え球根　別名：デザートキャンドル　花ことば：大きな希望

原産地：中央アジア西部
花　期：5〜7月※　出回り時期：5〜6月
用　途：庭植え、切り花

特徴 属名はギリシア語で「砂漠の尾」という意味。長く伸ばした花茎の先にベル形や星形の小さな花をびっしりつけ、キツネの尾のような形に咲き上がっていく。花色は白、黄、オレンジ、ピンクなどいろいろ。切り花としても人気だが、8〜10月に出回る球根を植えれば、草丈50cm〜2mにもなる雄大な姿が花壇で楽しめる。

管理 日当たりと水はけのよい場所に植える。夏の高温多湿に弱いので、花が終わり地上部が枯れたら雨に当てない工夫をし、乾燥を保つ。

エレムルス

※花期は種によって異なる。

オジギソウ

Mimosa

マメ科／非耐寒性多年草、1年草　別名：ネムリグサ　花ことば：感じやすい心

原産地：ブラジル
花　期：7〜9月　出回り時期：8月
用　途：鉢植え、庭植え

特徴 夏にピンク色で球形の小さな花を枝先にたくさん咲かせるプディカが、オジギソウの和名で古くから親しまれている。羽毛状の小葉に触れると次々に葉をたたみ、やがて葉全体がおじぎをしたようになる。葉は夜間にも閉じて、早朝明るくなるとともに開く就眠運動をする。属名はギリシア語で「人まねをする」という意味。

管理 風通しと日当たりのよい戸外に置く。水を与えすぎると徒長するので、鉢土の表面が乾いてから水やりする。庭植えにすると自然にタネがこぼれ、翌年も楽しめる。

オジギソウ（ミモザ・プディカ）

オレガノ 🌸🔹○

Origanum

夏

シソ科／半耐寒〜耐寒性多年草　　別名：ハナハッカ（花薄荷）、オリガヌム

原産地：ヨーロッパ〜東アジア
花　期：6〜10月　出回り時期：4〜5月、11月
用　途：庭植え、鉢植え、ハーブ、ドライフラワー

(特徴) 夏の盛りに枝の先に白や淡紫色の細かな花が集まって咲く。ハーブとして有名だが、花も美しく観賞用になる。最近、淡桃色の苞葉（ほうよう）が幾重にも重なって美しい'ケント・ビューティー'が鉢花で出回る。

(管理) 風通しと日当たりのよい戸外に置く。高温多湿を嫌うので夏は雨と西日を避けて涼しい軒下などに移動し、乾燥気味に管理する。

オレガノ
オレガノ'ケント・ビューティー'

ガーデニア 🔸○

Gardenia

アカネ科／半耐寒性常緑低木　　別名：クチナシ（梔子）　　花ことば：私は幸せもの

原産地：インドシナ、中国、台湾、日本
花　期：6〜7月　出回り時期：3〜7月
用　途：庭植え、鉢植え、切り花

(特徴) 園芸品種のオオヤエクチナシは属名のガーデニアの名で呼ばれ、八重咲きの大輪花をつける。最近は、咲き進むと花弁が黄金色に変わるものもある。葉が細長い小型のコクチナシは鉢植え向きで、斑入り葉もある。

(管理) 強い直射日光が苦手なので、室内の窓辺でレースのカーテン越しの日に当てる。水を好むが鉢皿には水をためないように注意。

上／ガーデニア（オオヤエクチナシ）
左／斑入りコクチナシ

153

ガイラルディア ❤❤♧

Gaillardia × grandiflora

夏

キク科／耐寒性1・2年草　別名：テンニンギク（天人菊）　花ことば：協力、団結

原産地：南・北アメリカ
花　期：7～10月　出回り時期：3～9月
用　途：鉢植え、庭植え、切り花

特徴 美しく優雅な花を天人にたとえて和名をテンニンギクという。プルケラが基本種で花びらのように見える舌状花に黄色の覆輪（ふくりん）が入り、変種の'レッドプルム'はヤグルマギクに似た花をつける。

管理 日光を好むので、風通しと日当たりのよい戸外に置き、鉢土の表面が十分乾いてから水やりする。花後、株元から15cmほどで切り戻す。

ガイラルディア'レッドプルム'（ヤグルマテンニンギク）　ガイラルディア・プルケラ（テンニンギク）

ガウラ ❤○

Gaura

アカバナ科／耐寒性多年草　別名：ハクチョウソウ（白蝶草）、ヤマモモソウ

原産地：北アメリカ
花　期：6～11月　出回り時期：5～10月
用　途：庭植え、切り花、鉢植え

特徴 4枚の白い花弁と長く突き出た雄しべの形が、羽を広げたチョウのように見えるところから和名をハクチョウソウという。属名はギリシア語で「華麗な、堂々たる」という意味。花は一日花で下から上に次々と咲いていく。

管理 日当たりと水はけのよい場所に植えると夏の暑さにも負けずよく咲く。鉢植えは日当たりのよい戸外に置き、朝夕たっぷりと水やりする。

上／ガウラ（白花種）
左／ガウラ（赤花種）

154

カカリア ◆◆

Emilia

夏

キク科／半耐寒性春まき1年草　別名：ベニニガナ（紅苦菜）　花ことば：秘めたる恋

原産地：熱帯アフリカ、インド、中国南部
花　期：6〜10月　出回り時期：6〜9月
用　途：庭植え、切り花、鉢植え

特徴 草丈30〜60cm。細いしなやかな茎の上部についた葉のわきから花柄を伸ばし、先端に鮮やかな緋赤や黄色の花を球状につける。花は花びらのない管状花が集まった頭花で、花の一つ一つが絵筆のようなのでエフデギクの名もある。旧属名のカカリアで出回るが、現在はエミリア属に分類されている。

管理 日当たりと水はけのよい場所なら荒地でもよく育つほど丈夫だが、過湿に弱い。鉢植えは支柱を立てて、風通しと日当たりのよい戸外に置き、乾燥気味に育てる。

カカリア（エミリア・サギタッタ）

ガザニア ◆◆○◇

Gazania

キク科／半耐寒性秋まき1年草、多年草　別名：クンショウギク（勲章菊）

原産地：南アフリカ
花　期：4〜7月　出回り時期：2〜10月
用　途：鉢植え、ロックガーデン、切り花

特徴 初夏から秋に、花径6〜8cmの鮮やかな花を次々と咲かせる。花弁の基部に白や褐色の模様があるもの、縦じまの入るものなどがある。花は朝開き、夜間や曇りの日は閉じる。細長い銀葉のユニフロラには耐寒性がある。

管理 日当たりを好む。日陰では花つきが悪いので日のよく当たる戸外に置くが、夏は風通しのよい明るい半日陰に移し、鉢土を乾燥気味にする。

ガザニア'シャンソネット'

ガザニア・ユニフロラ

夏

カタナンケ

Catananche

キク科／耐寒性秋まき1年草　別名：ルリニガナ（瑠璃苦菜）　花ことば：揺れる心

原産地：ヨーロッパ西部
花　期：6〜7月　出回り時期：9〜2月
用　途：庭植え、鉢植え、切り花、ドライフラワー

特徴 主に栽培されるのは和名をルリニガナというカエルレアで、40〜60cmの細くて硬い茎の先端に、花径約5cmの花を1輪つける。青紫色に中心が黒紫色の花が一般的だが白花もあり、ドライフラワーとしてもよく利用される。属名はギリシア語で「強い刺激」の意味で、古代ギリシアの婦人が媚薬として用いたことに由来する。本来は多年草だが、高温多湿に弱いので1年草扱いにする。

管理 日当たりが悪いと花が開かないので、日当たりと風通しのよい戸外に置き、鉢土の表面が乾いてから水やりする。

カタナンケ・カエルレア

ガマ 蒲

Typha

ガマ科／耐寒性多年草　別名：ミスクサ、キャッツテール　花ことば：従順、あわてもの

原産地：世界の温帯地方
花　期：7〜8月　出回り時期：7〜8月
用　途：鉢植え、水鉢栽培、切り花、ドライフラワー

特徴 草丈1〜2mの大型水草で、日本にはガマ、ヒメガマ、コガマの3種がある。花は茶色の円筒形で下部に雌花、上部に雄花をつける。主に切り花で出回るが、最近、ヨーロッパから西アジア原産で草丈70〜80cmの小型のミニマが鉢植えで出回る。

管理 日当たりのよい湿地を好む。水鉢に植え付けて、風通しと日当たりのよい戸外に置く。

上／ティファ・ミニマ
左／ヒメガマ

カモミール

Chamaemelum

夏

キク科／耐寒性多年草、1年草　別名：カモマイル、カミツレ

原産地：ヨーロッパ～西アジア
花　期：5～7月　出回り時期：3～6月、10月
用　途：庭植え、鉢植え、ハーブ

特徴 立ち性のジャーマン種は1年草でリンゴに似た甘い香りの花をつけ、咲き進むと黄色の中心花が盛り上がり白い舌状花はたれ下がる。茎葉にも香りがあり這うように広がるローマン種は多年草で、八重咲き種もある。

管理 庭植えには日当たりと風通しのよい場所を選ぶ。鉢植えも日当たりのよい戸外に置き、水を与えすぎないように注意する。

ジャーマンカモミール

ローマンカモミール（八重咲き種）

カラミンサ

Calamintha

シソ科／耐寒性多年草　別名：カラミント

原産地：ヨーロッパ南部～中央アジア（ウクライナ）
花　期：5～9月　出回り時期：5～6月、9月
用　途：ハーブ、鉢植え、庭植え、切り花

特徴 茎葉に爽やかなペパーミントの香りがある。淡紫色の小さな花が株全体を覆うようにつくネペタは夏中次々と花を咲かせ、グランディフローラはひと回り大きな唇形の花をつける。

管理 日当たりと風通しのよい戸外に置き、鉢土が乾き始めたらたっぷり水を与える。乾燥に弱く、乾きすぎると株が弱るので水切れに注意する。

カラミンサ・ネペタ

カラミンサ・グランディフローラ'ピンク'

カラジウム 葉 ●〇●

Caladium × hortulanum

サトイモ科／非耐寒性多年草、春植え球根　別名：ニシキイモ（錦芋）、ハイモ、ハニシキ

カラジウム'キャンディダム'（'シラサギ'）、'ホワイト・クイーン'、'ローズ・バッド'（左から）

上／カラジウム・フンボルティー
右／カラジウムの花

原産地：熱帯アメリカ、西インド諸島
観賞期：3～10月
出回り時期：3～9月
用　途：鉢植え、庭植え

(特徴) 観葉植物として出回るのはビコロルとビクラツムなどから作られた園芸品種。最もポピュラーなのがビコロル系統の'キャンディダム'で、白地に緑の葉脈が涼しげで'シラサギ'とも呼ばれる。緑や白地の葉にピンクや赤の葉脈が浮き立つもの、白斑や赤斑が入るもの、全体が小型の矮性種フンボルティーなど多くの種類がある。

(管理) 直射日光に当たると葉焼けするので、室内の明るい窓辺に置く。水切れしないよう、鉢土の表面が乾いてきたらたっぷり水やりし、ときどき葉水も与えるとよい。

カランドリニア ◆◆◇

Calandrinia

夏

| スベリヒユ科／半耐寒性常緑多年草 | 別名：ハイマツゲボタン（這松毛牡丹） |

原産地：チリ、アルゼンチン
花　期：6～7月　出回り時期：4～6月
用　途：鉢植え

特徴 鉢花で出回るのはウンベラタで、日に当たると光り輝く濃紅色の美しい花を次々に咲かせる。最近は、白花や同じ株の中で白や桃色の花を咲き分ける品種もある。径1.5～2cmのカップ形の花は日が当たると開き、夜間や曇天には閉じる性質がある。属名はスイスの植物学者J.L.カランドリニにちなむ。

管理 日当たりが悪いと花が開かないので、風通しと日当たりのよい戸外に置く。多湿に弱いので鉢土が乾いてから水やりし、鉢皿に水をためないように注意する。

カランドリニア・ウンベラタ

ガルトニア ◇

Galtonia

| ユリ科／耐寒性春植え球根 | 別名：サマーヒアシンス、ツリガネオモト |

原産地：南アフリカ
花　期：7～8月　出回り時期：3～4月
用　途：庭植え、鉢植え、切り花

特徴 肉質の細長い葉を4～6枚根元から出して太い花茎を1mほど伸ばし、上部に長さ3～5cmのベル形の白花を20～30輪下向きにつけて下から順に咲き上がっていく。真夏に花を咲かせるので英名のサマーヒアシンスの名でも知られるが、冬に南半球からの輸入切り花が出回ることもある。属名はイギリスの人類学者F．ガルトン卿の名に由来する。

管理 春に出回る球根を鉢植えして日当たりと風通しのよい戸外に置くが、鉢土の過湿を嫌うので梅雨時は軒下などに移す。地上部が枯れたら水やりを止め、鉢のまま乾燥させる。

ガルトニア・カンディカンス

夏

カルミア ◆◆◇◇

Kalmia

| ツツジ科／耐寒性常緑低木 | 別名：アメリカシャクナゲ（ー石楠花） | 花ことば：大志を抱く |

原産地：北アメリカ東部
花　期：5～6月　出回り時期：12～5月
用　途：庭植え、鉢植え、切り花

特徴 一般にカルミアと呼ばれるのはラティフォリアで、よく分枝した枝先にカップ形の花がかたまって咲く。花色は白やピンクが多いが、蕾が鮮紅色で開くと外側が紅で内側が淡紅色の'オスボレッド'などのように、花の内側と外側の色が異なる品種もある。鉢植えや庭木のほか切り花でも出回る。

管理 風通しがよくて半日以上日の当たる戸外に置き、鉢土の表面が乾き始めたら、たっぷり水やりする。花後タネをつけると翌年花つきが悪くなるので、花がらは早めに摘む。

カルミア・ラティフォリア'オスボレッド'

カレープランツ ◆

Helichrysum

| キク科／耐寒性常緑亜低木 | 別名：カリープラント |

原産地：ヨーロッパ南部
花　期：6～9月　出回り時期：3～6月、9～10月
用　途：庭植え、鉢植え、切り花、ハーブ、ドライフラワー

特徴 銀色で細い針のような葉や茎に強いカレーの匂いがあり、料理の香りづけなどに利用される。綿毛に覆われた茎が株元からたくさん出て白から緑色になり、2年目以降は木質化する。夏にからし色がかった黄色の花が茎の先端にかたまって咲く。切り花や鉢植えも、英名のカレープランツで出回る。

管理 日なたを好むので、春から秋は日当たりのよい戸外に置くが、過湿を嫌うので梅雨時は雨を避けて軒下や風通しのよいベランダに移し、乾燥気味に保つ。花後、3分の1ほど切り戻す。

カレープランツ

カンナ ◆◆◆◇◇

Canna

夏

| カンナ科／半耐寒性春植え球根 | 別名：ハナカンナ、ダンドク（壇特） | 花ことば：尊敬 |

原産地：熱帯アメリカ
花　期：7〜10月　出回り時期：3月、5〜9月
用　途：庭植え、鉢植え、切り花

特徴 長楕円形の大きな葉をつけた太い茎の先に、色鮮やかな花を晩秋まで次々と咲かせる。草丈1m以上になる花壇用の高性種と50〜70cmの鉢植えにも向く矮性種があり、最近は、葉に黄や赤のストライプが入る五色葉カンナも出回る。

管理 暑さに強く日光を好むので、直射日光の当たる戸外に置き、鉢土が乾いたら水やりする。花が終わったら花茎を根元から切る。

カンナ

五色葉カンナ

キキョウ 桔梗 ◆◆◇

Platycodon

| キキョウ科／耐寒性多年草 | 別名：キチコウ（桔梗）、オカトトキ（岡止々岐） |

原産地：シベリア、中国北部、朝鮮半島、日本
花　期：6〜9月　出回り時期：4〜8月
用　途：庭植え、鉢植え、切り花

特徴 すらりと伸びた細い茎に、青紫色の花を次々と咲かせる。花は先端が5裂する鐘形で、属名もギリシア語で「広い鐘」の意味。蕾が風船のようなので英名をバルーンフラワーという。ピンクや白花、フタエギキョウと呼ばれる二重咲きもある。

管理 強い直射日光を嫌うので夏期は明るい半日陰に置き、鉢土の表面が乾き始めたら水やりする。咲き終わった花がらは摘む。

白花フタエギキョウ

キキョウ

161

夏

キセランセマム ◆◆◇ Xeranthemum

キク科／半耐寒性秋・春まき1年草　別名：クセランセマム、トキワバナ（常磐花）

原産地：地中海沿岸～西アジア
花　期：7～10月　出回り時期：7～8月
用　途：切り花、ドライフラワー、鉢植え

特徴 属名はギリシア語で「乾いた花」という意味。長い花茎の先にカサカサとした花が1つずつつく。栽培されるのは草丈25～70cmのアンヌームで、花以外は白っぽい綿毛に覆われている。花のように見える総苞には紅紫、ピンク、白色などがあり、半八重か八重咲きになる。多くは切り花やドライフラワーで出回るが、最近は鉢物もある。

管理 弱い光では花が開かないので、日当たりと風通しのよい戸外に置く。過湿を嫌うので、鉢土の表面が乾いてから水やりし、鉢皿に水をためないように注意する。

キセランセマム

キンレンカ 金蓮花 ◆◆◆◇ Tropaeolum

ノウゼンハレン科／半耐寒性春まき1年草　別名：ノウゼンハレン、ナスタチウム

原産地：メキシコ、南アメリカ（ペルー、コロンビアなど）
花　期：6～10月　出回り時期：10～7月
用　途：鉢植え、庭植え

特徴 円形の葉をつけた茎が長く伸び、オレンジや黄色の鮮やかな花を次々と咲かせる。全草に辛味があり、食べられる花としても人気。八重咲きや斑入り葉種もある。切れ込みの入った黄花をつけるカナリアヅルも仲間。

管理 暑さ寒さにやや弱い。夏は風通しのよい半日陰に、冬は霜や寒風の当たらない暖かいベランダなどに置く。鉢土は乾燥気味に保つ。

上／キンレンカ
左／カナリアヅル

クジャクアスター 孔雀アスター 🌸🟣⚪ Aster

夏

キク科／耐寒性多年草　別名：クジャクソウ、宿根アスター　花ことば：悲しみ

原産地：北アメリカ
花　期：7～10月　出回り時期：4月、9～10月
用　途：切り花、鉢植え、庭植え

(特徴) キクに似た花を無数につけシロクジャクと呼ばれる白花種が切り花や苗などで出回るが、最近はピンクや青、藤色の園芸種が多数作られ、いずれもクジャクアスターの名で流通する。

(管理) 日当たりを好むので風通しと日当たりのよい戸外に置く。梅雨前に茎を15cmほどの高さに切り戻すと、草丈が低い状態で花が咲く。

シロクジャク　　　クジャクアスター（桃紅色品種）

クラスペディア 🟡 Craspedia

キク科／耐寒性秋まき1年草　別名：ゴールドスティック、ビリーボタン

原産地：オーストラリア南東部
花　期：6～8月　出回り時期：2～4月
用　途：鉢植え、庭植え、切り花、ドライフラワー

(特徴) 銀緑色の細長い葉の中から硬くて細い茎を伸ばし、先端に小さな花が集まった径2～2.5cmのボール状の頭状花を1つつける。輸入切り花のグロボーサがゴールドスティックの流通名で普及したが、最近は苗や鉢物も出回る。花もちがよいのでドライフラワーにも向く。花の形からドラムスティックやイエローボールの英名がある。

(管理) 日光を好むので、日当たりと風通しのよい戸外に置くが、花に水滴がつくと変色するので、梅雨期はベランダや軒下に移す。水やりも花にかけないよう株元にする。

クラスペディア・グロボーサ

夏

クフェア

Cuphea

ミソハギ科／半耐寒性常緑低木　**別名**：クサミソハギ（草禊萩）、タバコソウ　**花ことば**：見事

クフェア・ヒソピフォリア

クフェア・ミクロペタラ

原産地：メキシコ、グアテマラ
花　期：7〜10月　出回り時期：3〜9月
用　途：鉢植え、切り花、庭植え

特徴 一般にクフェアの名で知られるのはヒソピフォリアで、メキシコハナヤナギともいい、這うように伸びてから立ち上がった茎に、白や桃色の小さな花を咲かせる。ミクロペタラはヤナギのような葉と筒形の花をつけてハナヤナギと呼ばれ、主に切り花で出回る。ほかに、赤い紙巻タバコのような花でタバコソウと呼ばれるイグネアや、ネズミの顔のような花をつける'タイニーマイス'などもある。

管理 日光を好むが乾燥に弱いので風通しと日当たりのよい戸外に置き、乾かさないように鉢土が乾き始めたら水やりする。寒さにやや弱く、冬は室内に入れて5℃以上に保つ。

上／クフェア・イグネア
右／クフェア'タイニーマイス'

グラジオラス ◆◆◆◆◆○◎

Gladiolus × hybridus

夏

アヤメ科／半耐寒性春・秋植え球根　別名：トウショウブ（唐菖蒲）　花ことば：用心

グラジオラス 　　　　　　　　　　グラジオラス'ウィンドソング'

原産地：熱帯アフリカ～南アフリカ、地中海沿岸、小アジア
花　期：5～10月　出回り時期：12月／切り花は周年
用　途：庭植え、切り花、鉢植え

特徴 属名はラテン語で「剣」の意味で、剣状の葉の形にちなみ、古代ギリシア・ローマ時代から栽培されている。まっすぐに伸びた茎の上部に漏斗形の美しい花が並んで咲く。夏咲き種は草丈が高く、花穂も雄大で1茎に10輪以上の花をつけ、花色も緑から黒に近いものまで豊富。春咲き種は茎や葉が細く小ぶりで清楚な雰囲気があり、原種系とともに人気がある。

管理 日光を好むので日当たりと風通しのよい戸外に置く。過湿を嫌うので鉢土の表面が白く乾くのを待ってたっぷり水やりするが、夏の間は乾燥させすぎないように注意。

上／春咲きグラジオラス'コメット'
左／グラジオラス・トリスティス（原種系）

夏

クリトリア ●●○

Clitoria

マメ科／非耐寒性多年草、春まき1年草　別名：チョウマメ（蝶豆）

原産地：熱帯アジア
花　期：7〜9月　出回り時期：6〜10月
用　途：庭植え、鉢植え

特徴 江戸時代に渡来したテルナテアは英名をバタフライピー、和名をチョウマメという。つるが3mぐらいに伸び、葉のわきに鮮青色の花を1〜3輪つけて初夏から秋まで咲き続ける。花は径3〜5cmの蝶形で、白、橙赤、スミレ色や八重咲きなどの園芸品種もある。行灯仕立てにした鉢物が出回る。本来は多年草だが、1年草として扱う。

管理 日当たりと風通しのよい戸外に置いて、鉢土の表面が乾いたら水やりする。

クリトリア・テルナテア

クリヌム ●●○

Crinum

ヒガンバナ科／非耐寒性春植え球根　別名：クリナム、ハマオモト（浜万年青）

原産地：アフリカ〜アジアの熱帯・亜熱帯地方
花　期：6〜8月　出回り時期：9月
用　途：鉢植え、庭植え、切り花

特徴 日本に自生するハマユウの仲間で、クリヌムの名で出回るのは南アフリカに自生するムーレイなどからつくられた交雑種。太い花茎の先端にユリに似た大輪の花を横や下向きに咲かせる。

管理 暑さに強く日光を好むので、できるだけ日の当たる戸外に置いて、鉢土の表面が乾いたら水やりする。冬は霜や寒風の当たらない場所に移す。

上／クリヌム'エレン・ボサンケ'
右／クリヌム・ムーレイ

クルクマ

Curcuma

夏

ショウガ科／非耐寒性春植え球根　花ことば：因縁

原産地：熱帯アフリカ、熱帯アジア、オーストラリア
花　期：7〜9月　出回り時期：4〜9月
用　途：鉢植え、切り花、庭植え

特徴 薬用で有名なウコンの仲間。シャロームとも呼ばれるアリスマティフォリアは、ローズピンクの苞が美しい人気種。それよりやや小型のペティオラタは藤桃色の苞の間に黄色の花を咲かせ、主に切り花で出回る。

管理 暑さに強く日当たりが悪いと花が咲きにくいので、できるだけ日の当たる戸外に置く。乾燥に弱いので鉢土の表面が乾き始めたら水やりする。

クルクマ・アリスマティフォリア　　クルクマ・ペティオラタ

クレオメ

Cleome

フウチョウソウ科／非耐寒性春まき1年草　別名：西洋フウチョウソウ（一風蝶草）

原産地：熱帯アメリカ
花　期：6〜8月　出回り時期：6月
用　途：庭植え、鉢植え

特徴 高く伸ばした茎の先にピンクや白色の花をつけ、夏の終わりを告げる花として人気がある。長い柄をもった4枚の花弁と雄しべが突き出た独特の花姿が、チョウが風に舞うように見えるところから西洋フウチョウソウの和名がある。花は夕方開き、翌日の昼前にはしぼむ一日花だが、毎日、多数の花が次々と咲き上がっていく。

管理 日光を好むので、直射日光の当たる戸外に置き、鉢土の表面が乾いたら水やりする。庭植えは日当たりと水はけのよい場所を選ぶと、こぼれダネで翌年も花が咲く。

クレオメ・ハスレリアナ

クレロデンドルム

Clerodendrum

夏

クマツヅラ科／半耐寒性常緑つる性低木　別名：ゲンペイカズラ（源平葛）、ゲンペイクサギ

クレロデンドルム・トムソニアエ

クレロデンドルム・ウガンデンセ'ブルーエルフィン'

原産地：熱帯アフリカ西部
花　期：5～7月　出回り時期：3～12月
用　途：鉢植え

特徴 鉢花で多いのは、角張った袋状の白い萼（がく）の中から雄しべが突き出た深紅の花が咲くトムソニアエで、花弁の赤と萼の白の対比を源氏と平家に見立て、ゲンペイカズラやゲンペイクサギの和名がある。最近は、左右に広げた花弁がチョウのように見えるウガンデンセや、純白の花を夜開くマクロシフォンも出回る。

管理 暑さに強く日光を好むので、日当たりと風通しのよい戸外に置き、鉢土の表面が乾いたら水やりする。寒さに弱いので、冬は日当たりのよい暖かい室内で10℃以上に保つ。

クレロデンドルム・マクロシフォン
（クレロデンドルム・インキスム）

グロキシニア ●●●○○　　　　　　　　Sinningia
夏

イワタバコ科／非耐寒性多年草　別名：オオイワギリソウ、シンニンギア　花ことば：欲望

原産地：ブラジル
花　期：6～10月　出回り時期：4～9月
用　途：鉢植え

特徴 一重や八重のビロードのような光沢のある花で、覆輪や斑点の入るものなどがあり、色彩も豊富。スリッパーグロキシニアと呼ばれるタイプは、細い花茎の先に小輪花を下向きにつける。

管理 直射日光を嫌うので、窓辺に置いてレースのカーテン越しの日に当てる。鉢土の表面が乾き始めたら、花にかけないよう株元に水をやる。

スリッパーグロキシニア系品種
グロキシニア'レッド・ウィズ・ホワイト・エッジ' 

クロコスミア ●●　　　　　　　　Crocosmia

アヤメ科／半耐寒～耐寒性春植え球根　別名：ヒメヒオウギズイセン　花ことば：素敵な思い出

原産地：熱帯アフリカ～南アフリカ
花　期：7～8月　出回り時期：4～7月
用　途：庭植え、鉢植え

特徴 細長い剣状の葉の中から伸ばした細くしなやかな花茎に、グラジオラスを小さくしたようなオレンジや朱紅色の花を穂状につける。属名はギリシア語で「サフランの香り」という意味で、乾燥した花を湯に浸すとサフランに似た香りがすることにちなむ。通称名のモントブレチアの名でも出回る。

管理 庭の水はけと日当たりのよい場所に数年間植え放しにすると、花数が多く見事になる。鉢植えは日当たりのよい戸外に置き、鉢土が乾いたら水をやる。

クロコスミア・メイソニオルム

169

夏

クロッサンドラ ◆

Crossandra

| キツネノマゴ科／非耐寒性常緑低木 | 別名：ジョウゴバナ、ヘリトリオシベ | 花ことば：仲良し |

原産地：熱帯アフリカ、マダガスカル、インド南部、スリランカ
花　期：6〜10月　出回り時期：6〜10月
用　途：鉢植え、切り花

特徴 主に出回るのはインド原産のインフンディブリフォルミスで、漏斗形（ろうと）の花を咲かせるので和名をジョウゴバナという。高さ30〜80cmで、よく分枝した枝先の艶やかな葉のわきから10cmほどの花茎をまっすぐ伸ばし、緑の苞の中から黄橙色の花が2〜4花ずつ下から順に咲き上がっていく。花が鮮黄色の品種もある。

管理 直射日光が苦手なので、夏の間は風通しのよい明るい半日陰に置く。乾燥させないように水やりを多めにし、ときどき葉水を与える。夏以外は室内の日の当たる窓辺に置く。

クロッサンドラ・インフンディブリフォルミス

グロッバ ◆◆◆◇◈

Globba

| ショウガ科／非耐寒性多年草 | 別名：シャムノマイヒメ（一の舞姫） | 花ことば：悠久 |

原産地：インド、東南アジア
花　期：7〜10月　出回り時期：7〜10月
用　途：切り花、鉢植え

特徴 下垂する茎の先に、苞（ほう）のわきから花柱が長く飛び出した小さな花をつける。タイ原産でシャムノマイヒメとも呼ばれるウィニティーとやや小ぶりで黄色い花のションバーキーが、切り花や鉢物で出回る。

管理 高温多湿を好むので一年中日の当たる室内に置くが、直射日光を嫌うので夏は戸外の明るい半日陰に置く。地上部が枯れたら水やりを止めて10℃に保つ。

上／グロッバ・ションバーキー
左／グロッバ・ウィニティー

グロリオーサ ♦♦♦

Gloriosa

夏

| ユリ科／非耐寒性夏植え球根 | 別名：キツネユリ（狐百合） | 花ことば：上流へのあこがれ |

原産地：熱帯アフリカ、熱帯アジア
花　期：6～8月　出回り時期：周年
用　途：鉢植え、切り花、庭植え

(特徴) 葉先の巻きひげで絡みつきながら伸びていき、波打つような花弁が強く反り返った独特の形の花を咲かせる。濃赤に黄色の覆輪が鮮やかなロスチャイルディアナが代表種で、スペルバは縮れた花弁が淡黄から朱赤色に変化する。

(管理) 高温多湿と直射日光を好む。日当たりと風通しのよい戸外に置き、乾燥に注意して鉢土の表面が乾き始めたら水やりする。

グロリオーサ・スペルバ'ルテア' 　グロリオーサ・ロスチャイルディアナ

ゲッカビジン 月下美人 ○

Epiphyllum

| サボテン科／非耐寒性多肉植物 | 花ことば：秘めた情熱 |

原産地：メキシコ～中央・南アメリカ
花　期：6～10月　出回り時期：4～9月
用　途：鉢植え

(特徴) クジャクサボテンの原種のひとつで、甘い香りのする一夜限りの花を咲かせる。花は夕方から咲き始めて朝にはしぼんでしまうが、初夏から秋の間に数回開花する。ヒメゲッカビジンは小型で花つきがよい。

(管理) 気温が十分高くなったら戸外の明るい半日陰に置き、鉢土の表面が乾いたら水やりする。晩秋に暖かい室内に入れて、5℃以上に保つ。

上／ゲッカビジン
右／ヒメゲッカビジン

夏

ケイトウ 鶏頭 ◆◆◆◆◆

Celosia

| ヒユ科／非耐寒性春まき1年草 | 別名：セロシア、カラアイ（韓藍） | 花ことば：色あせぬ愛 |

トサカケイトウ

クルメケイトウ

原産地：インドなど熱帯アジア
花　期：6〜11月　出回り時期：6〜10月
用　途：庭植え、鉢植え、切り花

特徴 花に見えるのは茎が変化したもので、本当の花は小さくて目立たない。万葉の頃から親しまれているトサカケイトウにかわって、半球状に花をつけるクルメケイトウが現在は主流。羽毛状の花のウモウケイトウ、円錐形でキャンドルタイプといわれるヤリゲイトウやノゲイトウなど多くの種類がある。

管理 日光を好むので日当たりと風通しのよい戸外に置く。鉢土の表面が乾いてから水やりするが、過湿に弱いので鉢皿に水をためないように注意する。

左上／ウモウケイトウ
左／ノゲイトウ'シャロン'

ケラトスティグマ

Ceratostigma

夏

| イソマツ科／耐寒性常緑・落葉小低木、多年草 | 別名：ルリマツリモドキ（瑠璃茉莉擬） |

原産地：アフリカ北東部、ヒマラヤ地方、チベット、中国
花　期：6〜10月　出回り時期：6〜12月
用　途：庭植え、ロックガーデン、鉢植え

特徴 主に出回るのは、明治末に日本に入ってきた中国原産のプルンバギノイデス（ルリマツリモドキ）とヒマラヤ原産のグリフィシー（ブータンルリマツリ）。紅色を帯びた茎の先などに、コバルトブルーの花を次々と咲かせる。乾燥に強いのでロックガーデンにも向く。葉は寒さに当たると赤みを帯びるが、落葉する種類もある。

管理 風通しと日当たりのよい戸外に置く。夏は西日の当たらない涼しい半日陰に移し、鉢土の表面が乾いたら水やりする。

ケラトスティグマ・プルンバギノイデス

ケロネ

Chelone

| ゴマノハグサ科／耐寒性多年草 | 別名：ジャコウソウモドキ、チェロネ | 花ことば：田園の憧れ |

原産地：北アメリカ
花　期：7〜10月　出回り時期：7〜10月
用　途：庭植え、鉢植え、切り花

特徴 属名はギリシア語で「カメ」の意味。蕾の形がカメの頭に似ていることに由来し、英名もピンクタートルヘッドという。直立する茎の先端に、キンギョソウに似た筒形の花をつけ、落ち着いた美しさで茶花にも利用される。リオニーが、リオンやスピードリオンの名で出回る。

管理 直射日光に当たると葉焼けを起こすので、夏は西日の当たらない半日陰に置く。乾燥を嫌うので鉢土の表面が乾き始めたら水やりする。庭植えは2〜3年植え放しでよい。

ケロネ・リオニー

夏

コウホネ 河骨 ◆

Nuphar

スイレン科／耐寒性多年草　別名：ホネヨモギ（骨蓬）、カワホネ、センコツ　花ことば：崇高

原産地：ヨーロッパ、中国、日本、北アメリカ
花　期：5～9月　出回り時期：5～7月
用　途：水鉢栽培

特徴 大きくて艶やかな葉を水上に広げ、水上に伸ばした太い花茎の先端に、径4～5cmほどの黄色い花を1つつける。花弁のように見えるのは萼片(がくへん)で、本来の花弁は雄しべの回りにくるりと反り返ってついている。古くから園芸植物として親しまれてきた水草で、鉢植えや切り花も出回る。小型のヒメコウホネもある。

管理 ワサビのような根茎を鉢に植え、池や水槽、水鉢などに沈めて日当たりのよい戸外に置く。30℃以上の高温を嫌うので、夏は日よけをする。

コウホネ

コキア 葉 ◆ ◆

Bassia (＝Kochia)

アカザ科／非耐寒性春まき1年草　別名：ホウキギ（箒木）　花ことば：打ち明ける

原産地：ヨーロッパ南部、温帯アジア
観賞期：7～11月　出回り時期：6～10月
用　途：庭植え、鉢植え

特徴 古くに中国から渡来したといわれ、果実を薬用にしたり、枝で草ぼうきを作るのに栽培されてきた。細く先の尖った葉をつけた茎が、細かく分枝して50～100cmほどの高さになり、自然に形よく茂ってこんもりとした球状の草姿が美しい。葉は春から夏にかけては涼しげな黄緑色、秋から冬は暗赤色に紅葉する。

管理 日当たりと風通し、水はけのよい場所に苗を植えると、こぼれダネで翌年も楽しめる。鉢植えは日当たりのよい戸外に置き、鉢土の表面が乾いたら水やりする。

コキア

ゴデチア ◆◆◆◆◆○☼

Clarkia (= Godetia)

夏

| アカバナ科／耐寒性1年草 | 別名：イロマツヨイグサ（色待宵草） | 花ことば：変わらぬ熱愛 |

原産地：アメリカ合衆国（カリフォルニア）、
　　　　南アメリカ西部
花　期：4～6月　　出回り時期：5～6月
用　途：鉢植え、庭植え、切り花

（特徴）梅雨の終わりから夏にかけ、サテン生地のような美しい花を茎の先にかたまって咲かせる。ゴデチアの名で呼ばれるのはアモエナとグランディフロラの園芸種で、一重や八重咲き、切り花用、花壇や鉢物用の品種がある。英名は、サテンフラワーやフェアウェル・トゥー・スプリング（春よさよなら）という。

（管理）日光を好むが花に水滴がかかると花弁が傷むので、日当たりと風通しがよくて雨の当たらないベランダなどに置く。乾燥にやや弱いので、鉢土の表面が乾いたら株元にたっぷり水やりする。

ゴデチア

コリウス　葉◆◆◆◆◆

Solenostemon (= Coleus)

| シソ科／非耐寒性春まき1年草 | 別名：キンランジソ（金襴紫蘇） | 花ことば：絶望の恋 |

原産地：東南アジア
観賞期：6～10月　　出回り時期：3～11月
用　途：庭植え、鉢植え

（特徴）カラフルに色づく葉を観賞する植物で、鉢植えや寄せ植え、花壇などに利用される。さし芽で殖やす栄養葉系とタネから育てる実生系があり、花穂が出ない栄養葉系は強光に割合強く、草勢が衰えないので人気がある。大葉タイプや小葉タイプなど、変化に富んだ葉形と多彩な葉色の園芸品種が出回る。

（管理）暑さには強いが強い直射日光が苦手なので、夏は風通しのよい明るい半日陰の戸外に置く。乾燥させないように、鉢土の表面が乾き始めたらたっぷり水やりする。

コリウス'マーティ'などの寄せ植え
（栄養葉系）

コレオプシス

Coreopsis

夏

※コレオプシス属のオオキンケイギクは特定外来生物のため栽培できません

キク科／耐寒性1年草、多年草　　別名：オオキンケイギク（大錦鶏菊）　　花ことば：上機嫌

コレオプシス・ドラモンディー（キンケイギク） 　コレオプシス・ティンクトリア（ハルシャギク）

原産地：熱帯アフリカ、ハワイ、南・北アメリカ
花　期：5〜9月　　出回り時期：5〜9月
用　途：庭植え、鉢植え、切り花

(特徴) 褐色の蛇の目が入る1年草のハルシャギク、一重や八重の黄色い花が咲く多年草のオオキンケイギク、黄色い花弁の基部が褐色になる1年草のキンケイギクなどが主に栽培される。最近は、コスモスを小さくしたようなピンク色の花のロセアや、針状に裂けた葉をつけて黄色の花を咲かせる糸葉ハルシャギクなども出回る。

(管理) 暑さに強く日光を好むので、日当たりと風通しのよい戸外に置き、鉢土を乾燥させないように表面が乾き始めたらたっぷり水やりする。多年草は花後に切り戻す。

上／コレオプシス・ウェルティキュラタ（糸葉ハルシャギク）
右／コレオプシス・ロセア'アメリカンドリーム'

コンボルブルス ◆◆◆◇　　　Convolvulus

夏

ヒルガオ科／非耐寒性1年草、多年草　別名：サンシキヒルガオ（三色昼顔）

原産地：北アフリカ〜ヨーロッパ南部・西部
花　期：6〜8月　出回り時期：7〜8月
用　途：鉢植え、庭植え

(特徴) 1年草のトリコロルはアサガオに似た花をつけてサンシキヒルガオと呼ばれ、多年草のサバティウスの園芸品種'ブルーカーペット'は明るい紫色の花を咲かせる。最近は銀葉に白い花のクネオラムも出回る。

(管理) 暑さに強く日光を好むので、日当たりのよい戸外に置き、鉢土の表面がよく乾いてから水やりをする。多年草は、冬は室内に置いて5℃以上に保つ。

コンボルブルス・トリコロル　　コンボルブルス・サバティウス

サギソウ 鷺草 ◇　　　Pecteilis（＝Habenaria）

ラン科／耐寒性多年草　花ことば：夢でも会いたい

原産地：日本（本州、四国、九州）
花　期：7〜8月　出回り時期：4〜9月
用　途：鉢植え

(特徴) 本州から九州までの日当たりのよい湿地に自生する野生ラン。シラサギが翼を広げているような花姿で、江戸時代初期から栽培されている。野生のものはほとんど見られなくなったが、栽培品が生産されて、鉢植えが店頭に並ぶ。葉に白や黄色の覆輪（ふくりん）や縞斑が入る品種も手に入りやすくなった。初秋に白い花を穂状（すいじょう）につけるダイサギソウもある。

(管理) 必ず、日の当たる風通しのよい戸外に置き、盛夏は西日と雨を避けて風通しのよい半日陰に移す。多湿を好むので、鉢土の表面が乾き始めたらたっぷり水やりする。

サギソウ

サルビア／セージ ◆◆◆◆◇

夏

Salvia

シソ科／非耐寒〜耐寒性1・2年草、多年草、木本　花ことば：燃える思い、知恵、尊重

サルビア・スプレンデンス（赤花）とサルビア・ファリナセア（紫花）　サルビア・コクシネア'コーラルニンフ'

原産地：世界の熱帯〜温帯地方
花　期：5〜10月※　出回り時期：周年
用　途：庭植え、鉢植え、切り花、ハーブ

特徴 単にサルビアといえばスプレンデンスを指し、燃えるような赤い花のほかにピンクや白、濃紫など豊富な花色がある。青や白の涼しげな花をつけるファリナセアは、英名のブルーサルビアで出回る人気種。これら1年草タイプのほかに宿根サルビアの名で出回るものがあり、グアラニチカやグレイギーなど夏に咲くものとレウカンサやメキシカナのように秋に咲くものがある。ハーブでおなじみのセージもサルビアの仲間である。

管理 日光を好むので、日当たりと風通しのよい戸外に置き、鉢土の表面が乾いたらたっぷり水やりする。咲き終わったら花穂を切り取ると、わき芽が伸びて次々と咲く。

※花期は種によって異なる。

サルビア・ミクロフィラ（チェリーセージ）

右／サルビア・メキシカナ'ライムライト'
下／サルビア・オフィキナリス（コモンセージ）

サルビア・パテンス

上／サルビア・グアラニチカ（メドーセージ）
左／サルビア・レウカンサ（アメジストセージ）

夏

サザンクロス

Crowea

ミカン科／半耐寒性常緑低木　別名：クロウエア

原産地：オーストラリア
花　期：6〜10月　出回り時期：6〜12月
用　途：鉢植え、ロックガーデン

特徴 南半球オーストラリア原産の星形の花ということからサザンクロス（南十字星）の名で流通するが、最近は流通する種類も増えたことから、学名のクロウエアでも呼ばれる。茎葉にミカン科特有の香りがあり、ピンク色の5弁花を上部の葉のわきに1つずつ咲かせる。花がひと回り大きなものがスターピンクの名前で出回る。

管理 日当たりと風通しのよい戸外に置くが、過湿を嫌うので梅雨時は軒下やベランダに移す。鉢土の表面が乾いてから水やりし、鉢皿に水がたまらないように注意する。

サザンクロス

サラセニア

Sarracenia

サラセニア科／耐寒性多年草　別名：ヘイシソウ（瓶子草）　花ことば：憩い

原産地：北アメリカ南東部　花　期：5〜6月
出回り時期：4〜7月、10〜11月　用　途：鉢植え、切り葉、切り花

特徴 食虫植物として知られる。筒形の葉が直立して高さ1m前後になり筒の上部と蓋の部分に網目模様が入るレウコフィラは、長い花茎の先に暗赤色の花を咲かせる。プルプレアは小型で、筒状の太い葉がロゼット*状に地面に広がる。

管理 日当たりと風通しのよい戸外に置く。水を切らさないように鉢皿に水をためて下から吸収させ、上からもときどき水やりする。

＊ロゼット…地際から出た葉が地面に接して放射状に広がったもの。

サラセニア・レウコフィラとサラセニア・フラバ（黄色）の花　　サラセニア・レウコフィラ

サルピグロッシス ◆◆◆◆◆◇

Salpiglossis

夏

| ナス科／半耐寒性春まき1年草 | 別名：サルメンバナ（猿面花）、アサガオタバコ |

原産地：ペルー、アルゼンチン
花　期：5〜7月　出回り時期：3〜9月
用　途：鉢植え、庭植え

（特徴）よく枝分かれした茎が50〜60cmに伸び、枝先に径5〜6cmの花が夏中次々と咲く。花は漏斗形で、ビロードのような質感と光沢のある朱赤やローズ、紫色などの花弁に青や黄、褐色の網目模様が入り、複雑な美しさがある。属名はギリシア語で「ラッパ」と「舌」の2語からなり、花形と、花の中心の花柱が舌のように突き出ていることから付けられたもの。

（管理）日当たりと風通しのよい戸外に置くが、雨に当たると花が傷むので梅雨時はベランダや軒下に移す。鉢土が乾いたら花にかけないよう株元に水やりし、咲き終わった花がらはこまめに摘む。

サルピグロッシス（複色品種）

サンタンカ 山丹花 ◆◆◆◇

Ixora

| アカネ科／非耐寒性常緑低木 | 別名：イクソラ、サンダンカ（山段花） |

原産地：東南アジア〜中国南部
花　期：5〜8月　出回り時期：3〜10月
用　途：鉢植え、切り花

（特徴）江戸時代に渡来し、中国名の山丹花を音読みして和名が付けられた。先の尖った長楕円形の葉がついた枝の先に、オレンジや黄色の小さな花が集まって手まり状に咲く。花は蕾の頃から色づいて美しい。オレンジ色のキネンシスのほかピンクや白、朱赤色などの園芸品種も多く出回る。鉢植えが主だが、切り花でも人気が高い。

（管理）高温多湿を好み日光が好きなので、日当たりのよい戸外に置き、鉢土の表面が乾いたら水やりする。晩秋に室内に取り込み、明るい窓辺で水やりを控え、7℃以上に保つ。

サンタンカ'サマーフレッシュ'

181

サンビタリア

Sanvitalia

キク科／耐寒性春まき1年草　別名：メキシカンジニア、ジャノメギク

原産地：中央アメリカ（メキシコ～グアテマラ）
花　期：5～11月　出回り時期：4～10月
用　途：庭植え、ロックガーデン、鉢植え

特徴 プロクンベンスだけが栽培される。草丈が低く、茎がよく分枝して地面を這うのでロックガーデンやつり鉢などに利用される。花は径2cmほど。ヒマワリを小さくしたような形で、秋の頃まで咲く。黄花のほかにオレンジ色の花もあり、中心の暗紫紅色の管状花が目のように見えるのでジャノメギクとも呼ばれる。

管理 日当たりと風通しのよい戸外に置くが、多湿に弱いので梅雨期は雨の当たらない軒下に移し、鉢土の表面が乾いたら水やりする。ひと通り咲き終わったら、3分の1ほど切り戻す。

サンビタリア・プロクンベンス

サンユウカ

Ervatamia

キョウチクトウ科／非耐寒性常緑低木

原産地：インド
花　期：5～9月　出回り時期：6～9月
用　途：鉢植え

特徴 光沢のある長楕円形の葉のわきに、夜に芳香を放つ純白の花を咲かせる。よく枝分かれして高さ1～3mになり、インドでは庭木として利用されているそうで、日本へは明治初年に導入されたという。自生種は一重咲きだが、鉢植えで一般に出回るのは八重サンユウカと呼ばれる'フローレ・プレノ'で、クチナシに似た八重咲きの花をつける。

管理 日光を好むので日当たりと風通しのよい戸外に置き、鉢土の表面が乾いたらたっぷり水やりする。寒さに弱いので冬は明るい室内に置き、水やりを控えて5℃以上に保つ。

八重サンユウカ（エルウァタミア・コロナリア'フローレ・プレノ'）

ジギタリス ◆◆◆◆◇

Digitalis

夏

ゴマノハグサ科／耐寒性多年草、1・2年草　別名：キツネノテブクロ　花ことば：不誠実

原産地：北アフリカ、ヨーロッパ南部～西部、アジア
花　期：5～7月　出回り時期：10～5月
用　途：鉢植え、庭植え、切り花

(特徴) 属名はラテン語で「指袋」。花の形から付けられたもので、古くから薬用植物としても栽培されている。まっすぐに長く伸ばした茎に、鐘形の花を下向きにつけて下から順に咲き上がっていくプルプレアが代表で、多くの園芸種が出回る。花色は紫紅、ピンク、白などで、花弁の内側に暗紫色の斑点が入る。

(管理) 日当たりを好むが半日陰でも育つので、戸外ならどこに置いてもよい。鉢土の過湿を嫌うので乾燥気味に保つ。咲き終わったら、葉を残して花穂を切ると二番花が咲く。

ジギタリス

シダルケア ◆◇

Sidalcea

アオイ科／耐寒性多年草　別名：ミニホリホック

原産地：北アメリカ
花　期：6～8月　出回り時期：5～7月
用　途：鉢植え、庭植え

(特徴) 草丈は60～100cmで、タチアオイ（ホリホック）を小型にしたような花を咲かせるので、英名をミニホリホックという。直径3～5cmの白やピンク、紅色の花は5弁花で、透き通るような輝きがある。

(管理) 冷涼な気候を好み、夏の高温多湿と蒸れに弱い。関東以西ではコンテナ植えにして、雨の当たらない涼しい場所に置く。

シダルケア'ロージージェム'　シダルケア・カンディダ

ジニア

Zinnia

キク科／非耐寒性春まき1年草、耐寒性多年草　別名：ヒャクニチソウ（百日草）

ジニア・エレガンス

原産地：メキシコ
花　期：6〜10月
出回り時期：4〜6月、9〜10月
用　途：庭植え、鉢植え、切り花

特徴 ヒャクニチソウの和名どおり開花期が長く、初夏から晩秋まで次々と咲いていく。古くから親しまれているのはエレガンスで、豪華な大輪から愛らしい小輪までカラフルな花をつける園芸品種がある。ほかに細葉で小輪一重咲きのアングスティフォリア（リネアリス、細葉ヒャクニチソウ）、一重や八重の覆輪咲きのハーゲアナ（メキシコヒャクニチソウ）なども出回る。

管理 日光を好むので日当たりと風通しのよい戸外に置き、鉢土の表面が乾いたらたっぷり水やりする。咲き終わった花がらは、こまめに切り取る。

左上／ジニア・アングスティフォリア
左／ジニア・ハーゲアナ'ソンブレロ'

シペラス 葉 ●◐

Cyperus

夏

| カヤツリグサ科／半耐寒〜非耐寒性1年草、多年草　　別名：カヤツリグサ　　花ことば：哀悼 |

原産地：世界の熱帯〜亜熱帯地方
観賞期：3〜10月　出回り時期：周年
用　途：鉢植え、水鉢栽培、切り花

特徴 葉のような苞が傘を広げたように見えることから英名をアンブレラプラントというシュロガヤツリ、それより小型で苞の幅が広いアルボストリアツス、古代エジプトで紙を作ったことで有名なパピルスなどがある。

管理 日光と水を好むので鉢のまま水槽や池に沈めたり腰水をして育てるが、春から秋は日当たりのよい戸外に置いてもよい。冬は明るい室内で5℃以上に保つ。

シペラス・アルボストリアツス'バリエガタ'　　矮性（わいせい）パピルス

ジャーマンアイリス ●●●●●● Iris × germanica

| アヤメ科／耐寒性多年草　　別名：ドイツアヤメ（一菖蒲）　　花ことば：焔、情熱 |

原産地：交配種（地中海沿岸の原種から作出）
花　期：5〜6月　出回り時期：4〜5月、10月
用　途：庭植え、鉢植え、切り花

特徴 ヨーロッパ産の複数のアイリスを交配した園芸品種で、アイリス類のなかで最も花色が豊富。内側と外側の花弁の色が同じものと異なるものがあり、虹の色をもつといわれる。花は一日花だが、1茎に8花ほどが次々と咲く。

管理 日当たりと風通しのよい戸外に置く。過湿を嫌うので、鉢土の表面が白く乾いてから水やりをする。庭植えは、とくに水はけのよい場所を選ぶ。

ジャーマンアイリス'ダッチチョコレート'　　ジャーマンアイリス'ギャラマドリッド'

185

夏

ジンジャー ◆◆◇

Hedychium

ショウガ科／非耐寒〜半耐寒性多年草　別名：ハナシュクシャ（花縮砂）、ヘディキウム

原産地：マダガスカル、インド、東南アジア
花　期：7〜10月　出回り時期：7月
用　途：庭植え、切り花、鉢植え

特徴 単にジンジャーといえば、江戸時代に渡来し、香りのよい純白の花を咲かせるコロナリウムを指すことが多い。ほかに、香りの強い黄色の花が咲くガードネリアナムなど、原種やさまざまな園芸品種がある。

管理 日当たりと風通しのよい戸外に置き、鉢土の表面が乾き始めたら水やりする。寒冷地では球根を凍らせないよう、冬は暖かい室内に置く。

ヘディキウム

ジンジャー（ヘディキウム・コロナリウム）

スカビオサ ◆◆◆◆◇

Scabiosa

マツムシソウ科／耐寒性多年草、1・2年草　別名：西洋マツムシソウ　花ことば：不幸な恋

原産地：アフリカ、ヨーロッパ西部、コーカサス地方、中国
花　期：5〜10月　出回り時期：10〜6月
用　途：庭植え、鉢植え、切り花

特徴 西洋マツムシソウと呼ばれるアトロプルプレアは、咲き進むと中心の小花が盛り上がるので英名をピンクッションといい、八重咲き種は満開になるとほぼ球形になる。コカーシアは白や青色の花が平らに開く。

管理 日光を好むので日当たりと風通しのよい戸外に置くが、夏は涼しい半日陰に移し、鉢土の表面が乾いたら水やりする。

上／スカビオサ・コカーシア
左／スカビオサ・アトロプルプレア

スイレン 睡蓮 ◆◆◆◇

Nymphaea

夏

スイレン科／非耐寒～耐寒性多年草　別名：ヒツジグサ（未草）　花ことば：やさしさ

耐寒性スイレン'アトラクション'

ヒメスイレン

原産地：世界の熱帯～温帯・寒帯地方
花　期：5～9月
出回り時期：4～10月
用　途：水鉢栽培、切り花

特徴 スイレンは中国名の睡蓮を音読みしたもので、属名のニンファエアはギリシアの水の精ニンフから付けられたもの。日本にはヒツジグサ1種が自生する。熱帯スイレンと温帯スイレンがあるが、一般には耐寒性のある温帯スイレンが栽培される。最近は小さな容器でも育てられる小型種が出回り、ヒメスイレンと呼ばれて人気がある。

管理 鉢に植え、水槽や水鉢に沈める。日当たりが悪いと花が咲かないので日当たりのよい場所に置く。水が腐らないように注意し、濁ったら水を入れ替える。

ヒツジグサ

夏

ストケシア ◆◆◆◇ Stokesia

キク科／耐寒性多年草　別名：ルリギク（瑠璃菊）　花ことば：追想、清楚

原産地：アメリカ合衆国（南カロライナ～ルイジアナ州）
花　期：6～10月　出回り時期：4～6月
用　途：庭植え、切り花、鉢植え

特徴 草丈30～60cmで、よく分枝する茎の先にルリギクの和名どおりの美しい花をつけ、梅雨の時期から秋頃まで次々と咲いていく。花は細い花弁が重なった径6～10cmのヤグルマギクを大きくしたような形で、基本種の青紫のほか、白、淡黄、淡桃色の品種もある。大正初期に渡来し、花期が長くて栽培が容易なことから人気がある。

管理 多少の日陰でも育つが、日光が好きなので風通しのよい日当たりに置き、鉢土がよく乾いてから水やりする。庭植えには水はけのよい場所を選ぶ。

ストケシア

スミシアンタ ◆◆◆◇ Smithiantha

イワタバコ科／非耐寒性春植え球根　別名：ビロードギリ

原産地：中央アメリカ
花　期：6～9月　出回り時期：5～9月
用　途：鉢植え

特徴 模様の入った艶やかなビロード状の葉をもち、「寺院の鐘」と呼ばれる長さ4cmほどの筒形の花を初夏から秋頃まで咲かせる。草丈30～60cmで、茎の先に穂状につく花の内部には斑点や条斑が入り、10～20輪が下から順に咲き上がって長い間楽しめる。

管理 一年中室内に置き、強い直射日光を嫌うのでレースのカーテン越しの日を当てる。鉢土を乾燥させないよう、表面が乾き始めたら水やりする。葉が枯れたら鉢ごと乾燥させて、5℃以上に保つ。

スミシアンタ・セプリナ（トラフビロードギリ）

ストレプトカーパス ❖❖❖○ Streptocarpus

夏

イワタバコ科／非耐寒性多年草　別名：ケーププリムローズ　花ことば：清純な愛

ストレプトカーパス（ロゼットタイプ）

ストレプトカーパス・ウェンドランディー（ウシノシタ）

原産地：南アフリカ、アジア
花　期：4〜10月　出回り時期：3〜12月
用　途：鉢植え

(特徴) ロゼット*状に広げた葉の中から花茎を伸ばして赤や紫、白、ピンク色の花を横向きにつけるタイプ、茎が発達して立ち上がり、卵形の葉のわきから長い花茎を伸ばして可憐な花をつけるタイプ、大きな葉を1枚だけつけウシノシタと呼ばれるものなどがある。

(管理) 室内の窓辺でレースのカーテン越しの日に当て、夏は戸外の涼しい半日陰に移す。葉にかけないよう水は株元に与える。冬は室内で5℃以上に保つ。

*ロゼット…地際から出た葉が地面に接して放射状に広がったもの。

ストレプトカーパス・サクソルム（有茎タイプ）

夏

スモークツリー ●●○●

Cotinus

| ウルシ科／耐寒性落葉低木 | 別名：ハグマノキ（白熊の木）、カスミノキ、ケムリノキ |

原産地：ヨーロッパ南部～ヒマラヤ地方、中国
花　期：6～7月　出回り時期：3～9月
用　途：庭植え、切り花、鉢植え

特徴 枝につくふわふわした羽毛状のものは、種子が実らなかった雌花の花柄が細い糸状に伸びたもの。花は初夏に咲くが小さく目立たない。スモークツリーは英名で、霞の木や煙の木とも呼ばれる。

管理 鉢植えは風通しと日当たりのよい戸外に置き、水を切らさないようにするが、湿地を嫌うので庭に植えるときは日当たりと水はけのよい場所を選ぶ。

スモークツリー　　スモークツリーの花

ゼフィランサス ●●●●○

Zephyranthes

| ヒガンバナ科／半耐寒～耐寒性春植え球根 | 別名：レインリリー　花ことば：清い愛 |

原産地：中央・南アメリカ　花　期：6～10月※
出回り時期：4～12月　用　途：庭植え、鉢植え

特徴 雨後に花を咲かせるのでレインリリーと呼ばれる。白花のタマスダレやピンクの花のサフランモドキが古くから栽培され、秋に黄花を咲かせるキトリナや紅色の交配種なども出回る。

管理 鉢植えは日当たりのよい戸外に置き、冬は水やりを止めて鉢ごと乾燥させ、軒下などに置く。庭植えしたもので寒さに弱いものは掘り上げる。

※花期は種によって異なる。

ゼフィランサス・グランディフロラ　ゼフィランサス・カンディダ（タマスダレ）
（サフランモドキ）

センニチコウ 千日紅 ❤️💛💜🤍　　Gomphrena

夏

ヒユ科／非耐寒性春まき1年草、多年草　別名：ゴンフレナ　花ことば：不朽、変わらぬ愛

原産地：メキシコ、熱帯アメリカ
花　期：7〜9月　出回り時期：6月、8〜10月
用　途：庭植え、鉢植え、切り花、ドライフラワー

特徴 枝先につくピンクや紅紫色の球状の部分は苞（ほう）で、その中から小さな花がのぞく。ドライフラワーにしても鮮やかな色が残る。ハーゲアナ系で紅色の'ストロベリーフィールド'が人気。

管理 暑さに強く日光を好むので、日当たりと風通しのよい戸外に置く。水切れに弱いので、鉢土の表面が乾き始めたら水やりする。

センニチコウ（ゴンフレナ・グロボーサ）

ゴンフレナ・ハーゲアナ
'ストロベリーフィールド'

タイム 🌸💜🤍　　Thymus

シソ科／耐寒性常緑低木　別名：ジャコウソウ（麝香草）　花ことば：行動力、活動的

原産地：地中海沿岸〜東アジア
花　期：5〜6月　出回り時期：1〜11月
用　途：庭植え、鉢植え、ハーブ

特徴 茎が立ち上がる木立ち性タイプと横に広がるように伸びる匍匐（ほふく）性タイプがあり、白や薄紫、淡紅色の小さな花を多数つける。全草に爽やかな香りがあって料理や香料、薬として利用され、古くから栽培されている。

管理 風通しと日当たりのよい戸外に置き、水やりは控えめにする。高温多湿に弱いので、梅雨前に収穫をかねて茎を摘み取り、風通しをよくする。

上／コモンタイム（木立ち性）
右／赤花クリーピングタイム（匍匐性）

ダリア

Dahlia

キク科／非耐寒性春植え球根　　別名：テンジクボタン（天竺牡丹）　　花ことば：移り気

ダリア（矮性種）

原産地：メキシコ、グアテマラ
花　期：7～10月　　出回り時期：4～9月
用　途：庭植え、鉢植え、切り花

特徴 花形や花色が豊富。花径が26cm以上になる極大輪種から2～3cmの極小輪まであり、一重のシングル咲きや小輪の八重で球状に咲くポンポン咲き、花弁が外巻きになって先が尖るカクタス咲きなどバラエティーに富む。葉が銅色のタイプやタネから育てる草丈20cm程度の実生ダリアなども出回る。

管理 日光を好むので日当たりと風通しのよい戸外に置くが、高温多湿を嫌い、盛夏に株が弱るので半分程度に切り戻し、雨の当たらない風通しのよい半日陰に移す。

ダリア'銀月'（カクタス咲き）

上／銅葉ダリア'ムーンファイヤー'（シングル咲き）
右／ダリア'ベティアン'（ポンポン咲き）

タチアオイ 立葵 ●●●○◇

Alcea

夏

| アオイ科／耐寒性多年草、1・2年草 | 別名：ホリホック | 花ことば：大望、野心 |

原産地：シリア、西アジア、中国
花　期：7〜9月　出回り時期：5〜7月
用　途：庭植え、鉢植え

特徴 草丈60〜150cm。まっすぐ伸びた太い茎に径約10cmの花を穂状につけて下から咲き上がる。花は一重、半八重、八重咲きがあり、鉢植えに向く矮性種もある。ブラックホリホックは花弁が黒紅色。

管理 鉢植えは風通しと日当たりのよい戸外に置き、鉢土の表面が乾いてから水やりする。庭に植えるときは背が高いので奥の方に植えるとよい。

タチアオイ（一重）　タチアオイ各種

チグリディア ●●○

Tigridia

| アヤメ科／非耐寒性春植え球根 | 別名：タイガーリリー、トラフユリ（虎斑百合） |

原産地：メキシコ、グアテマラ
花　期：8〜9月　出回り時期：4〜6月
用　途：鉢植え

特徴 属名はラテン語で「トラ」の意味で、花の中心部に虎斑模様が入ることから。幅の広い3枚の花弁をもつ大きな花を上向きに咲かせ、形、色ともほかの花にない魅力がある。花は朝開いて夕方しぼむ一日花だが、1茎に4輪ほどが次々と咲いていき、ワンディリリーともいう。

管理 気温が十分上がってから日当たりのよい戸外に出し、夏は雨を避けて風通しのよい軒下などに置く。秋に葉が枯れ始めたら水やりを止め、冬は暖かい室内で10℃以上に保つ。

チグリディア・パウオニア'レインボー'

夏

チトニア

Tithonia

キク科／半耐寒性1年草、多年草　別名：メキシコヒマワリ（一向日葵）、ティトニア

原産地：メキシコ、中央アメリカ
花　期：7〜9月　出回り時期：5〜10月
用　途：庭植え、切り花、鉢植え

特徴 主に栽培されるのは1年草のロツンディフォリアで、長い花柄の先に鮮やかな橙赤色のヒマワリに似た花を咲かせる。草丈1mほどの矮性品種'トーチ'もある。属名は、ギリシア神話の暁の女神オーロラに愛された若者チトヌスの名にちなんだもの。英名はメキシカンサンフラワー、和名をメキシコヒマワリという。

管理 風で倒れやすいので、庭植えは日当たりと水はけがよくて強い風の当たらない場所を選び、支柱を立てる。摘心すると枝数が増えて花数も多くなる。

チトニア・ロツンディフォリア

チューベローズ

Polianthes

リュウゼツラン科／春・秋植え球根　別名：ゲッカコウ（月下香）、ポリアンサス

原産地：メキシコ
花　期：8〜9月　出回り時期：11〜4月
用　途：切り花、庭植え、鉢植え

特徴 主に栽培されるツベロサは、まっすぐな茎の上部に乳白色の花をたくさんつけ、2輪ずつ対になって下から咲いていく。花には芳香があり、夕方から強く香るのでゲッカコウとも呼ばれる。一重と八重咲きがあって一重のほうが香りが強い。花もちがよいことから切り花で多く流通するが、球根も出回る。

管理 球根から育てるには、球根が小さいと開花しないので大きなものを選んで植え付け、日当たりのよい戸外に置く。乾燥を嫌うので、とくに夏は土を乾燥させないように注意する。

チューベローズ（ポリアンサス・ツベロサ）

ツキヌキニンドウ 突き抜き忍冬 ♦♦♢ Lonicera

スイカズラ科／半常緑つる性植物　別名：トランペット・ハニーサックル

原産地：北アメリカ東部
花　期：6〜9月　出回り時期：2〜5月
用　途：庭植え、鉢植え、切り花

特徴 向かい合う2枚の葉が茎を抱くようにくっつき、つる性の茎が突き抜けているように見えるところから和名をツキヌキニンドウという。黄赤色の筒形の花が10輪ほど枝先にかたまって咲く。仲間にスイカズラやハニーサックルがある。

管理 日陰では花つきが悪くなるので日当たりと風通しのよい場所に置き、鉢土が乾いてからたっぷり水やりする。

ツキヌキニンドウ　　ハニーサックル

ツキミソウ 月見草 ♦♦♢ Oenothera

アカバナ科／耐寒性2年草、多年草　別名：エノテラ　花ことば：物言わぬ恋、自由な心

原産地：南・北アメリカ
花　期：7〜9月　出回り時期：4〜7月
用　途：庭植え、鉢植え

特徴 夜咲き種と昼咲き種があり、主に栽培されるのは昼咲き種の昼咲きツキミソウで、カップ形の4弁花を株いっぱいに咲かせる。幻の花といわれた夜咲く白花のツキミソウも出回るようになった。

管理 日光を好むので日当たりと風通しのよい戸外に置く。過湿を嫌うので鉢土の表面が乾いたら水やりし、花が終わってからも水やりを続ける。多年草は秋に植え替える。

上／昼咲きツキミソウ
左／ツキミソウ

夏

195

夏

ツボサンゴ 壺珊瑚 ◆◆◆◇

Heuchera

ユキノシタ科／耐寒性多年草　別名：ヒューケラ、ホイヘラ、サンゴバナ（珊瑚花）

原産地：メキシコ北部、北アメリカ
花　期：4～6月　出回り時期：3～5月
用　途：鉢植え、切り花、庭植え、ロックガーデン

（特徴）細く長い茎の先に小さな赤い壺形の花をつけるサングイネアがツボサンゴと呼ばれ、主に鉢植えや切り花にされる。最近は、葉が銅色の品種がホイヘラの属名で出回り、グラウンドカバーなどにも利用される。

（管理）暑さに弱く強い直射日光に当たると葉焼けするので、夏は涼しい半日陰に置く。鉢土の表面が乾き始めたら水やりする。

ツボサンゴ（ホイヘラ・サングイネア）　ホイヘラ（銅葉品種）

ツルニチニチソウ 蔓日々草 ◆◇

Vinca

キョウチクトウ科／耐寒性常緑多年草、亜低木　別名：ツルギキョウ、ビンカ

原産地：北アフリカ～ヨーロッパ南部
花　期：4～7月　出回り時期：周年
用　途：庭植え、鉢植え、グラウンドカバー、つり鉢

（特徴）つる性の茎が半日陰でも地面を覆って生育するので、グラウンドカバーなどに利用される。葉に白や黄白色の覆輪が入る品種もある。葉が小さなヒメツルニチニチソウは寒冷地でもよく育つ。

（管理）日当たりのよい戸外で、茎がたれ下がるような場所に置いて、鉢土の表面が乾いたら、水をたっぷりと与える。

上／ヒメツルニチニチソウ
右／覆輪ツルニチニチソウ

ツンベルギア ◆◆◇◈

Thunbergia

夏

キツネノマゴ科／非耐寒性常緑つる性低木、春まき1年草　別名：ヤハズカズラ（矢筈葛）

ツンベルギア・アラタ

ツンベルギア・グランディフロラ

原産地：アフリカ、アジアの熱帯～亜熱帯地方
花　期：7～10月　出回り時期：3～10月
用　途：鉢植え、つり鉢

特徴 茎はつる性で中心に大きな黒い目が浮き出るように見える白や黄色の花をつけるアラタ、淡い青紫色の花を下垂させベンガルヤハズカズラの和名があるグランディフロラ、低木性でよく分枝し濃紫色の花をたくさんつけるエレクタ、つる性で赤と黄のコントラストの鮮やかな花を春に咲かせるマイソレンシスなどがある。

管理 夏は日当たりと風通しのよい戸外に置き、過湿を嫌うので鉢土の表面がよく乾いてから水やりする。冬は日当たりのよい窓辺に置き、水やりを控えて5℃以上に保つ。

ツンベルギア・マイソレンシス　ツンベルギア・エレクタ

ディアスキア ◆◆◇   Diascia

夏

ゴマノハグサ科／耐寒性半常緑多年草

原産地：アフリカの山岳地帯
花　　期：5～10月
出回り時期：2～7月、9～10月
用　　途：庭植え、鉢植え

特徴 草丈20～40cm。よく分枝して小さな葉がついた細い茎の先に、白やローズ色の花を秋の頃まで次々と咲かせる。花は径2cmほどで5裂し、下側の唇弁が最も大きくて2つの袋状の突起がある。属名はギリシア語で「2つの袋」あるいは「飾る」の意味で、花の形や美しさから付けられたといわれる。

管理 真夏の直射日光を嫌うので、風通しのよい明るい半日陰に置くと花を長く楽しめる。鉢土の表面が乾いたらたっぷり水やりする。花数が少なくなったら半分ほど切り戻す。

ディアスキア

ディクロメナ・コロラタ ◇   Rhynchospora colorata
（= Dichromena colorata）

カヤツリグサ科／半耐寒性多年草　別名：シラサギスゲ（白鷺菅）、シューティングスター

原産地：北アメリカ南東部
花　　期：7～9月　出回り時期：5～9月
用　　途：鉢植え、水鉢栽培

特徴 草丈30～60cmで、細い花茎の先端に白い星のような花を1つつける。花のように見えるのは総苞で、先が長くたれ下がる。自生地では草原や湿地に生育し、スターグラスと呼ばれているが、日本ではシラサギスゲやシラサギカヤツリ、サギノマイなどの名で流通する。

管理 水槽や水鉢に鉢ごと沈めるか、水をためた鉢皿に鉢を置いて日当たりのよい戸外に置き、鉢皿の水を切らさないようにする。凍らなければ越冬できるが、寒冷地では室内に入れる。

ディクロメナ・コロラタ

ディサ ●●●○　Disa

夏

ラン科／地生ラン

原産地：アフリカ南部〜中部
花　期：5〜7月　出回り時期：4〜6月
用　途：鉢植え、切り花

特徴 直立した茎の先に美しい花をつけるが、花びらのように見えるのは萼で、花弁はフード状に立っている萼片の中にある。属名は南アフリカのケープ地方での呼び名とか、ラテン語の「豊富な」という意味で美しい花にちなんで付けられたものともいわれる。ユニフロラは古くから美しさが知られ、南アフリカを代表する花となっている。

管理 春から夏は直射日光を避けて戸外の半日陰に置く。夏の暑さに弱く生育が衰えるので、夜間の温度を下げる工夫をする。冬は日当たりのよい室内で5℃以上に保つ。

ディサ・ワトソニイ

ディッソディア ●　Dyssodia (=Thymophylla)

キク科／非耐寒性春まき1年草　別名：ティモフィラ、ダールベルグデージー

原産地：アメリカ合衆国（テキサス）〜メキシコ
花　期：6〜7月　出回り時期：4〜7月
用　途：庭植え、鉢植え、つり鉢

特徴 草丈は20〜50cm。茎がよく分枝して、コスモスのように細かく裂けた繊細な葉をつける。花は径1〜2cmの黄色い小輪花で、初夏の頃から次々と咲いていく。生育が早く丈夫で、夏の強い日差しにもめげず株を覆うように花を咲かせ続けるので、花壇の縁取りやグラウンドカバー、つり鉢などに利用する。

管理 過湿を嫌うので、庭植えには日当たりと水はけのよい場所を選ぶ。鉢植えは日当たりと風通しのよい戸外に置き、梅雨期は雨を避けて軒下に移す。花がらはこまめに摘む。

ディッソディア

テコマリア ◆◆

Tecomaria

ノウゼンカズラ科／非耐寒性半つる性常緑低木　別名：ヒメノウゼンカズラ（姫凌霄花）

原産地：南アフリカ　花　期：7～8月※
出回り時期：7～11月　用　途：鉢植え

特徴 枝先に橙赤色で長さ約3cmの花を穂状につけ、夏中次々と咲いていく。花は筒形で花弁の先が5裂して開き、4本の雄しべが突き出る。英名はケープハニーサックル（ケープ産のスイカズラ）。黄花の'オーレア'もある。

管理 初夏から秋は日当たりのよい戸外に置き、鉢土の表面が乾いたら水やりする。花後、枝を3分の1ほど切り戻し、冬は室内に入れる。

※花期は環境により周年。

テコマリア・カペンシス'オーレア' 　テコマリア・カペンシス'オレンジ'

デュランタ ◇◆ 葉◆

Duranta

クマツヅラ科／非耐寒性常緑低木　別名：タイワンレンギョウ（台湾連翹）、ハリマツリ

原産地：熱帯アメリカ　花　期：7～9月
出回り時期：8～10月　用　途：鉢植え、庭植え

特徴 しだれるように伸びた枝の先端に淡い青紫色の花を多数咲かせ、花後に橙色の球形の果実をつける。花色が濃く白覆輪の'タカラヅカ'や白花の'アルバ'、黄緑色の葉が一年中美しい'ライム'などがある。

管理 日陰だと花つきが悪いので日当たりのよい戸外に置き、鉢土の表面が乾いてきたら水やりする。花が咲き終わったら花穂の元から切る。

デュランタ・エレクタ'タカラヅカ'　デュランタ・エレクタ'ライム'

テラスライム 葉 ●●◐

Ipomoea

夏

ヒルガオ科／非耐寒性多年草　別名：サツマイモ、スイートポテト

原産地：世界の熱帯各地
観賞期：5〜9月　出回り時期：4〜7月、9月
用　途：庭植え、鉢植え

特徴 サツマイモの観葉種で、つるが地面を這って5m以上伸びる。葉色が明るい黄緑の品種が'テラスライム'の名で流通し、白や赤の斑が入る五色葉の'レインボー'、紫葉種などもある。

管理 耐陰性があるので、室内に置いても楽しめる。日当たりのよい戸外に置くときは、多湿を避け、摘心してコンパクトに育てる。

イポメア'テラスライム'　　イポメア'レインボー'

デルフィニウム ●●●○❀●

Delphinium

キンポウゲ科／耐寒性多年草、秋まき1・2年草　別名：オオヒエンソウ（大飛燕草）

原産地：ヨーロッパの山岳地帯〜シベリア、アジア、北アメリカ
花　期：5〜7月　出回り時期：1月、3〜7月、9月
用　途：切り花、庭植え、鉢植え

特徴 美しい花色と雄大な草姿で切り花の人気が高いが、品種改良が進み、花壇や鉢植えでも育てやすくなった。大輪八重咲きの高性種パシフィックジャイアントや、小型で清楚な一重咲きのグランディフロルムなどがある。

管理 日当たりと風通しのよい戸外に置き、過湿を嫌うので鉢土の表面がよく乾いてから水やりする。花後、茎を株元から切り取る。

上／デルフィニウム（パシフィックジャイアント系）
左／デルフィニウム・グランディフロルム

夏

デロスペルマ ◆ ◆ ◇

Delosperma

ツルナ科／耐寒性常緑多肉植物　別名：耐寒マツバギク（一松葉菊）

原産地：南アフリカ
花　期：5～9月　出回り時期：3～5月
用　途：庭植え、鉢植え

特徴 マツバギクの仲間。クーペリは光沢のある赤紫色の花を次々とつけ、寒さに強いので耐寒マツバギクの名前で出回る。エキナツムは枝に白い突起があり、径1.5cmの白や黄色の花をつける。

管理 庭植えには水はけと日当たりのよい場所を選ぶ。鉢植えも日当たりのよい戸外に置き、水やりを控えて育てる。

デロスペルマ・エキナツム'花笠' 　デロスペルマ・クーペリ'花嵐山'（'麗晃'）

トリトマ ◆ ◆ ◇

Kniphofia

ツルボラン科／耐寒性多年草　別名：トーチリリー、シャグマユリ（赤熊百合）

原産地：熱帯アフリカ～南アフリカ
花　期：6～10月　出回り時期：3～12月
用　途：庭植え、切り花、鉢植え

特徴 トリトマは旧属名。太く長い花茎の先に筒形の小さな花を穂状につけ咲き上がっていく。蕾は紅色で開くと黄色になり2色咲きのように見えるオオトリトマや小型のヒメトリトマがある。

管理 日光不足では花つきが悪いので、できるだけ日当たりのよい戸外に置き、鉢土を乾燥させないように注意する。咲き終わったら花茎を切る。

オオトリトマ　ヒメトリトマ

トケイソウ 時計草 ◆◆○◆

Passiflora

夏

トケイソウ科／非耐寒性つる性植物　別名：パッシフローラ　花ことば：宗教、信仰

トケイソウ

クダモノトケイソウ

原産地：中央・南アメリカ
花　期：7～8月　出回り時期：2～11月
用　途：庭植え、鉢植え

特徴 深く裂けた掌状の葉をつけたつるが巻きひげで絡みつきながら伸び、時計の文字盤のような花を咲かせる。ヨーロッパでは花の形をキリストが十字架にかかった姿に見立てて、英名をパッション（受難）フラワーという。果実を食用にするクダモノトケイソウ（パッションフルーツ）、濃赤色の紅花トケイソウなども栽培される。

管理 春から秋は日当たりと風通しのよい戸外に置き、鉢土の表面が乾いてきたら水やりする。冬は室内に置き、水やりを控える。トケイソウや'アメジスト'は、暖地では庭植えできる。

トケイソウ'アメジスト'

紅花トケイソウ

トレニア ◆◆◇◆◇

Torenia

夏

| ゴマノハグサ科／非耐寒性1年草、多年草 | 別名：ナツスミレ（夏菫） | 花ことば：可憐な欲望 |

トレニア（直立タイプ）　　　　　　　トレニア（クラウンシリーズ、直立タイプ）

原産地：インドシナ
花　期：6～9月　出回り時期：3～10月
用　途：鉢植え、庭植え、つり鉢、ロックガーデン

特徴 花径3cmほどの唇形花を暑さに負けず次々と咲かせ、花の形がスミレのように見えるのでナツスミレとも呼ばれる。茎が直立するタイプと匍匐するタイプがあり、匍匐タイプはこんもり茂って茎がたれ下がるので、つり鉢に最適。多く出回るのは、花の喉の部分が白くて直立するタイプのクラウンシリーズで、青、赤、ピンク花の品種がある。

管理 日光を好むので、日当たりと風通しのよい戸外に置く。乾かしすぎると花つきが悪くなるので、鉢土の表面が乾き始めたら早めに水やりする。伸びすぎた株は半分に切り戻す。

トレニア・バイロニー（匍匐タイプ）

トレニア'サマーウェーブ・ピンクホワイト'

トロロアオイ とろろ葵 ❦❦○　　　Abelmoschus

夏

アオイ科／半耐寒性多年草、春まき1年草　　別名：オウショッキ（黄蜀葵）

原産地：中国
花　期：6～9月　出回り時期：6～7月
用　途：庭植え、鉢植え

特徴 モミジのような大きな葉がついた茎が2mほどに伸び、上部に径10～18cmの黄色い花を咲かせる。花は一日花だが初秋の頃まで次々と咲く。仲間に赤花ワタと呼ばれるモスカツス・ツベロススや野菜のオクラがある。

管理 寒さに弱いので1年草として栽培される。庭植えは日当たりと水はけのよい場所を選び、鉢植えも日当たりのよい戸外に置く。

モスカツス・ツベロスス　　トロロアオイ

ニーレンベルギア ○❦　　　Nierembergia

ナス科／半耐寒～耐寒性多年草、1・2年草　　別名：ギンパイソウ（銀盃草）、アマモドキ（亜麻擬）

原産地：メキシコ～チリ、アルゼンチン
花　期：6～9月　出回り時期：2～12月
用　途：庭植え、グラウンドカバー、鉢植え

特徴 茎が地を這って広がり、カップ形の花を上向きに多数咲かせる。芳香のある白花のギンパイソウ、細い茎に淡青色の花をつけるアマモドキのほか、近年は'パープルローブ'や'ナイアガラ'など、改良品種も出回る。

管理 日当たりと風通しのよい戸外に置き、鉢土の表面が乾いたら水やりするが、多年草のアマモドキは表面が十分乾いてから与える。

上／ニーレンベルギア'ナイアガラ'
右／ニーレンベルギア'パープルローブ'

ニチニチソウ 日々草

Catharanthus

キョウチクトウ科／非耐寒性春まき1年草、常緑低木　別名：ビンカ　花ことば：友情

原産地：マダガスカル、インドネシア、
　　　　ブラジルなど熱帯地方
花　期：4～10月　出回り時期：4～10月
用　途：庭植え、鉢植え、切り花

特徴 毎日花が咲き続けることからニチニチソウという。ピンクや白色のシンプルな花が艶のある葉に映えて美しく、最近は淡い色の品種も出回り人気が高い。切り花に向く草丈50cm以上の高性種、花壇や鉢植えに向く30～40cmの矮性種、20cmほどの茎が匍匐しグラウンドカバーやつり鉢に向く匍匐性品種などがある。

管理 寒さに弱いので1年草として扱う。日光を好むので日当たりと風通しのよい戸外に置き、乾燥に強く過湿に弱いので、鉢土の表面が十分乾いてからたっぷり水やりする。

ニチニチソウ

ノウゼンカズラ 凌霄花

Campsis

ノウゼンカズラ科／落葉つる性植物　別名：トランペットフラワー　花ことば：栄光

原産地：中国
花　期：7～8月　出回り時期：3～9月
用　途：庭植え、鉢植え

特徴 つる性の枝に漏斗形の花を房状につけ、夏中咲かせる。仲間にはひと回り小さな花をつけるアメリカノウゼンカズラと、ノウゼンカズラとアメリカノウゼンカズラの雑種'マダム・カレン'がある。いずれもアーチやフェンス、ポール仕立てに向く。

管理 弱光では蕾が落ちてしまうので、水はけがよく一日中日が当たる場所に植える。冬に枝を切り戻す。

上／ノウゼンカズラ
右／アメリカノウゼンカズラ

ノラナ

Nolana

夏

ノラナ科／半耐寒性春まき1年草、多年草

原産地：ペルー、チリ
花　期：6〜8月　出回り時期：5月
用　途：鉢植え、庭植え

特徴 属名はラテン語で「小さな鐘、鈴」の意味。肉厚の葉をつけたつる性の茎が40〜60cmぐらいに伸びて地面を覆い、鐘形の花を多数つける。主に栽培されるパラドクサは、花径3.5〜5cmのペチュニアのような花で、紫青色の花の中心が白く喉が黄色になる。フミフサは薄紫色で中心部が紫色になる。

管理 風通しと日当たりのよい戸外に置き、多湿を嫌うので鉢土の表面が乾いたら株元に水やりする。庭植えには日当たりと水はけのよい場所を選ぶ。

ノラナ・パラドクサ

ハエマンツス

Haemanthus

ヒガンバナ科／半耐寒性春・夏植え球根　別名：マユハケオモト（眉刷毛万年青）

原産地：南アフリカ、熱帯アフリカ
花　期：6〜10月※　出回り時期：9〜11月
用　途：鉢植え

特徴 葉が伸びないうちに糸状の赤い花を球形に咲かせる夏咲き種のムルティフロルス、短い花茎に白い小さな花がつき、糸状の雄しべが眉刷毛のように見える秋から冬咲き種のアルビフロルスなどがある。

管理 春から秋は日の当たる戸外に置く。夏は半日陰の涼しい場所に移し、乾燥気味に育てる。冬は室内で5℃以上に保つ。

※花期は種によって異なる。

ハエマンツス・アルビフロルス（マユハケオモト）

ハエマンツス・ムルティフロルス

バーベナ

Verbena

夏

クマツヅラ科／耐寒性１年草、多年草　　別名：ビジョザクラ（美女桜）　　花ことば：魔力

バーベナ'花手毬'（宿根バーベナ）

原産地：中央・南アメリカ
花　期：５〜10月　出回り時期：３〜７月
用　途：庭植え、鉢植え、つり鉢、グラウンドカバー

特徴 タネから育てる1年性種とさし芽で殖やす多年性種があり、いずれも立ち性と匍匐性がある。ビジョザクラと呼ばれる1年性種は、サクラに似た小さな花が茎の先に集まって咲き、花の中心に白い目のあるものもある。多年性種は宿根バーベナともいい、茎が立ち上がるリギタやボナリエンシスのほかに、現在は花色も豊富な園芸品種が多数出回る。

管理 日当たりと風通しのよい戸外に置くが、高温多湿に弱い1年性種は涼しい環境に置く。鉢土の過湿を嫌うので表面が十分乾いてから水やりし、花つきが少なくなったら半分程度に切り戻す。

バーベナ（ビジョザクラ、1年性種）

上／バーベナ・テネラ（宿根バーベナ）
右／バーベナ・リギタ（宿根バーベナ）

ハイビスカス

Hibiscus

夏

アオイ科／非耐寒性常緑小高木　　別名：ハワイアンハイビスカス　　花ことば：繊細な美しさ

ハイビスカス'リオ'（ニュータイプ）

ハイビスカス'コーラルホワイト'（オールドタイプ）

フウリンブッソウゲ

原産地：熱帯アジアといわれている。
花　期：5～9月　　出回り時期：周年
用　途：庭植え、鉢植え

特徴 一般にハイビスカスと呼ばれるものはすべて交雑品種で、3千品種以上作られているといわれる。古い時代にフウリンブッソウゲを基に交配されたオールドタイプと、大輪で花色が豊富なニュータイプ（ハワイアンハイビスカス）に分けられる。最近では、葉に白やピンクの斑の入るものが出回り、花と葉色が両方楽しめる。

管理 日陰に置くと蕾が落ちてしまうので、日当たりと風通しのよい戸外に置き、鉢土の表面が乾いたらたっぷり水やりする。冬は室内に入れ、日当たりのよい窓辺で乾燥気味に保つ。

斑入りハイビスカス

夏

パキスタキス ♦♦

Pachystachys

キツネノマゴ科／非耐寒性常緑低木　別名：ベニサンゴバナ（紅珊瑚花）

原産地：中央・南アメリカ（メキシコ、ペルー、ギアナなど）
花　期：5〜10月　出回り時期：4〜9月
用　途：鉢植え

特徴 ルテアは、穂状に4列に並ぶ鮮やかな黄色の苞の間から白い花を突き出し、株が小さいうちからよく開花する。緑色の苞の間から赤い花を咲かせるコクシネアもある。

管理 日光を好むので、日当たりと風通しのよい戸外の明るい半日陰に置き、乾燥させないようにする。冬は室内の窓辺に置いて、水やりを控える。

パキスタキス・コクシネア

パキスタキス・ルテア

バコパ ♦○♦

Sutera（＝Bacopa）

ゴマノハグサ科／半耐寒性常緑多年草　別名：ステラ・コルダータ

原産地：南アフリカ
花　期：4〜10月　出回り時期：周年
用　途：鉢植え、つり鉢

特徴 細い茎が這うように伸びて小さな花が株いっぱいに咲き続ける。花数が多く花期が長いので、寄せ植えやハンギングバスケットの素材として人気が高い。花色も豊富になり、斑入り葉種もある。

管理 日当たりと風通しのよい戸外に置く。暑いと花つきが悪くなるので、夏は直射日光を避けて明るい半日陰に移し、水切れしないように注意する。

上／バコパ'スノーフレーク'
右／バコパ　スーパー・キャンディ・フロス

バジル

Ocimum

シソ科／非耐寒性1年草、多年草　別名：メボウキ（目箒）

原産地：熱帯アジア
花　期：7～9月　出回り時期：3～10月
用　途：庭植え、鉢植え、ハーブ

特徴 古くから薬用、香味用にされてハーブの王様といわれる。よく分枝する茎に光沢のある葉をつけ、唇形の花を穂状（すいじょう）に咲かせる。葉が赤紫色の'ダークオパール'やシナモンの香りのするものなどもある。

管理 高温になるほど生育がよくなる。日当たりと風通しのよい戸外に置いて水切れに注意する。草勢が弱るので、花穂（かすい）は早めに摘み取る。

バジル'ダークオパール' 　スイートバジル

ハス 蓮

Nelumbo

ハス科／非耐寒～耐寒性多年草　別名：ロータス、ハチス（蜂巣）　花ことば：沈着、休養

原産地：熱帯～温帯アジア、オーストラリア、南・北アメリカ
花　期：6～8月　出回り時期：5～8月
用　途：水鉢栽培、切り花、ドライフラワー

特徴 夏を彩る水辺の花として池などで栽培されるが、ちゃわんバスなど小型のハスは、小さな容器に水を入れて育てることができる。一重と八重咲き種があり花色も白、ピンク、濃桃など多彩。

管理 日当たりを好み、日陰では花つきが悪い。風通しのよい日なたで、水深を10～15cm以上に保ち、冬は凍らせないようにする。

ちゃわんバス'友誼紅3号'

火鉢を利用した
ちゃわんバスの水鉢栽培

夏

ハナキリン 花麒麟 ◆◆◆◇

Euphorbia

| トウダイグサ科／半耐寒性多肉性常緑低木 | 別名：キスミークイック | 花ことば：自立 |

原産地：マダガスカル
花　　期：6～10月
出回り時期：2～4月、6～9月
用　　途：鉢植え

特徴 トゲのある茎の先に愛らしい形の花を数輪ずつまとまってつける。温度があればほぼ周年開花するが、高温下でよく育ち花数も多い。花径5cm以上のビッグキスシリーズが人気。

管理 日光を好むので風通しと日当たりのよい戸外に置き、鉢土がよく乾いてから水やりする。冬は室内に置いて水やりを控える。

ハナキリン

ハナキリン（ビッグキスシリーズの一品種）

ハナショウブ 花菖蒲 ◆◆◇◆◇

Iris

| アヤメ科／耐寒性多年草　花ことば：伝言、優しさ |

原産地：シベリア東部、中国東北部、朝鮮半島、日本
花　　期：5～7月　出回り時期：4～6月
用　　途：鉢植え、庭植え、切り花

特徴 日本に自生するノハナショウブから改良された園芸植物で、江戸時代から観賞用に栽培される。多花性で群生美を楽しむ江戸系、花が大きく豪華な肥後系、草丈が低く花弁が縮緬状のものが多い伊勢系などが育成された。ほかにアメリカなどで改良された外国種や近縁種との交配から生まれた黄花の品種もある。

管理 日光を好むので、強い風の当たらない日当たりのよい戸外に置く。極端な乾燥を嫌うので、夏期は水を入れた浅い受け皿に鉢を置き、腰水の方法で底から吸水させる。

ハナショウブ'日の出鶴'（江戸系）

ハナスベリヒユ 花滑り莧 ●●●○●   Portulaca

夏

スベリヒユ科／非耐寒性多年草　別名：ポーチュラカ　花ことば：無邪気

原産地：南アメリカ
花　期：5～11月上旬　出回り時期：4～10月
用　途：鉢植え、庭植え

特徴 マツバボタンの仲間で、属名のポーチュラカの名でも出回る。茎が地面を覆うように広がり、色鮮やかな花を株いっぱいに次々と咲かせる。一重や八重の花は花色も豊富で、絞り咲きや斑入り葉種もある。一日花で、曇りや雨の日は閉じる。

管理 日当たりと風通しのよい戸外に置き、過湿を嫌うので鉢土がよく乾いてから水やりする。寒さに弱く1年草として扱う。

上／斑入りハナスベリヒユ'リンホープ'
右／ハナスベリヒユ'サンサン'

ハナタバコ 花煙草 ●●●○●   Nicotiana × sanderae

ナス科／非耐寒性春まき1年草　別名：ニコチアナ　花ことば：私は孤独が好き

原産地：南アメリカ
花　期：5月下旬～8月　出回り時期：4月、7～8月
用　途：鉢植え、庭植え

特徴 長い花筒の先が星形に開く美しい花を多数咲かせる。現在出回っているのはアラータの改良種で、草丈が低く多花性で開花期間が長い。喫煙用のタバコと同属で、最近まで「たばこ専売制度」によって栽培が禁じられていた。

管理 多湿を嫌い、水滴が花につくと傷むので、雨を避けて日当たりのよいベランダなどに置き、鉢土の表面が乾いたら株元に水やりする。

上／ハナタバコ
左／ニコチアナ・アラータ'ニッキ・ライン'

213

ハナトラノオ 花虎の尾

Physostegia

シソ科／耐寒性多年草　別名：カクトラノオ（角虎の尾）、フィソステギア　花ことば：達成

原産地：北アメリカ
花　期：7～9月　出回り時期：3～5月、8～11月
用　途：庭植え、切り花、鉢植え

特徴 栽培されるのはバージニアで、直立した四角い茎にピンクや白色の花を穂状につけて下から順に咲いていく。10～30cmぐらいになる花穂には筒形の花が4列に並んでつく。葉に白や黄の斑が入る種もある。

管理 日当たりを好むが、比較的弱光でも花が咲く。夏の乾燥に弱いので、鉢土の表面が乾いたらたっぷり水やりする。

斑入りハナトラノオ　　ハナトラノオ（白花種）

ハブランツス

Habranthus

ヒガンバナ科／半耐寒～耐寒性春植え球根

原産地：中央・南アメリカ
花　期：6～10月　出回り時期：4～12月
用　途：鉢植え、庭植え、ロックガーデン

特徴 花茎の先に漏斗形の花を1花、まれに2花咲かせる。属名はギリシア語で「優雅な花」という意味。ピンク色の花をつけるロブスツスや黄銅赤色の小さめの花を咲かせるアンダーソニーなどのほか、園芸品種も多数出回る。

管理 当たりと風通しのよい戸外に置き、鉢土の表面が乾いたら水やりする。冬は球根が凍らないように防寒する。

上／ハブランツス・ロブスツス
左／ハブランツス・アンダーソニー

パンドレア 🌸🌼🌸

Pandorea

夏

ノウゼンカズラ科／非耐寒性常緑つる性植物　別名：ソケイノウゼン、ナンテンソケイ

原産地：オーストラリア
花　期：6～10月　出回り時期：4～9月
用　途：鉢植え

特徴 光沢のある葉がナンテンに花がソケイに似ていることから、ナンテンソケイやソケイノウゼンの和名がある。栽培されるのはヤスミノイデスで、白や淡桃色で喉の部分が薄紅色を帯びる漏斗形の花を数輪つける。葉に斑が入る'バリエガタ'もある。属名は、ギリシア神話の女神パンドラにちなむ。

管理 日光を好むので日当たりと風通しのよい戸外に置き、鉢土の表面がよく乾いてから水やりする。冬は日当たりのよい窓辺に置き、乾燥気味に5℃以上を保つ。

パンドレア・ヤスミノイデス'バリエガタ'

ヒオウギ 檜扇 🌸🌸🌼

Belamcanda

アヤメ科／耐寒性多年草　別名：ヌバタマ（射干玉）、ヒオウギアヤメ　花ことば：誠意

原産地：インド、中国、台湾、日本
花　期：7～8月　出回り時期：3月、5月、7～9月
用　途：庭植え、切り花、鉢植え

特徴 剣状の葉が2列に扇形に並び、オレンジに濃色の斑点が入る6弁花を次々と開く。平安貴族が使った檜扇に葉の様子が似ているのでこの名がある。矮性種のダルマヒオウギ、アイリスとの交配種でカラフルな'キャンディリリーミックス'などがある。

管理 日当たりと風通しのよい戸外に置く。過湿を嫌うので鉢土の表面が乾いたらたっぷり水やりする。

上／ベラムカンダ'キャンディリリーミックス'
左／ダルマヒオウギ

夏

ヒソップ ◆○◆

Hyssopus

シソ科／耐寒性多年草　別名：ヤナギハッカ（柳薄荷）

原産地：ヨーロッパ南部〜中央アジア
花　期：6〜7月　出回り時期：5〜6月
用　途：ハーブ、庭植え、鉢植え、切り花

特徴 旧約聖書にも登場するほど古くから栽培されているハーブで、全草にハッカに似た強い香りがあり、料理の香りづけやハーブティーに利用する。草丈60cmほどで、艶のあるヤナギのような細長い葉がついた茎の上部に青紫色の唇形の小さな花を穂状につけ、初夏から夏にかけ次々と咲いていく。ピンクや白花の園芸品種も出回る。

管理 日当たりと風通しのよい場所に置く。高温多湿と蒸れに弱いので、夏は雨を避けて風通しのよい戸外に置く。花が終わったら、2分の1から3分の2の高さに切り戻す。

ヒソップ

ヒペリクム ◆

Hypericum

オトギリソウ科／耐寒性常緑・落葉低木　花ことば：悲しみは続かない

原産地：世界の熱帯〜温帯地方
花　期：6〜9月　出回り時期：5〜7月
用　途：庭植え、鉢植え

特徴 中国原産で雄しべが長く突き出た濃黄色の花をつけるビヨウヤナギや、たれ下がる枝にウメに似た小輪の花をつけるキンシバイがよく栽培されるが、最近は花の大きな'ヒドコート'が花壇に利用されて人気がある。

管理 夏の直射日光に当たると葉焼けを起こすので、西日を避けて半日陰に置く。水分を好むので鉢土の表面が乾き始めたら水やりする。

ヒペリクム・キネンセ
（ビヨウヤナギ）

ヒペリクム'ヒドコート'

ヒマワリ 向日葵 ●●○●✿

Helianthus

夏

| キク科／非耐寒性春まき1年草 | 別名：ニチリンソウ（日輪草） | 花ことば：あこがれ |

ヒマワリ'太陽'

ヒマワリ'ビッグスマイル'

原産地：メキシコ、北アメリカ中西部
花　期：6〜10月　出回り時期：2〜8月
用　途：庭植え、鉢植え、切り花

特徴 属名も英名のサンフラワーも「太陽の花」の意味。古代インカ帝国では太陽神のシンボルとされ、以来ペルーの国花となっている。高性種、矮性種、茎が直立するもの、分枝するものがある。花の中心部が黒紫色の'太陽'、よく分枝して花数の多い'バレンタイン'、矮性種の'ビッグスマイル'のほかに八重咲き種、赤花種などさまざまなものが出回る。

管理 日光を好むので、できるだけ日の当たる風通しのよい戸外に置き、鉢土を乾燥させないように真夏は毎日たっぷり水を与える。庭植えも日当たりと水はけのよい場所を選ぶ。

ヒマワリ'バレンタイン'

夏

ヒメツルソバ 姫蔓蕎麦

Persicaria (= Polygonum)

タデ科／耐寒性半常緑多年草　別名：ポリゴナム・カピタツム

原産地：ヒマラヤ地方
花　期：5～10月　出回り時期：3～6月
用　途：鉢植え、庭植え、グラウンドカバー

特徴 主に鉢植えで出回るが、茎が匍匐して旺盛に生長しマット状に広がるので、グラウンドカバーとして庭木の下や建物の周り、通路のわき、石垣などに、あるいはロックガーデンに植え込んでもよい。葉は小さな楕円形で、表面に暗紫色のV字模様がある。淡桃色の小さな花が球状に集まり、春から秋までよく咲く。

管理 日のよく当たるところから半日陰まで場所を選ばずによく育つ。乾燥や暑さには強いが耐寒性はそれほどなく、霜が降りると葉が落ちる。寒冷地では室内で冬越しさせる。

ヒメツルソバ

ヒメノカリス

Hymenocallis

ヒガンバナ科／非耐寒性春植え球根　別名：スパイダーリリー、イスメネ

原産地：北アメリカ南部～南アメリカ
花　期：6～8月　出回り時期：6～8月
用　途：庭植え、鉢植え、切り花

特徴 クモかヒトデのような独特の花形で人目を引く。ラッパズイセンのような花をつける'アドヴァンス'、葉が美しいリットラリス'バリエガタ'、ほかに英名をスパイダーリリーというスペキオサなどが出回る。

管理 暑さに強く日光を好むので日当たりのよい戸外に置く。鉢土を乾燥させないよう注意し、葉が枯れたら水やりを止めて鉢ごと乾燥させる。

ヒメノカリス・リットラリス'バリエガタ'　　ヒメノカリス・マクロステファナ'アドヴァンス'

ヒメノボタン 姫野牡丹

Heterocentron

夏

ノボタン科／半耐寒性常緑多年草　別名：ヒメハイノボタン、シゾセントロン

原産地：メキシコ、グアテマラ、ホンジュラス
花　期：5～7月　出回り時期：2～8月、10月
用　途：鉢植え、つり鉢、グラウンドカバー

特徴 ヒメノボタンとは通常ヘテロケントロン・エレガンスを指す。初夏から夏にかけて茎の先端に鮮やかな紅紫色のかわいい花をつけ、株いっぱいに咲かせる。広卵形の小さな葉がついた細い茎が這うように伸び、よく分枝してカーペット状に広がり、各節から根を出して地面を覆うので、つり鉢やカバープランツに最適。

管理 春と秋は戸外で日によく当てるが、強い直射日光を嫌うので夏は風通しのよい涼しい半日陰に置き、鉢土の表面が乾いたら水やりする。冬は室内の窓辺で5℃以上に保つ。

ヒメノボタン（ヘテロケントロン・エレガンス）

フィゲリウス

Phygelius

ゴマノハグサ科／半耐寒性常緑亜低木　別名：ケープフクシア

原産地：南アフリカ
花　期：5～10月　出回り時期：4～7月
用　途：庭植え、鉢植え

特徴 属名はギリシア語で「太陽を避ける」という意味で、日陰を好む植物だろうと想像して付けられたものだが、実際は日なたでよく育つ。楕円形の葉がついた茎が50～60cmぐらいに伸び、くすんだピンク色の花を咲かせるアエクアリスが流通する。花は約6cmの長い筒形で、先端が浅く5裂して開く。淡黄の花色もある。

管理 高温多湿を嫌うので、夏は西日を避けて風通しのよい戸外の半日陰に置く。鉢土の表面が乾いたら水やりし、冬は室内の窓辺に置く。花後に切り戻すと再び開花する。

フィゲリウス・アエクアリス

夏

ブーゲンビレア ◆◆◆◇ Bougainvillea

オシロイバナ科／非耐寒性半つる〜つる性常緑小高木　別名：イカダカズラ（筏葛）

原産地：中央・南アメリカ（ブラジルなど）
花　期：5〜10月　出回り時期：2〜9月、11月、12月
用　途：鉢植え

特徴 花弁のように着色した3個の苞それぞれに、花弁のない黄白色の花が1個ずつついて、全体でひとつの花のように見える。園芸種が数多く作られ、斑入り葉や苞が八重になったものなども出回る。

管理 夏は直射日光の当たる戸外に置き、鉢土の表面が乾いたら水やりする。冬から春、秋は室内の窓辺に置いて日に十分当て、冬は5℃以上に保つ。

ブーゲンビレア'ダブルホワイト'（八重咲き種）

ブーゲンビレア

フウセンカズラ 風船葛　実 ● Cardiospermum

ムクロジ科／非耐寒性つる性春まき1年草　別名：バルーンバイン、ハートピー

原産地：東南アジア、熱帯アメリカ
観賞期：7〜9月　出回り時期：6〜10月
用　途：鉢植え、フェンス、切り花

特徴 属名はギリシア語の「心臓」と「種子」の2語からなり、種子に白いハート形の模様があることによる。淡緑色の細い茎が、巻きひげを出してフェンスなどに絡みつきながら伸び、葉のわきから長い花柄を伸ばして先端に小さな白花を咲かせる。花後、果実が紙風船のように膨らんでぶら下がり、秋の頃まで楽しめる。

管理 日当たりと風通しのよい戸外に置き、鉢土が乾燥しすぎないように注意して、表面が乾いたらたっぷり水やりする。淡緑色の果実が褐色に色づいたら、翌年用に採種する。

フウセンカズラ

フウセントウワタ 風船唐綿　実

Gomphocarpus
(= Asclepias)

夏

ガガイモ科／半耐寒性多年草、春まき1年草　別名：フウセンダマノキ（風船玉の木）

原産地：南アフリカ
花　期：6～7月　出回り時期：7～10月
用　途：鉢植え、庭植え、切り花

(特徴) 栽培されるのはフルティコススで、自生地では2～3mになる常緑低木だが、日本では1年草として扱う。ヤナギに似た細長い葉が茂り、葉のわきから花柄を出して、乳白色の小さな花を10～15花下向きにつける。秋に風船のように膨らむ直径5～8cmの果実には、1cmほどの毛状の突起が多数ある。枝や茎を切ると白い乳汁が出る。

(管理) 日当たりと風通しのよい戸外に置き、過湿を嫌うので鉢土の表面が十分乾いてから水やりする。庭植えは日当たりと水はけのよい場所を選び、倒れないように支柱を立てる。

フウセントウワタ

ブータンノボタン ブータン野牡丹

Osbeckia

ノボタン科／耐寒性常緑低木　別名：オスベッキア・ネパレンシス、ハギカ

原産地：ネパール～ベトナム、中国南西部
花　期：8～10月　出回り時期：7～10月
用　途：鉢植え

(特徴) 九州から沖縄、西表島にも分布するヒメノボタンの仲間で、ネパレンシスがブータンノボタンの名で出回る。5本の脈が目立つ細長い葉が向かい合ってついた茎が高さ60～150cmになり、その先にピンク色の花を咲かせる。花は径4cmほどの5弁花で、同じような花を咲かせるヒメノボタンよりも花弁が1枚多いことで区別される。

(管理) 日当たりを好むので、春から秋は日当たりと風通しのよい戸外に置き、鉢土の表面が乾き始めたらたっぷり水やりする。冬は室内の日の当たる窓辺に置き、0℃以上を保つ。

ブータンノボタン'ヒマラヤンオパール'

ブッドレア

Buddleja

フジウツギ科／耐寒性落葉低木　別名：フサフジウツギ（房藤空木）　花ことば：信仰心

原産地：中国～日本　花　期：5～10月
出回り時期：3～10月、12月　用　途：庭植え、鉢植え、切り花

特徴 切り花や庭木にするのはダビディーで、細い枝の先に20cm前後の房状の花穂をつける。強い芳香があってチョウを呼ぶ花としても知られ、バタフライブッシュの英名がある。多くの園芸品種があり花色も豊富。

管理 日の当たる戸外に置き、夏の水切れに注意する。庭植えには日当たりと風通し、水はけがよく、冬に寒風の当たらない場所を選ぶ。

ブッドレア・ダビディー

ブッドレア・ダビディー 'ホワイトプロフュジョン'

ブライダルベール

Gibasis

ツユクサ科／非耐寒性多年草

原産地：メキシコ
花　期：4～10月　出回り時期：2～11月
用　途：鉢植え、つり鉢

特徴 タヒチアンブライダルベールとも呼ばれ、ロマンチックな名前と栽培が容易なことから根強い人気がある。小さな葉を密につけた紫色を帯びた細い茎がよく分枝して伸び、細い花柄の先に小さな白い花を点々とつける。その草姿が、花嫁がかぶるベールのようなのでこの名前がある。葉に黄白色の斑が入る園芸品種'バリエガタ'もある。

管理 花をたくさん咲かせるには、日当たりと風通しのよい軒下や明るい窓辺に置く。夏は西日を避けて半日陰の戸外に、冬は室内に取り込む。

ブライダルベール

ブルーファンフラワー ●○●   Scaevola

夏

クサトベラ科／半耐寒性多年草　別名：スエヒロソウ（末広草）、スカエボラ

原産地：オーストラリア東部～南部
花　期：5～11月　出回り時期：3～10月
用　途：鉢植え、グラウンドカバー

特徴 青紫色の花の裂片が扇形に広がっているのでブルーファンフラワーと呼ばれる。匍匐性で茎が40cm前後に伸び、グラウンドカバーやつり鉢に利用される。花色が青紫の'ブルーワンダー'、ピンクの'ニューワンダー'などがある。属名はラテン語の「不恰好な」という意味で、花形が不規則で半分欠けているように見えることから。

管理 日光を好むので日当たりと風通しのよい戸外に置く。鉢土の過湿を嫌うが、夏は乾燥させすぎないように注意する。花後茎を切り戻し、冬はベランダや室内の窓辺に置く。

ブルーファンフラワー'ブルーワンダー'

プルメリア ●●●○●   Plumeria

キョウチクトウ科／非耐寒性常緑・落葉低木　別名：インドソケイ（一素馨）

原産地：熱帯アメリカ
花　期：7～9月　出回り時期：6～8月
用　途：鉢植え

特徴 シンガポールプルメリアとも呼ばれるオブツサは常緑種でハワイではレイに使われる。幹や枝は多肉質でやわらかく、大きな葉はやや革質。純白で喉が淡黄色の芳香のある花を咲かせる。ルブラは赤や黄など花色が豊富。

管理 一年中日によく当てる。夏は日当たりのよい戸外に置き、水をたっぷり与える。冬は室内で水やりを控え、10℃以上に保つ。

プルメリア・ルブラ　　　　　プルメリア・オブツサ

223

夏

プルンバゴ ◇ ◆　　　　　　　　　　　　　　　　Plumbago

イソマツ科／半耐寒性常緑低木　　別名：ルリマツリ（瑠璃茉莉）、アオマツリ

原産地：南アフリカ、アジア、オセアニア
花　期：5〜10月　出回り時期：3〜10月
用　途：鉢植え、庭植え

特徴 アウリクラタがルリマツリの名で主に鉢植えで出回り、晩春から秋に伸びる枝の先に淡青色の花を次々と咲かせる。園芸品種に白花の'アルバ'や矮性の'ブルームーン'などがある。

管理 暑さに強く日光を好むので日当たりと風通しのよい戸外に置き、鉢土の表面がよく乾いてから水やりする。冬は室内の日の当たる窓辺に置く。

プルンバゴ・アウリクラタ

プルンバゴ・アウリクラタ'アルバ'

ブロワリア ◇ ◆　　　　　　　　　　　　　　　　Browallia

ナス科／非耐寒性春まき1年草　　別名：大輪ルリマガリバナ（－瑠璃歪花）

原産地：中央・南アメリカ（ペルー、コロンビアなど）
花　期：7〜10月　出回り時期：4〜9月
用　途：鉢植え、つり鉢、庭植え

特徴 花壇や鉢植えで利用されるのはスペキオサで、よく分枝した枝が下垂して上部の葉のわきに紫青や白色の花をつける。筒形の花は径4〜5cmで先が5裂し、この仲間のなかでは大輪。高さ60〜150cmになる低木だが、日本では1年草として扱われる。つり鉢に適したベルシリーズと小鉢作りに向くトロールシリーズがある。

管理 春から秋は日当たりと風通しのよい戸外に置くが、強光線を嫌うので夏は風通しのよい半日陰に移す。鉢土の表面が乾いたら水やりし、冬は日の当たる暖かい室内で10℃以上に保つ。

ブロワリア

フロックス

Phlox

夏

ハナシノブ科／半耐寒性秋・春まき1年草、耐寒性多年草　花ことば：協調、合意

フロックス・パニキュラータ

フロックス・パニキュラータ'ダーウィンズ・ジョイス'

原産地：北アメリカ
花　期：5～6月（1年草）、7～9月（多年草）
出回り時期：2～3月、6～10月
用　途：庭植え、鉢植え、切り花

(特徴) 夏の花壇や切り花で利用されるのは多年草のパニキュラータで、直立した茎の先にピラミッド状に花をつけて長期間咲き続ける。高性種で斑入り葉の品種もある。春から初夏に花を群がって咲かせる1年草のドラモンディには高性種と矮性種があり、花弁の先が切れ込む星咲き種もある。ディバリカータは山野草の雰囲気がある。

(管理) 日当たりと風通しのよい戸外に置き、鉢土の表面が乾き始めたら水やりする。花がらは丹念に摘む。ドラモンディは暑さに弱いので夏の栽培は避ける。

右上／フロックス・ディバリカータ
右／フロックス・ドラモンディ'スターフロックス'

225

夏

ベゴニア ❀❀❀✿❀✤

Begonia

シュウカイドウ科／非耐寒性多年草、春植え球根　花ことば：親切、片思い

ベゴニア・センパフローレンス'シェイラ'（四季咲きベゴニア）

原産地：ブラジル（センパフローレンス）、ヒマラヤ
　　　　地方〜中国南部（観葉ベゴニア）
花　期：3〜11月　出回り時期：4〜10月
用　途：鉢植え、庭植え

特徴 多くの園芸品種があって茎や根の形状から木立性、球根性、根茎性に分けられる。その中でクリスマスベゴニア、球根ベゴニア、四季咲きベゴニアなど花の美しいものを花ベゴニアと呼び、花壇で多く利用される四季咲きベゴニア、室内で楽しむ木立性ベゴニア、球根ベゴニアなどは初夏から夏中花が楽しめる。ほかに、観葉植物として出回るベゴニアは葉の形や斑の色、模様が多彩で、周年楽しめる。

管理 四季咲きベゴニアは直射日光の当たる戸外に置くが、ほかは半日陰を好むので明るい室内に置く。鉢土が乾いたら水やりし、冬はいずれも室内に置いて7〜8℃以上に保つ。

クリスマスベゴニア'ラブミー'

エラチオールベゴニア
'フラミンゴ'（オレンジ）と
'嵯峨の雪'（ピンク）

夏

上／木立性ベゴニア'アオヅル'
左中／球根ベゴニア
左／ベゴニア・レクス（左）とベゴニア・メイソニア（右）

227

夏

ペチュニア ◆◆◆✿✿✿ Petunia × hybrida

ナス科／非耐寒性1年草、多年草　別名：ツクバネアサガオ（衝羽根朝顔）

ペチュニア（ブッシュタイプ）

原産地：南アメリカ
花　期：3〜10月
出回り時期：3〜11月
用　途：鉢植え、つり鉢、庭植え

(特徴) 初夏から秋の頃まで、アサガオを小型にしたようなカラフルな花を株いっぱいに咲かせる。立ち上がってこんもり茂るブッシュタイプと半匍匐性のカスケードタイプがあり、花径10cm内外の巨大輪種から5〜6cmの小輪多花性種まである。花色も多彩で、単色のほか覆輪や絞り咲き、中心から放射状にストライプが入るものや八重咲き種もある。近縁種のカリブラコアもペチュニアの名で出回る。

(管理) 日当たりと風通しのよい戸外に置き、鉢土の過湿を嫌うので表面が十分に乾いてから、花にかけないよう株元に水をやる。花がらを摘み、花つきが悪くなったら切り戻す。

ペチュニア'サフィニア・パープルミニ'（カスケードタイプ）

ペチュニア
'ボンフリーピンク'と
'ボンフリーレッド'
(ブッシュタイプ)

夏

上／ペチュニア'エローチャン
ピオン'(ブッシュタイプ)
右上／ペチュニア'パープル
ウェーブ'(カスケードタイプ)

カリブラコア'ミリオンベル'

229

夏

ベッセラ ◆

Bessera

| ユリ科／半耐寒性春植え球根 | 別名：コーラルドロップス |

原産地：メキシコ南部
花　期：7〜9月　出回り時期：3〜4月
用　途：庭植え、鉢植え、切り花

特徴 栽培されるのはエレガンスで、鮮やかな朱赤色の花を咲かせるので、英名をコーラルドロップス（サンゴ色の雫）という。30〜60cmの細長い花茎の先に、ベル形の花を10〜12花下向きにつける。開くと朱赤色の花糸が出て美しく、切り花でも人気がある。属名はオーストリアの植物学者ベッサーの名にちなむ。

管理 日光を好むので日当たりと風通しのよい戸外に置き、鉢土の表面が乾いてから水やりする。地上部が枯れたら水やりを止めて鉢のまま乾燥させ、凍らない場所に置く。

ベッセラ・エレガンス

ベニバナ 紅花 ◆ ○

Carthamus

| キク科／耐寒性秋まき1年草 | 別名：スエツムハナ（末摘花） | 花ことば：区別 |

原産地：地中海沿岸、西アジア
花　期：7〜8月　出回り時期：3〜11月
用　途：庭植え、鉢植え、切り花、ハーブ、染料

特徴 アザミに似た橙黄色の花は咲き進むにつれて赤色に変わる。葉や花を包む丸い苞にトゲがあるものは採油用で、切り花用などにはトゲのない丸葉種が栽培される。花色が乳白色で変化しないものもある。

管理 乾燥を好むので、庭植えには水はけがよく日の当たる場所を選ぶ。蕾が出たら風で倒れないように支柱を立て、開花期は雨に当てない工夫をする。

ベニバナ（丸葉種）　　ベニバナ（白花種）

ヘメロカリス

Hemerocallis

夏

ユリ科／耐寒性多年草　別名：デイリリー　花ことば：媚態、コケットリー

原産地：中国、日本
花　期：5～10月　出回り時期：2～6月
用　途：庭植え、鉢植え、切り花

特徴 ニッコウキスゲやカンゾウの仲間。ヘメロカリスの名で出回るのはこれらを基に欧米で改良された園芸種で、花径約24cmの巨大輪から5cmほどの小輪まで多くの品種がある。一日花なのでデイリリーとも呼ばれる。

管理 日光を好むので、日当たりと風通しのよい戸外に置き、真夏は涼しい半日陰に移す。花の時期は鉢土を乾燥させないように注意する。

ヘメロカリス'パ'

ヘメロカリス'サリー'

ヘリオトロープ

Heliotropium

ムラサキ科／半耐寒性1年草、常緑低木　別名：ニオイムラサキ（匂い紫）

原産地：エクアドル、ペルー
花　期：5～7月、9～11月
出回り時期：1～11月
用　途：鉢植え、庭植え

特徴 ペルー原産のアルボレスケンスはよく分枝する小低木で、芳香のある小さな5弁花を枝先に密集して咲かせ、ハーブとしても利用される。このほか、ヨーロッパ南部原産で1年草のエウロパエウムは、茎葉が白い軟毛で覆われ、葉や花序が大きくて美しい。寒さにやや強いが、花の香りは弱い。

管理 日当たりと風通しのよい戸外に置き、鉢土を乾燥させないよう表面が乾いたら水やりする。冬は暖かい室内で水やりを控え、乾燥気味にして5℃以上に保つ。花後は切り戻す。

ヘリオトロープ・アルボレスケンス

ヘリクリサム

Helichrysum

キク科／非耐寒性1年草、多年草　別名：テイオウカイザイク（帝王貝細工）

ヘリクリサム・ブラクテアツム

原産地：オーストラリア
花　期：5〜7月　出回り時期：12〜7月
用　途：庭植え、鉢植え、切り花、ドライフラワー

ヘリクリサム・サブリフォリウム
（ペーパーデージー）

特徴　麦わらで作ったようにカサカサして光沢のある色鮮やかな花のブラクテアツムは、和名をムギワラギク、英名をストローフラワーといい、切り花に向く高性種とコンテナ植えに向く矮性種がある。そのほか、草丈10〜15cmで銀色の花をつける'シルバーキャンドル'、輸入もののドライフラワーとして人気のペーパーデージーやカシアナム、シルバーやライムの葉色を楽しむペティオラツムなどがある。

管理　日光が好きなので日当たりと風通しのよい戸外に置き、梅雨期は雨に当てないように軒下などに移す。鉢土の過湿に注意し、表面が十分乾いたらたっぷり水やりする。

ヘリクリサム・レトリツム'シルバーキャンドル'

ヘリプテラム

Helipterum

夏

キク科／半耐寒性1年草、多年草　花ことば：温順、永遠の愛（ローダンセ）

原産地：オーストラリア南部
花　期：7〜9月　出回り時期：1〜6月
用　途：鉢植え、庭植え、切り花、ドライフラワー

特徴 切り花で人気のローダンセは、細い茎の先に白やピンク色の花をつけるが、花弁のように見えるのは総苞片で、紙のように乾いた質感がある。鉢花で出回る'ハナカンザシ'は白と黄色の対比が美しい花を春に咲かせる。

管理 日当たりと風通しのよい戸外に置くが、雨に弱いので梅雨期は雨を避けて涼しい軒下などに移す。花がらはこまめに取り除く。

ヘリプテラム・アンテモイデス'ハナカンザシ' 　ヘリプテラム・マングルシー（ローダンセ）

ベロペロネ

Beloperone (= Justicia)

キツネノマゴ科／半耐寒性常緑低木　別名：コエビソウ（小海老草）

原産地：メキシコ
花　期：5〜7月　出回り時期：周年
用　途：鉢植え、切り花

特徴 枝先についた花穂の赤褐色の苞が鱗のように重なり、その形がエビに似ているところから和名をコエビソウ、英名もシュリンププラントという。苞から飛び出る白い花は筒形の唇弁形で、下の唇弁に赤紫色の斑点がある。花はすぐ落ちるが苞は長く観賞できる。苞が美しい淡黄色の'イエロー・クイーン'や葉に斑が入る種類もある。

管理 日光を好み、光線不足だと花つきが悪く苞の色も冴えないので、日当たりと風通しのよい戸外に置き、夏は毎日水やりする。冬は室内の窓辺に置いて乾燥気味に保つ。

ベロペロネ・グッタータ

233

夏

ベロニカ

Veronica

ゴマノハグサ科／耐寒性多年草、1年草　別名：ルリトラノオ（瑠璃虎の尾）　花ことば：堅固

ベロニカ・スピカタ

ベロニカ・ロンギフォリア'スノー・リーゼン'

原産地：ヒマラヤ地方、シベリア、中国、日本
花　期：5～7月　出回り時期：1～10月
用　途：庭植え、鉢植え、切り花

(特徴) 日本にも自生するクワガタソウやトウテイランの仲間。切り花や花壇で利用されるのはスピカタやロンギフォリアで、まっすぐに伸びた茎の先に小さな青い花を穂状につけ下から咲き上がる。いずれもピンクや白花があり、高性種や矮性種など多くの品種が出回る。這い性の'オックスフォードブルー'は晩秋の頃まで次々と花を開いていく。

(管理) 日光を好むので、日当たりと風通しのよい戸外に置くが、梅雨期から夏は雨を避けて半日陰に移す。鉢土が乾きすぎないように表面が乾いたら早めにたっぷり水やりする。

ベロニカ・ペドゥンクラリス
'オックスフォードブルー'

ペンステモン ●●○●　　　　　　　　　　　　　　Penstemon

ゴマノハグサ科／秋・春まき1年草、耐寒性多年草　別名：ツリガネヤナギ（釣鐘柳）

原産地：北アメリカ～メキシコ
花　期：5～8月　出回り時期：3～6月
用　途：鉢植え、庭植え、切り花

（特徴）ヒブリダスは草丈50～80cm。赤やピンク、薄紫色のベル形の花を穂状につける多花性種で、喉の部分が白く抜けるコントラストの美しい品種が多い。バルバツスは初夏から夏に赤い筒形の花を下向きにつける。

（管理）日当たりと風通しのよい戸外に置くが、夏は長雨や高温多湿を嫌うので、雨を避けて涼しい半日陰に移す。鉢土の表面が乾いたら水やりする。

ペンステモン・ヒブリダス　　　　　　ペンステモン・バルバツス

ペンタス ●○●◎　　　　　　　　　　　　　　Pentas

アカネ科／非耐寒性多年草、春まき1年草　別名：クササンタンカ（草山丹花）

原産地：熱帯アフリカ東部～アラビア半島
花　期：5～10月　出回り時期：4～10月
用　途：鉢植え、庭植え

（特徴）草本でサンタンカに似た花を咲かせるので和名をクササンタンカという。主に栽培されるランケオラタは株全体に短い毛があり、茎の先に径1cm前後の愛らしい星形の花を30～40輪つけて、次々開いて半球状になる。初夏から秋の頃まで長く咲くので人気が高い。

（管理）日光を好むので日当たりと風通しのよい戸外に置く。鉢土の過湿を嫌うので表面が乾いてから水やりする。冬は室内の窓辺に置いてガラス越しの日に当て、乾燥気味に保つ。

ペンタス・ランケオラタ

夏

ホウセンカ 鳳仙花 ◆◆◆◇ Impatiens

| ツリフネソウ科／非耐寒性1年草 | 別名：ツマクレナイ（爪紅）、ツマベニ |

原産地：インド、マレー半島、中国南部
花　期：6〜9月　出回り時期：6月
用　途：庭植え、鉢植え、切り花

特徴 花のしぼり汁で爪を染めたことからツマクレナイやツマベニと呼ばれる。熟した果実は触れるとはじけて種子が飛び散る。草丈50〜60cmの高性種と20〜40cmの矮性種の2つのタイプがあり、花形も、清楚な一重咲き、豪華な八重咲き、八重咲きのなかでも花弁数の多い椿咲きなど多数あって花色も豊富。

管理 日光を好み、高温多湿の環境でよく育つ。日当たりと風通しのよい戸外に置き、鉢土を乾燥させると生育が悪くなるので、表面が乾き始めたらすぐにたっぷり水やりする。

ホウセンカ（椿咲き種）

ホウセンカ

ホウセンカ

ホオズキ 酸漿、鬼灯 実 Physalis

夏

| ナス科／耐寒性多年草 | 別名：カガチ（輝血）、チャイニーズランタン | 花ことば：自然美 |

原産地：東アジア
観賞期：7〜9月　出回り時期：5〜7月
用　途：鉢植え、庭植え、切り花

特徴 白いカップ形の花は、咲き終わると萼が大きく育って袋状になり、果実を包み込む。袋は熟すと赤くなり、中の果実も色づく。地下茎は鎮咳・解熱薬として利用された。7月に東京浅草の浅草寺で催される「ホオズキ市」は、夏の風物詩。

管理 日光を好むので日当たりと風通しのよい戸外に置き、鉢土の表面が乾き始めたら早めにたっぷりと水やりする。

ホオズキの花 　　ホオズキ

ホテイアオイ 布袋葵 Eichhornia
※要注意外来生物に指定されています

| ミズアオイ科／非耐寒性多年草 | 別名：ウォーターヒアシンス、ホテイソウ |

原産地：熱帯アメリカ、南アメリカ
花　期：8〜10月　出回り時期：4〜8月
用　途：池、水槽、水鉢栽培

特徴 アオイに似た円形の葉の長い葉柄の基部が膨らみ、その様子を七福神の布袋様の腹に見立ててこの名がある。水中に藍色のひげ根を出し、夏に葉の間から花茎を伸ばして先端に薄青紫色の花を多数つける。花は6枚の裂片に分かれ、その中の1枚は中央に黄色の斑紋がある。朝開いて夕方にしぼむ一日花だが、次々と咲く。

管理 水槽や水鉢に浮かべておくだけでは花数が少ないが、鉢に植えて水鉢に沈め、日のよく当たる戸外に置くと花つきがよい。鉢皿に水をためて腰水栽培してもよい。

ホテイアオイ

夏

ポドラネア

Podranea

ノウゼンカズラ科／非耐寒性常緑つる性植物　別名：ピンクトランペット

原産地：南アフリカ
花　期：6月中旬～9月中旬
出回り時期：6～8月
用　途：鉢植え

(特徴) 主に出回るのはリカソリアナで、ノウゼンカズラによく似たピンクの花を咲かせ、ピンクノウゼンカズラともいう。幼苗は低木状で、生育するとつる状に枝を伸ばし、香りのある花を枝先に房状につけて、夏中次々と咲いていく。花は淡桃色の漏斗形で先が5裂し、赤紫色の筋が入る。'コンテス・サラ'は花つきが多くて花期が早い。

(管理) 日光を好み、高温下でよく生育するので日当たりと風通しのよい戸外に置き、鉢土の表面が乾いたら水やりする。冬は室内の明るい窓辺に置き、乾かし気味に10℃以上を保つ。

ポドラネア・リカソリアナ

ポンテデリア

Pontederia

ミズアオイ科／耐寒性多年草

原産地：北アメリカ南部
花　期：6～9月　出回り時期：5～9月
用　途：池、鉢植え、水鉢栽培

(特徴) 水辺の浅瀬に生える水生植物で、多くは切り花で流通するが、最近は苗も出回るようになった。草丈60～100cmで、長く伸ばした茎の上部に厚みのある葉を1枚つけ、青紫色の小さな花を穂状につける。花は1日でしぼむが、10～20cmの花穂には多数の花がつき、次々と1週間ぐらい咲いていく。

(管理) 水辺や水鉢に植えるか、鉢植えにして水をためた鉢皿の上に置いてよく日の当たる戸外に置き、水切れさせないようにする。寒冷地では冬は室内に入れて越冬させる。

ポンテデリア・コルダータ

マーマレードノキ ◆　　　Streptosolen

夏

| ナス科／半耐寒性半つる性常緑低木　別名：オレンジマーマレード |

原産地：中央・南アメリカ
花　期：5月中旬～7月　出回り時期：1～4月
用　途：鉢植え

特徴 属名はギリシア語で「ねじれた管」の意味で、花筒がねじれていることから。英名はマーマレードブッシュという。卵形の葉が交互についた茎が、つる状になって他物に寄りかかりながら2～3mに伸び、先端に漏斗形で花筒部がねじれた橙赤色の花を多数つけて、次々と咲いていく。濃黄色の花をつけるものもある。

管理 春から秋はよく日の当たる風通しのよい戸外に置くが、夏は強光を避けて涼しい半日陰に移し、鉢土の表面が乾いたら水やりする。冬は室内で乾燥気味にして10℃以上に保つ。

マーマレードノキ

マダガスカルジャスミン ◯　　　Stephanotis

| ガガイモ科／非耐寒性常緑つる性植物　別名：マダガスカルシタキソウ |

原産地：マダガスカル
花　期：3～9月　出回り時期：2～10月
用　途：鉢植え

特徴 マダガスカル原産で、花も香りもジャスミンに似ているので和名をマダガスカルジャスミンというが、ジャスミンとは別種。革質で光沢のある葉のわきに、筒形で純白の花を6～7輪ずつ次々と咲かせる。花はブーケやコサージュに利用される。葉に白い斑が入る'バリエガタ'もある。

管理 直射日光の当たる場所を好むが、夏は高温と西日を避けて涼しい半日陰に置く。鉢土の表面が乾いたら水やりする。冬は室内の窓辺に置き、乾燥気味にして5℃以上を保つ。

マダガスカルジャスミン

夏

マツバギク 松葉菊 ◆◆◆◇　　　Lampranthus

ツルナ科／半耐寒〜耐寒性多年草、小低木　花ことば：無為、なまけもの、怠惰

原産地：南アフリカ（ケープ地方）、ナミビア
花　期：5〜11月※　出回り時期：3〜7月
用　途：庭植え、鉢植え、ロックガーデン、石垣

特徴　松葉のような葉で花がキクに似ているのでこの名がある。多肉質の細い葉をつけてマット状に伸び広がり、金属光沢のある赤や黄色の花を群がって咲かせる。花は夜間や曇天時には閉じる。

管理　強光を好むのでできるだけ日の当たる戸外に置く。丈夫で育てやすいが、鉢土の過湿を嫌うので表面がよく乾いてから水やりし、花がらはこまめに摘む。

マツバギク（白花種） 　マツバギク（オレンジ花種）

※花期は種によって異なる。

マツバボタン 松葉牡丹 ◆◆◆◇　　　Portulaca

スベリヒユ科／春まき1年草　別名：ヒデリソウ（日照草）、ツメキリソウ　花ことば：可憐

原産地：ブラジル、アルゼンチン
花　期：6〜9月　出回り時期：5〜9月
用　途：庭植え、鉢植え

特徴　葉が松葉に花がボタンに似ていることからついた名で、夏の日照に強いのでヒデリソウとも呼ばれて江戸時代から親しまれている。多肉質の細い葉をつけた茎が地面を覆うように広がり、色鮮やかな花を夏中次々と咲かせる。古い品種は午前中に開き午後には閉じてしまうが、最近は夕方まで咲き続ける大輪の八重咲き種が出回る。

管理　高温と日光を好むので、直射日光のよく当たる戸外に置く。鉢土の過湿を嫌うので水やりは鉢土の表面が十分乾いてからする。できるだけ乾燥気味に保つ。

マツバボタン（八重咲き種）

マリーゴールド

Tagetes

夏

キク科／非耐寒性春まき1年草　別名：センジュギク、クジャクソウ　花ことば：予言

マリーゴールド'ルナ・レモンエロー'（交雑種）

アフリカンマリーゴールド'トレビアンエロー'

原産地：メキシコ
花　期：6～10月　出回り時期：3～10月
用　途：庭植え、鉢植え、切り花

特徴 フレンチ種とアフリカン種、両種の交雑種がある。草丈30～40cmで花径3～6cmの小輪花のフレンチ種はクジャクソウ（孔雀草）と呼ばれ、中心部が盛り上がるクレスト咲きが多く栽培される。花径7～10cmの大輪花のアフリカン種はセンジュギク（千寿菊）と呼ばれ、1mになる高性種から約20cmの矮性種まであり、白花も出回る。ほかに葉の細いメキシカン種やハーブで知られるルギタ、レモニーなどがある。

管理 日当たりと風通しのよい戸外に置く。鉢土の過湿に注意し、表面が乾いてから水やりする。夏に花数が少なくなったら、草丈の半分ぐらいまで切り戻すと晩秋まで花が咲く。

右上／フレンチマリーゴールド
'ボナンザ・ハーモニー'（クレスト咲き）
右／タゲテス・レモニー（レモンマリーゴールド）

マンデビラ

夏

キョウチクトウ科／非耐寒性常緑つる性〜半つる性植物　別名：マンデビラ

Mandevilla

マンデビラ'ローズジャイアント'

マンデビラ・サンデリ

マンデビラ・ボリビエンシス'サマードレス'

原産地：メキシコ〜アルゼンチン
花　期：5〜9月
出回り時期：3〜8月、11月
用　途：鉢植え

特徴 以前はディプラデニアの名で流通していたが、現在はマンデビラ属。最近は花色が豊富で、'ローズジャイアント'は、花色がピンクから赤へと変化する。ほかに、純白で喉が黄色いボリビエンシス、濃桃色と喉の黄色のコントラストが美しく小鉢仕立てに向くサンデリなどがある。

管理 光線が弱いと花つきが悪いので日当たりと風通しのよい戸外に置き、鉢土の表面が乾いたら水やりする。花が終わったら3分の1程度切り戻し、冬は室内で5℃以上に保つ。

マトリカリア ●○　　　Chrysanthemum (= Tanacetum)

夏

| キク科／耐寒性多年草、秋まき1年草 | 別名：ナツシロギク（夏白菊） | 花ことば：楽しむ |

原産地：ヨーロッパ南西部、バルカン半島、西アジア
花　期：5～7月　　出回り時期：5～8月
用　途：庭植え、鉢植え、切り花、ハーブ

特徴 マトリカリアは旧属名で、現在はクリサンセマム属に含まれる。白や黄色のコギクに似た花を咲かせ、フィーバーヒューの名でハーブとしても利用される。一重や八重、ポンポン咲き、丁字咲きなどの花形がある。

管理 日当たりと風通しのよい戸外に置き、鉢土の過湿を嫌うので表面が乾いてから水やりする。花がらはこまめに摘む。

マトリカリア'ゴールデンボール'
（ポンポン咲き）

ゴールデンフィーバーヒュー

ミソハギ 禊萩 ●●　　　Lythrum

| ミソハギ科／耐寒性多年草 | 別名：ボンバナ（盆花）、ショウリョウバナ | 花ことば：悲哀 |

原産地：朝鮮半島、日本
花　期：7～8月　　出回り時期：6～9月
用　途：庭植え、切り花

特徴 水辺の湿地帯に生え、旧暦のお盆の頃に花を咲かせる。紅紫色の小さな花が3～5輪集まって穂状に咲く。エゾミソハギには大輪花や花穂の長い品種など園芸品種もある。

管理 鉢土が乾かないよう水をためた受け皿に鉢植えを置き、日当たりのよい戸外で育てる。庭植えも夏は水やりをする。

上／ミソハギ
左／エゾミソハギ'モルダンピンク'

ミント

Mentha

夏

シソ科／耐寒性多年草　別名：ハッカ（薄荷）、メンタ　花ことば：徳

原産地：アフリカとヨーロッパの温帯地方、アジア
花　期：6～8月　出回り時期：周年
用　途：庭植え、鉢植え、ハーブ

(特徴) さわやかな芳香をもつハーブの人気者。妖精ニンフの生まれ変わりとしてギリシア神話にも登場するなど、古くから栽培される。茎が立つタイプや這うタイプ、斑入り葉種など多くの種類があるが、スペアミントとペパーミントが代表的。

(管理) 日当たりと風通しのよい戸外に置く。強光を嫌うので夏は涼しい半日陰に移し、乾燥しすぎないよう注意して水やりする。

スペアミント　　　パイナップルミント

ムラサキツユクサ　紫露草

Tradescantia

ツユクサ科／耐寒性多年草　花ことば：貴ぶ

原産地：北アメリカ
花　期：5～9月　出回り時期：3～9月
用　途：庭植え、鉢植え

(特徴) 観葉植物のトラデスカンチャの仲間で、春の終わりから秋まで少しずつだが次々と花を咲かせる。細長い葉をつけて50cm前後に伸びた茎の先に、紫色で花径2～3cmの3弁花をつける。またオオムラサキツユクサを中心に改良された花色の豊富な園芸種もある。

(管理) 庭植えは日当たりと水はけのよい場所を選び、数年植えたままにする。鉢植えも日当たりと風通しのよい戸外に置き、鉢土を乾かさないように注意して、表面が乾いたら水やりする。

ムラサキツユクサ

メコノプシス ❀❀❀

Meconopsis

夏

| ケシ科／耐寒性多年草、1年草　別名：ヒマラヤの青いケシ　花ことば：底知れぬ魅力を湛えた |

原産地：中央アジア
花　期：6〜8月　出回り時期：10〜11月
用　途：庭植え、鉢植え

特徴 属名はギリシア語で「ケシに似る」という意味。日本では1990年の花の万博で有名になった「ヒマラヤの青いケシ」を指す。主に栽培されるのは花つきのよいベトニキフォリアで、英名をブルーポピーといい、花径5〜6cmの青紫色の美しい花を咲かせる。最近、開花株や切り花が出回り、花が楽しめるようになった。

管理 暑さに弱く冷涼な気候を好むので、春から秋は日当たりと風通しのよい戸外に置き、夏はできるだけ涼しくして雨の当たらない軒下に移す。鉢土の表面が乾いたら水やりする。

メコノプシス・ベトニキフォリア

メディニラ ❀

Medinilla

| ノボタン科／非耐寒性常緑低木、つる性植物 |

原産地：熱帯アフリカ、東南アジア、太平洋の島々
花　期：6〜7月　出回り時期：3〜9月
用　途：鉢植え

特徴 熱帯性花木で、大きな葉の間から伸ばした長い柄の先に、大きな花房をつけてたれ下がる。淡い紅紫色の苞が花房にかぶさるようにつくフィリピン原産のマグニフィカと、苞をつけないジャワ原産のスペシオサがある。

管理 日当たりと高温多湿を好むが、夏は直射日光を避けて戸外の風通しのよい半日陰に置く。春から秋は室内に置き、冬は10℃以上に保つ。

上／メディニラ・スペシオサ
左／メディニラ・マグニフィカ

夏

メランポディウム ◆

Melampodium

キク科／非耐寒性春まき1年草

原産地：北アメリカ
花　期：5～10月　出回り時期：2～9月
用　途：鉢植え、庭植え、切り花

(特徴) 近年登場した花で、日なたから半日陰まで土質を選ばずによく育ち、日本の高温多湿の夏でも休まずに咲き続ける。草丈20～40cmで、よく分枝する茎に花径2～2.5cmの黄色い花を多数つけ、横に張り出すように育つ。草丈20cm前後の矮性種'ミリオンゴールド'は小鉢やグラウンドカバーにも向く。

(管理) 日当たりと風通しのよい戸外に置く。鉢土の乾燥に弱く、水切れすると生育が悪くなるので、乾き始めたら早めに水やりする。咲き終わった枝を切り戻すと晩秋まで咲き続ける。

メランポディウム・パルドスム'ミリオンゴールド'

モナルダ ◆◆◆○◆

Monarda

シソ科／耐寒性多年草、春まき1年草　　別名：ベルガモット、タイマツバナ（松明花）

原産地：北アメリカ東部
花　期：6～10月※　出回り時期：5～8月
用　途：庭植え、切り花、ハーブ

(特徴) 唇形で緋赤色の花を茎先に固まって咲かせタイマツバナの和名があるディディマ、桃色の大きな苞(ほう)と黄色の花が美しいプンクタータ、ヤグルマギクに似たピンク色の花をつけヤグルマハッカの和名があるフィスツロサなどがある。

(管理) 庭植えに向き、日なたから多少日陰になる場所でもよく育つ。花後、上から2～3節目ぐらいで切り戻すと再び花が咲く。

※花期は種によって異なる。

上／モナルダ・ディディマ
右／モナルダ・プンクタータ

モミジアオイ 紅葉葵 ●●

Hibiscus

夏

| アオイ科／耐寒性多年草 | 別名：コウショッキ（紅蜀葵） | 花ことば：温和 |

原産地：北アメリカ
花　期：8～9月　出回り時期：3～8月
用　途：庭植え

特徴 草丈1～2m。根元から3～4本の茎が立ち上がり、モミジのように深く切れ込んだ葉のわきから長い花柄を出し、先端に真っ赤な花を咲かせる。花は径10～20cmの5弁花で、花弁と花弁の間にすき間がある。朝開いて夕方には閉じる一日花だが、毎日1輪ずつ咲いて花の少ない時期の庭を彩る。

管理 日当たりと風通しのよい場所を選んで植える。耐寒性はあるが冬に地上部が枯れるので地際で切り取り、寒冷地では敷きわらや土を盛って越冬させるとよい。

モミジアオイ

モルセラ 葉●

Moluccella

| シソ科／半耐寒性春まき1年草 | 別名：カイガラサルビア（貝殻―）、シェルフラワー |

原産地：中近東、コーカサス地方
観賞期：7～10月
出回り時期：2～4月（タネ）／切り花は周年
用　途：庭植え、鉢植え、切り花、ドライフラワー

特徴 葉のわきに径3～5cmの貝殻のような萼(がく)が6～8個茎を囲むように何段もつき、40～50cmの花穂になる。ピンクがかった白い小さな花は黄緑色の萼の中心部にあり、ミントのような香りがする。

管理 苗の流通がほとんどないのでタネから育てる。移植を嫌うので、日当たりと水はけのよい場所を選んで直まきする。

上／モルセラ・ラエビスの花
左／モルセラ・ラエビス

ヤトロファ ♦♦

Jatropha

トウダイグサ科／非耐寒性常緑低木・多肉性低木　別名：ナンヨウザクラ、インドザクラ

原産地：熱帯アフリカ、マダガスカル、熱帯アメリカ、
　　　　西インド諸島
花　期：6〜9月　出回り時期：9〜10月、ほぼ周年
用　途：鉢植え

(特徴) ポダグリカは和名をサンゴアブラギリといい、幹の基部がとっくり状に肥大し、長い花柄の先に紅珊瑚のような花を咲かせる。インテゲリマは深紅の美しい5弁花を房状に咲かせる。

(管理) 寒さに弱いので、盛夏以外は室内の日当たりのよい窓辺に置き、鉢土がよく乾いてから水やりする。冬は水やりを控えて10℃以上に保つ。

ヤトロファ・ポダグリカ

ヤトロファ・インテゲリマ

ユウギリソウ 夕霧草 ♦○♦

Trachelium

キキョウ科／耐寒性多年草、春・秋まき1年草　別名：トラケリウム

原産地：ヨーロッパとアフリカの地中海沿岸地方
花　期：6〜9月　出回り時期：6〜9月
用　途：庭植え、鉢植え、切り花

(特徴) 草丈30〜100cmで、直立した茎の先端に小さな花が無数に集まって傘状に咲く。花は2mmほどのベル形で、花柱が長く突き出て花房の輪郭が霧にかすんだようになる。花色は青紫色が一般的だが、白や淡桃色などもある。日が長くなると開花する長日植物で、通常6〜8月に咲く。寒さにやや弱いので、1年草として扱う。

(管理) 日当たりと風通しのよい戸外に置いて、鉢土の表面が乾いたらたっぷり水やりする。初夏に摘心するとわき芽が出て花数が多くなる。花をつける頃に支柱を立てて倒れるのを防ぐ。

ユウギリソウ

ユーコミス

Eucomis

夏

ヒアシンス科／半耐寒性春植え球根　別名：パイナップルリリー

原産地：南アフリカ
花　期：6～10月　出回り時期：5～7月
用　途：庭植え、鉢植え、切り花

特徴 太い花茎に星形の小さな花を多数つけ、先端に冠のような苞葉をつけたユニークな姿で、パイナップルリリーの名もある。黄白色の花が咲き進むと緑色になるアウツムナリス、花弁や苞葉の縁が紫色を帯びるビコロルなどがある。

管理 日当たりと風通しのよい戸外に置き、鉢土の表面が乾いたら水やりする。冬は関東以西では防寒し、寒冷地では球根を掘り上げる。

ユーコミス・アウツムナリス 　ユーコミス・ビコロル

ユーフォルビア

Euphorbia

トウダイグサ科／非耐寒性春まき1年草・常緑低木　花ことば：祝福

原産地：北アメリカ
花　期：7～9月　出回り時期：7月
用　途：庭植え、切り花

特徴 小さな花をつける夏の頃に、上部の葉が白く縁取られて雪をかぶったようになるハツユキソウ、冬に苞が白く色づき、株全体が花が咲いたようになるレウコケファラ、赤や黄色の花が美しいフルゲンスなどがある。

管理 日当たりと風通しのよい戸外に置き、鉢土を乾燥させないよう表面が乾いたら水やりする。レウコケファラは冬は室内で10℃以上に保つ。

ユーフォルビア・マルギナタ（ハツユキソウ）

ユーフォルビア・レウコケファラ'スノープリンセス'（白雪姫）

249

ユリ 百合 🌸🌼🌺○✿

夏

Lilium

ユリ科／耐寒性秋植え球根　別名：リリウム　花ことば：純潔、威厳、無垢

ユリ'コネチカット・キング'
（アジアティックハイブリッド）

ユリ'カサブランカ'（オリエンタルハイブリッド）

ユリ'ル・レーブ'
（オリエンタルハイブリッド）

原産地：北半球の温帯地方
花　期：5～8月　出回り時期：周年
用　途：庭植え、鉢植え、切り花

特徴 園芸種は交配親の系統から4タイプに分けられる。①花色が豊富なアジアティックハイブリッド②ヤマユリやカノコユリなどすべて日本産のユリを交配し、香りのよい華麗で優雅な花を咲かせるオリエンタルハイブリッド③テッポウユリなどを交配したロンギフロールムハイブリッド④中国産のリーガルリリーなどから交配されたオーレリアンハイブリッド。このほか、野生のままで美しい日本原産のユリなども多数出回る。

管理 暑さにやや弱く西日を嫌うので、夏はできるだけ風通しのよい半日陰の涼しい戸外に置く。鉢土の過湿が苦手だが、真夏は鉢土を乾燥させすぎないように注意して水やりする。

左／ユリ'アフリカン・クイーン'
　　（オーレリアンハイブリッド）
下／ヤマユリ（日本の野生ユリ）

夏

上／カノコユリ（日本の野生ユリ）
左／新テッポウユリ'ひのもと'
　　（ロンギフロールムハイブリッド）

ヨルガオ 夜顔 ●○

Calonyction (= Ipomoea)

ヒルガオ科／非耐寒性つる性植物、春まき1年草　別名：ユウガオ（夕顔）　花ことば：悪夢

原産地：熱帯アメリカ
花　期：8〜9月　出回り時期：6〜8月
用　途：鉢植え、庭植え

特徴 夕方になると甘い香りを漂わせながらアサガオに似た純白の大輪花を開くことから、属名はギリシア語で「美しい夜」の意味で、英名もムーンフラワーという。紅紫色のやや小さめの花を夜に開くハリアサガオもある。

管理 高温と日光を好むので日当たりと風通しのよい戸外に置き、鉢土を乾燥させないよう真夏は毎日水やりする。

ヨルガオ　　　　ハリアサガオ

ラグルス ○

Lagurus

イネ科／耐寒性秋まき1年草　別名：ラグラス、ウサギノオ

原産地：地中海沿岸地方
花　期：6〜7月　出回り時期：3〜4月、6月
用　途：庭植え、鉢植え、切り花、ドライフラワー

特徴 属名はギリシア語で「ノウサギの尾」の意味で、ふわふわした花穂（かすい）がウサギの尾に似ていることから。細い茎が30cmぐらいに伸び、初夏に約4cmの花穂にアワ粒ほどの白い小さな花を咲かせ、花後、白い毛に覆われる。生け花やブーケなどに利用されて人気がある。花穂が短い矮性種（わいせい）'バニーテール'がある。

管理 庭植えは日当たりと水はけのよい場所を選ぶ。鉢植えは日当たりと風通しのよい戸外に置き、鉢土が乾いたら水やりする。花後に地際から切り、陰干ししてドライフラワーにする。

ラグルス・オバタス

ラバテラ ●○　　　　　　　　　　　　　　　　Lavatera

夏

アオイ科／耐寒性春まき1年草、多年草　別名：ハナアオイ（花葵）

原産地：地中海沿岸
花　期：6～10月　出回り時期：5～6月
用　途：庭植え、鉢植え、切り花

(特徴) 草丈50～120cmで茎がよく分枝し、上部の葉のわきから長い柄を出してフヨウに似た花を1つつけるトリメストリスが、ハナアオイとも呼ばれて多く出回る。最近は多年草のツリンギアカも出て人気。

(管理) 日光を好むので、春から秋は日当たりと風通しのよい戸外に置くが、多湿に弱いので梅雨期は雨の当たらない軒下やベランダに置く。

ラバテラ・ツリンギアカ

ラバテラ・トリメストリス

ランタナ ●●●●●　　　　　　　　　　　　Lantana

クマツヅラ科／半耐寒性常緑低木　別名：シチヘンゲ（七変化）　花ことば：厳格

原産地：亜熱帯アメリカ
花　期：4～11月　出回り時期：2～12月
用　途：鉢植え、庭植え

(特徴) 小さな花が手まり状に集まって次々と咲いていく。黄や橙色の花が咲き進むにつれて赤く変わりシチヘンゲの和名があるカマラや、花色は変わらず、枝がつる状に伸びて地を這うコバノランタナがある。

(管理) 日当たりと風通しのよい戸外に置き、水切れすると葉を落とすことがあるので夏は毎日水やりする。花が終わった枝は、半分ほど切り戻す。

上／ランタナ・カマラの園芸種
左／ランタナ・モンテビデンシス
　　'ライラック'（コバノランタナ）

253

ラベンダー ●○●●   Lavandula

夏

シソ科／半耐寒〜耐寒性常緑小低木　花ことば：疑い、不信、あなたを待っています

ラベンダー'ナナ・スイート'（イングリッシュラベンダー）

ラベンダー・ストエカス'キューレッド'（フレンチラベンダー）

原産地：北アフリカ、地中海沿岸
花　期：5〜7月　　出回り時期：周年
用　途：庭植え、鉢植え、切り花、ハーブ

特徴　ヨーロッパでは古くから利用されてきたハーブで、青紫色の小さな花を穂状(すいじょう)につけて芳香を漂わせる。全体に軟毛が密生して白っぽく見える。北海道のラベンダー畑で有名なイングリッシュラベンダー、花穂(かすい)の先にウサギの耳のような苞葉(ほうよう)がつくフレンチラベンダー、レースのような葉が美しいレースラベンダーなど多くの品種がある。

管理　一般に高温多湿を嫌うので、日当たりと風通しのよい涼しい戸外に置き、雨を避けて鉢土を常に乾かし気味に保つ。また高温時に蒸れると株が弱るので、花が開いたら花穂を切り取り、枝をすかす。

ラベンダー・ピンナタ（レースラベンダー）

リシマキア

Lysimachia

夏

サクラソウ科／耐寒性多年草　**別名**：洋種コナスビ（一小茄子）

リシマキア・プンクタータ

リシマキア・キリアタ'ファイヤークラッカー'

原産地：ヨーロッパ
花　期：5～7月　**出回り時期**：周年
用　途：庭植え、鉢植え、グラウンドカバー、つり鉢

特徴 草丈50cmで5弁の星形の黄花を密につけるプンクタータ、株全体が紫色を帯びて葉のわきに丸弁の5弁花をつける高性種のキリアタ'ファイヤークラッカー'、草丈20～30cmで鮮黄色の花をまとまって咲かせ、つり鉢などにされるプロクンベンス、春に株いっぱいに黄色の花を咲かせてグラウンドカバーにも利用される匍匐性のヌンムラリアなどがある。

管理 日当たりと風通しのよい戸外に置くが、夏は涼しい半日陰に移し、鉢土の表面が乾いたら水やりする。プロクンベンスは花後切り戻し、寒さにやや弱いので、冬は室内に置く。

リシマキア・プロクンベンス

リアトリス ◆◇○◆

Liatris

夏

キク科／耐寒性多年草　別名：キリンギク（麒麟菊）　花ことば：高慢

原産地：北アメリカ
花　期：7～8月　出回り時期：3月、6～7月
用　途：庭植え、切り花

特徴 穂状に咲く花はふつう下から上に咲いていくが、リアトリスは上から下に咲いていく。細長い花穂をつけてキリンギクとも呼ばれるスピカタなどの槍咲き種と、球形にまとまって咲く玉咲き種がある。

管理 日当たりと風通しのよい戸外に置くが、夏は西日を避けて半日陰に移す。鉢土の過湿を嫌うので、表面がよく乾いてから水やりする。

リアトリス（槍咲き種）　玉咲きリアトリス

ロケア ◆◆◇

Rochea

ベンケイソウ科／非耐寒性半低木状多年草　別名：クレナイロケア（紅一）

原産地：南アフリカ（ケープ半島～ブレダスドルブの山岳地）
花　期：5月中旬～7月中旬
出回り時期：4～6月
用　途：鉢植え

特徴 クレナイロケアの和名があるコッキネアが栽培される。茎や葉がやや多肉質で、先が尖った長楕円形の肉厚の葉が交互に密につき、香りのよい緋赤色の小さな花を多数咲かせる。花は先端が5裂する星形で、緋赤色のほか、白地に赤い覆輪が入る園芸品種も出回る。

管理 寒さや高温多湿に弱く、夏は雨を避けて風通しのよい戸外の半日陰に置き、鉢土の表面がよく乾いてから、茎葉を濡らさないよう株元に水をやる。冬は室内で5℃以上に保つ。

ロケア・コッキネア

ルドベキア

※ルドベキア属のオオハンゴンソウは特定外来生物のため栽培できません

キク科／耐寒性多年草、秋まき1年草　別名：マツカサギク、コーンフラワー

Rudbeckia

夏

ルドベキア・ヒルタ

ルドベキア・フルギダ・スリバンティーク

オオハンゴンソウ'ハナガサギク'

原産地：北アメリカ
花　期：6〜11月※　出回り時期：3〜10月
用　途：庭植え、鉢植え、切り花

特徴 鮮黄色の花弁が水平か反り返り気味に開き、花が終わると中心部が盛り上がってマツカサ状になる。英名をブラックアイドスーザン（黒い目のスーザン）という1年草のヒルタがよく知られるが、ほかにも、多年草のフルギダやオオハンゴンソウ（大反魂草）の八重咲き種'ハナガサギク'などが多数出回る。

管理 日当たりと風通しのよい戸外に置く。鉢土の過湿を嫌うので表面がよく乾いたら水やりするが、水切れすると葉が傷むので注意。ひと通り花が咲いたら3分の2ぐらい切り戻す。

※花期は種によって異なる。

ロベリア

Lobelia

夏

キキョウ科／耐寒性多年草、秋まき1年草　　別名：ミゾカクシ（溝隠）　　花ことば：貞淑

原産地：南アフリカ、東アジア、
　　　　北アメリカ中部〜東部
花　期：5〜9月
出回り時期：12〜7月
用　途：庭植え、鉢植え、つり鉢

特徴 日本にも自生するサワギキョウなど多くの仲間があるが、ロベリアの名前で出回るのは南アフリカ原産のエリヌスとその園芸品種。こんもりと茂った株の中から青紫色のチョウに似た花をつけ、ルリチョウチョウ（瑠璃蝶々）とも呼ばれる。草丈20〜25cmの中高性種や15cm前後の矮性種、下垂するタイプなどがあり、四季咲きロベリアは小鉢栽培も楽しめる。

管理 日光を好むので日当たりと風通しのよい戸外に置くが、真夏は風通しのよい涼しい半日陰に移し、水切れに注意する。花後、株を半分ぐらい切り戻すと秋に再び開花する。

ロベリア・エリヌス

四季咲きロベリア'ブルーニンフ'

ロベリア'リチャードソニー'

PART 3

秋・冬の花

AUTUMN & WINTER

秋・冬

アシダンテラ

Acidanthera

アヤメ科／半耐寒性春植え球根　別名：ピーコックオーキッド

原産地：熱帯アフリカ〜南アフリカ
花　期：9月上〜中旬　出回り時期：8〜9月
用　途：鉢植え、庭植え、切り花

特徴 グラジオラスに似た草姿で、長く伸ばした花茎に星形の涼しげな白い花を5〜6輪咲かせる。花は花弁の先が尖り、基部に茶褐色の斑が入る。上品な香りがあって切り花でも楽しめる。斑が紫紅色で花数の多い変種のピコロル・ミュリエレーも栽培される。

管理 日当たりのよい場所に置き、鉢土の表面が乾いたらたっぷり水やりする。花が終わり地上部が枯れたら球根を掘り上げて乾燥させ、冬は暖かい室内で貯蔵する。

アシダンテラ・ピコロル

アマゾンリリー

Eucharis

ヒガンバナ科／非耐寒性春植え球根　別名：ユーチャリス　花ことば：純心、気品

原産地：コロンビア（アンデス山地）
花　期：不定期（9〜10月、2〜4月に多い）
出回り時期：春／切り花は周年
用　途：鉢植え、切り花

特徴 ギボウシに似た大きな葉の間からスイセンのような花を下向きに咲かせるので、ギボウシズイセンの名もある。上品で清楚な純白の花には芳香があり、ブライダルフラワーとしても人気。属名のユーチャリスは、ギリシア語で「たいへん人目を引く」という意味で、白い花の美しさによる。

管理 直射日光が苦手なので春から秋は戸外の半日陰に置き、鉢土の表面が乾いたら水やりする。9月半ばを過ぎたら室内に入れ、暖かい場所で10℃以上に保つ。

アマゾンリリー（ユーチャリス・グランディフロラ）

アメシエラ ◇

Amesiella (Amesia.)

ラン科／着生ラン　別名：エイムジエラ

原産地：フィリピン
花　期：冬～春　　出回り時期：冬～春
用　途：鉢植え

特徴 多肉質の葉の付け根から短い花茎を出し、花弁の丸い純白の花を2～3輪咲かせる。唇弁は3つに裂け、基部が細長い距になって下に伸びる。草丈3～6cmで、花が大きく美しいが香りはない。

管理 高温と多湿、半日陰を好む。植え込み材料の表面が乾いてきたら水やりをするが、水切れすると新芽の生育が止まったり、葉が落ちるので注意。春から秋は70～80％遮光し、冬は暖かい室内でレースのカーテン越しの日に当て、15℃以上に保つ。

アメシエラ・フィリピネンシス

秋・冬

エピデンドルム ❀❀❀

Epidendrum (Epi.)

ラン科／着生ラン　別名：エピデンドラム　花ことば：浄福

原産地：中央・南アメリカ
花　期：9～2月　　出回り時期：周年
用　途：鉢植え、切り花

特徴 カトレア属の近縁種で次々と新品種が登場している。細い茎の先にピンクやオレンジ色などの小さな花を球状につけ長期間咲き続けるラジカンス系が、鉢植えや切り花として出回る。シンビジウムと同じぐらい寒さに強く、丈夫。

管理 開花中は室内の明るい日陰に置く。植え込み材料の表面が乾いてから、さらに2～3日待って水やりする。

エピデンドルム・オレンジ・ボール（ラジカンス系）

エピデンドルム・プリティー・レディー'ミスミ'（ラジカンス系）

261

エリカ ◆◆◆◆◆◇　　　　　　　　　　　　　　Erica

ツツジ科／半耐寒～耐寒性常緑低木　　別名：ヒース　　花ことば：孤独、寂寞、謙遜

エリカ・アビエティナ（冬～春咲き）

エリカ・バターソニア（冬咲き）

スズランエリカ（冬咲き）

原産地：南アフリカ、ヨーロッパ
花　期：11～6月　出回り時期：周年
用　途：鉢植え、庭植え、切り花

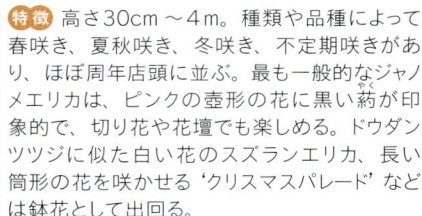

特徴 高さ30cm～4m。種類や品種によって春咲き、夏秋咲き、冬咲き、不定期咲きがあり、ほぼ周年店頭に並ぶ。最も一般的なジャノメエリカは、ピンクの壺形の花に黒い葯が印象的で、切り花や花壇でも楽しめる。ドウダンツツジに似た白い花のスズランエリカ、長い筒形の花を咲かせる'クリスマスパレード'などは鉢花として出回る。

管理 日光を好むので、冬は室内の日当たりのよい場所に置き、春から秋は日のよく当たる戸外に置くが、夏は涼しい半日陰に移す。過湿を嫌うので、鉢土の表面が乾いてから水やりする。花が咲き終わったら、水はけのよい用土に植え替えると花つきがよくなる。

秋・冬

カナリーヒース（冬咲き）　　エリカ'クリスマスパレード'（冬咲き）

ファイアーヒース
（不定期咲き）

上／ジャノメエリカ（春咲き）
左／アケボノエリカ（春咲き）

263

秋・冬

エレモフィラ ◆◆◆

Eremophila

| ハマジンチョウ科／半耐寒性常緑低木 | 別名：エミューブッシュ |

原産地：オーストラリア
花　期：冬〜早春　　出回り時期：5〜10月
用　途：鉢植え、切り花

特徴 葉や茎が銀白色の毛に覆われ、美しい紫の花を咲かせるニヴェアと、灰緑色の葉のわきから赤や黄色の花をつり下げるマクラタが、いずれもエミューブッシュの名で出回る。輸入切り花が主だったが、最近は鉢植えもある。

管理 日光を好むので雨の当たらない日なたに置く。霜が降りる頃から室内に入れ、暖かい窓辺に置く。

エレモフィラ・ニヴェア

エレモフィラ・マクラタ

オドントグロッサム ◆◆◆◇◆ Odontoglossum (Odm.)

| ラン科／着生ラン | 別名：オドントグロッスム |

原産地：中央・南アメリカ
花　期：11〜2月　　出回り時期：ほぼ周年
用　途：鉢植え、切り花

特徴 長い花茎に斑点をもった気品のある美しい花を10輪以上咲かせる。花の寿命が長く、花色も豊富。近縁のオンシジウムやミルトニアなどとの属間交配が盛んに行われ、ほかの洋ランにはない独特の花形や花色の品種が次々と生まれている。

管理 開花中は明るく風通しのよい室内に置き、冬は植え込み材料の表面が乾いたら水やりする。夏は涼しく保つ。

上／オドントグロッサム・ゲイサー・ゴールド
左／オドンチオダ・ブラジリア（人工属）

オキザリス ♦♦♦♡

Oxalis

秋・冬

カタバミ科／半耐寒〜耐寒性春・夏〜秋植え球根　別名：球根カタバミ　花ことば：輝く心

オキザリス・ウェルシコロル（バーシカラー）

オキザリス・ボーウィー

原産地：南アフリカ、中南米の熱帯〜温帯地方
花　期：10〜4月　出回り時期：9〜6月※
用　途：鉢植え、庭植え

特徴 雑草のカタバミの仲間で、地下に球根を持つものをオキザリスと呼ぶ。花の少ない秋から春に花を咲かせるものが多いが、温度があれば一年中開花するものもある。花と葉は日中開き、曇りの日や夜間は閉じる。耐寒性のあるボーウィーは花壇でも楽しめる。

管理 いずれも丈夫で2〜3年植え放しでもよく育つ。開花中は日当たりのよい場所に置くのが絶対条件。葉が茂っている間は鉢土の表面が乾いたらたっぷり水やりし、月に1〜2回液肥を与える。葉が枯れ始めたら水やりを止め、鉢のまま乾燥させる。

オキザリス・セルヌア（ペスーカプラエ）

※出回り時期は種によって異なる。

オキザリス・トリアングラリス'紫の舞'

オミナエシ 女郎花 ◆

Patrinia

オミナエシ科／耐寒性多年草　別名：アワバナ（粟花）　花ことば：美人、約束

原産地：中国、朝鮮半島、日本
花　期：6～11月　出回り時期：6～9月
用　途：庭植え、鉢植え、切り花

(特徴) 黄色の小さな花をたくさんつけて風に揺らぐ姿は美しく、秋の七草として古くから親しまれている。山野に自生するほか、庭植えや切り花にもされる。粟粒のような花を飯に見立てたオミナメシが転じてオミナエシになったといわれ、お盆に茎で箸を作り仏前に供える風習からボンバナ（盆花）とも呼ばれる。草丈は1m以上になる。

(管理) 丈夫で栽培は容易。日当たりと水はけのよい場所に植えるが、草丈が高くなるので花壇の後方に群植するとよい。鉢植えは茎が伸び始めたら摘心し、丈を低くおさえる。

オミナエシ

オンシジウム ❀❀❀❀❀

Oncidium (Onc.)

ラン科／着生・地生ラン　別名：バタフライオーキッド　花ことば：可憐、気立てのよさ

原産地：中央・南アメリカ
花　期：8～12月　出回り時期：周年
用　途：鉢植え、切り花

(特徴) 美しい黄色の花が舞い飛ぶチョウのように見えることからバタフライオーキッドと呼ばれ、スカートを広げて踊っている姿にも似ているのでダンシングレディーの愛称もある。姿や花色はさまざまで、芳香のある種類も出回っている。

(管理) 開花中は室内の半日陰に置き、花が終わったら花茎を根元近くから切り取る。

上／オンシジウム　パピリオ
右／オンシジウム　アロハ・イワナガ

カトレア ◆◆◆◆◆◇

Cattleya (C.)

秋・冬

ラン科／着生ラン　花ことば：優雅な女性、魔力

カトレア

カトレア　フジ・クリーク

ポティナラ　スウィート・シュガー

レリオカトレア　ラブ・ノット

原産地：中央・南アメリカ
花　期：主に10〜2月　出回り時期：周年
用　途：鉢植え、切り花

(特徴) カトレア属やその近縁属を基に、複雑に交雑されて生まれた品種群を総称してカトレアといい、豪華で華麗な花姿から洋ランの女王と呼ばれる。開花時期は種によって異なるが、日本では秋から冬に咲くものが多い。比較的低温に強いミニカトレアは、丈夫で育てやすい。

(管理) 明るい窓辺に置いてレースのカーテン越しの日を当て、最低温度10℃以上を保つ。植え込み材料の表面が乾いたら暖かい午前中に水やりする。暖房機の温風が当たると花もちが悪くなる。花が終わったら花茎を付け根の部分からシース*と一緒に切り取る。

※シース…葉柄の下部が茎を抱いて鞘（さや）状になっているもの。

カランコエ ◆◆◆◇ Kalanchoe

秋・冬

ベンケイソウ科／半耐寒性多肉植物　別名：ベニベンケイ（紅弁慶）　花ことば：幸福を告げる

カランコエ・ブロスフェルディアナ

原産地：東アフリカ、マダガスカル
花　期：11〜4月　出回り時期：ほぼ周年
用　途：鉢植え、庭植え、切り花

特徴 主に栽培されるのはブロスフェルディアナの園芸品種で、本来は日が短くなると花芽ができ、晩秋に4弁の小さな花を咲かせる一季咲き性のものだが、近頃は、日の長さに関係なく花をつけるよう調整した鉢が年中出回るようになった。ランプのような花がつり下がるベルタイプや緋赤色の花を半球状につけるファリナケアなどもある。

管理 晩秋から春先にかけては日当たりのよい窓辺に置き、最低温度3〜5℃以上を保つ。高温多湿を嫌うので夏は風通しのよい半日陰に置き、鉢土が十分乾くのを待って水やりする。花がらは花茎ごと切り取り、姿が乱れたら短く切り戻す。

カランコエ'ウェンディ'

上／カランコエ'ミラベラ'
右／カランコエ・ファリナケア

カリオプテリス ◆◆○　　Caryopteris

秋・冬

クマツヅラ科／半耐寒〜耐寒性多年草、落葉低木　　別名：ダンギク（段菊）　　花ことば：悩み

原産地：中国、台湾、日本（九州南部）
花　期：8〜9月　　出回り時期：6〜7月
用　途：鉢植え、庭植え

特徴 芳香のある小さな花が茎を取り巻くように咲くダンギクと、それより繊細で花をまばらにつける交配種のクランドネンシスがハナシキブの名で出回る。

管理 日当たりのよい場所に置き、鉢土の表面が乾いたら水やりする。地上部が枯れたら刈り取ると、春に新しい芽が伸びてよい花が咲く。

カリオプテリス・クランドネンシス'ブルースパイア'

カリオプテリス・インカナ（ダンギク）

カルーナ ◆◆○ 葉●他　　Calluna

ツツジ科／常緑低木　　別名：ギョリュウモドキ（魚柳擬）

原産地：ヨーロッパなど
花　期：7〜10月　　出回り時期：周年
用　途：鉢植え、庭植え

特徴 高さ10〜60cm。エリカの近縁で花はエリカに比べると地味だが、寒さにあうと葉が紅葉するものなど多くの品種があり、赤やオレンジ、黒、黄色の葉色も楽しめる。

管理 秋から春までは戸外でよく日に当てるが、寒冷地では室内で冬越しさせる。高温多湿を嫌うので梅雨期は雨の当たらない風通しのよい場所に置き、真夏は西日を避ける。

上／カルーナの寄せ植え
左／花を咲かせたカルーナ

キク 菊　　　Dendranthema

秋・冬

キク科／耐寒性多年草　別名：イエギク（家菊）、観賞ギク　花ことば：高貴、清浄

大菊の3本仕立て（後列）と福助作り（前列）

ボサギク

原産地：中国
花　期：9〜10月　出回り時期：周年
用　途：鉢植え、庭植え、切り花

特徴 秋を彩る花の代表。栽培されるキクの品種は和ギクと洋ギクに大別され、和ギクは主に切り花と観賞ギクに分けられる。伝統的な観賞ギクをさまざまな仕立て方で育てるには専門の知識が必要だが、ポットマムなど欧米で改良された洋ギクは開花株が出回るので、だれでも手軽に楽しめる。

管理 洋ギクは多少咲き始めたものを選び、日当たりのよい戸外で雨や強い風に当てないようにするが、開花した鉢は半日陰に置いたほうが花もちがよい。室内で楽しむときは、戸外で日に当て開花させてから取り込む。鉢土の表面が乾いたらたっぷり水やりする。

左／嵯峨（さが）ギク
下／ポットマム

秋・冬

クッションマム

ラブリーマム

上／ヨダーマム'ミラマー'
左／スプレーギク'金風車'

クリスマスローズ ◆◆◆◆◆◇

Helleborus

秋・冬

キンポウゲ科／耐寒性多年草　　別名：ヘレボルス、レンテンローズ　　花ことば：スキャンダル

ヘレボルス・ニゲル（クリスマスローズ）

原産地：ヨーロッパ中部・南部、西アジア
花　期：12～4月　　出回り時期：12～4月
用　途：鉢植え、庭植え、切り花

特徴 クリスマスローズとは、冬から早春にかけて雪の中からでも清楚な白い花を咲かせるヘレボルス・ニゲルに付けられた英名だが、現在この名で店頭に並ぶ大半はオリエンタリスやその交配種で、英名はレンテンローズという。レンテンローズは草丈が25～40cmと大きく、5弁花を数輪うつむき気味につける。キリスト教の四旬節（レント）から名付けられたように2月下旬～4月に花が咲く。

ヘレボルス・オリエンタリス（レンテンローズ）

管理 冬は寒風と霜に当てないようにすると花の傷みが少ない。暑さに弱いので夏は風通しのよい半日陰に置き、夕方涼しくなってから水やりする。

上／ヘレボルス・チベタヌス
右／ヘレボルス・フェチダス

ゲッキツ 月橘 Murraya

ミカン科／非耐寒性常緑低木～小高木　別名：シルクジャスミン

原産地：熱帯アジア
花　期：6～9月　出回り時期：周年
用　途：鉢植え

特徴 甘い香りの白い花が次々と咲き、花が終わると実を結び、秋に赤く熟すので長い間楽しめる。葉に光沢があるのでシルクジャスミンとも呼ばれる。枝や葉がよく茂るので、熱帯地方では生け垣に利用されている。

管理 日に当てるとよく開花するが、寒さに弱いので冬は室内の明るい窓辺に置き、5～8℃以上に保つ。暖かくなったら戸外の日当たりのよい場所か半日陰に移す。乾燥には強いが過湿に弱いので、鉢土の表面が乾いてからたっぷり水やりする。

ゲッキツ

コーレア Correa

ミカン科／半耐寒～耐寒性常緑低木　別名：タスマニアンベル、オーストラリアンフクシア

原産地：オーストラリア、タスマニア
花　期：1～3月　出回り時期：9～10月
用　途：鉢植え

特徴 赤や黄、オレンジなどの花色もあるが、日本で主に出回っているのはピンク色の品種。葉のわきからたれ下がってつく花は筒形で、先が4裂して8本の雄しべが突出する。葉の表面は緑色だが、裏面には白色の短毛が生えて灰緑色に見える。

管理 冬は暖地以外では室内の日当たりのよい窓辺に置き、開花中は水を切らさないように注意する。高温や蒸れに弱いので、梅雨期は雨のかからない軒下やベランダに置き、夏は涼しい半日陰に置くか寒冷紗で日よけをする。鉢土の表面が乾いてから水を与える。

コーレア

秋・冬

ゴシキトウガラシ 五色唐辛子　実 ●●●○　Capsicum

ナス科／非耐寒性春まき1年草　別名：観賞トウガラシ　花ことば：悪事が覚めた

原産地：熱帯アメリカ
花　期：7～10月（花は5～8月）
出回り時期：5～9月　用　途：鉢植え、庭植え

(特徴) きれいな色の実がなるトウガラシで、黄、オレンジ、赤と実の色が変わっていくもの、赤や紫などの単色のもの、斑入り葉種なども登場し、実の色や形も多彩。

(管理) 日当たりと風通しのよい場所を好み、日に当たると実がよくつく。鉢土の表面が乾いたら水やりする。傷み始めた実は早めに取り除くが、採種する場合はしなびるまで置く。

斑入りゴシキトウガラシ

観賞トウガラシ'コニカル'

コルチカム　●●○　Colchicum

イヌサフラン科／耐寒性夏植え球根　別名：イヌサフラン　花ことば：悔いなき青春、永続

原産地：北アフリカ、ヨーロッパ、西～中央アジア
花　期：10～11月　出回り時期：8～10月
用　途：鉢植え、庭植え、土なし栽培

(特徴) 一重咲きや八重咲きの品種があり、テーブルの上に球根を置いておくだけでも美しい花が楽しめる。花の時期には葉がなく、春になると大きな葉を出して夏に枯れる。

(管理) 日当たりがよくないと花が美しく色づかない。土なしで花を咲かせたものは、花が終わったら花壇や鉢に植える。鉢植えは毎年球根を掘り上げ、日陰で貯蔵する。

コルチカム'ライラックワンダー'

コルチカム'ウォーターリリー'

コスモス ◆◆◆◇◆

Cosmos

秋・冬

キク科／非耐寒性春まき1年草　　別名：アキザクラ（秋桜）　　花ことば：少女の純潔

コスモスの鉢植え

原産地：メキシコ
花　期：6〜10月　出回り時期：4〜12月
用　途：鉢植え、庭植え

特徴 コスモスはギリシア語で「美しい飾り」の意味。日本の秋を代表する草花で、サクラに似た花をつけることからアキザクラの和名がある。一重のほかに半八重や花弁が筒状になったもの、鉢植え用に改良された矮性種、仲間の黄花コスモス、チョコレートコスモスなど花色、花形も多彩。早咲き性のものと日が短くならないと咲かない遅咲き性のものがある。

管理 秋に庭で楽しむには、6〜7月にタネをまくと草丈を低くおさえて咲かせることができる。黄花コスモスは、ひと通り花が咲いたあと切り戻すと二番花が楽しめる。

コスモス'オレンジキャンパス'

右上／黄花コスモス'サニー'
右／チョコレートコスモス

275

サフラン 泊夫藍 ◆

Crocus

アヤメ科／耐寒性秋植え球根　花ことば：陽気、喜び、愉快、節度の美

原産地：ヨーロッパ南部、小アジア
花　期：10～11月　出回り時期：9月
用　途：鉢植え、庭植え、水栽培、薬用

(特徴) クロッカスの秋咲き種で、藤色の大きな花に鮮やかな黄色の雄しべと細く赤い雌しべがよく目立つ。雌しべを香料や染料、薬として用いるために古代ギリシア時代にはすでに栽培されており、現在でも染料や料理、薬などに利用されている。土に植えなくても花を咲かせるので、水ゴケ栽培や水栽培が楽しめる。

(管理) 球根は10数グラムないと開花しないので、できるだけ大きな球根を選ぶようにする。寒さに強いので戸外でも十分越冬できる。

水ゴケに植えられたサフラン

シオン 紫苑 ◆

Aster

キク科／耐寒性多年草　別名：オニノシコグサ（鬼の醜草）　花ことば：遠い人を思う

原産地：シベリア、中国北部、朝鮮半島、日本
花　期：9～10月　出回り時期：7月、9～10月
用　途：庭植え、切り花

(特徴) 宿根アスターの仲間で草丈は約2m。すらりと伸びた茎の先に可憐な薄紫色の小さな花をたくさん咲かせる。晩秋になると花の色が冴えてより美しくなる。花が美しいので平安時代にはすでに観賞用に栽培されていたといわれ、秋を伝える花として庭に植えたり、生け花や茶花としても古くから利用されている。

(管理) 夏に西日の当たる場所を避け、日当たりと水はけのよい場所に株をまとめて植えると風情が出る。花が終わったら、花が咲いた枝を根元から切って新芽を育てる。

秋が深まると花の色が冴えるシオン

シクラメン

Cyclamen

秋・冬

サクラソウ科／非耐寒性多年草　　別名：カガリビバナ（篝火花）　　花ことば：はにかみ

大鉢仕立てのシクラメン

原産地：クレタ、ロードス、キプロスの諸島～トルコ、シリア、レバノンなど地中海沿岸
花　期：10～4月　　出回り時期：9～3月
用　途：鉢植え、庭植え

特徴　冬中華やかな花を咲かせてヨーロッパでも人気の鉢花の女王。ハート形の葉の間から花茎を伸ばし、花弁の反転した花を次々と咲かせる。大鉢で楽しむ大輪系のものが主流だったが、最近は芳香のあるもの、花壇用、各種の原種など丈夫なミニ系が登場し、人気を集めている。

管理　暖かく日の当たる明るい窓辺に置き、花がらや黄ばんだ葉はひねるように引き抜く。水やりは球根の頭部にかけないように注意し、月に1～2回液肥を与える。

シクラメン'かぐや姫'

上／ガーデンシクラメン'ウィンターローマ'
右／シクラメン・コーム

ジゴペタルム

Zygopetalum (Z.)

ラン科／着生・地生ラン　別名：ジゴペタラム

原産地：南アメリカ
花　期：12〜3月　出回り時期：12〜3月
用　途：鉢植え

特徴 主に出回るのは赤褐色の斑紋と紅紫色のすじが唇弁に入る品種で、長い花茎に紫を帯びた中型の花を数輪つける。落ち着いた花色で、香りのする品種もあって人気がある。寒さにも比較的強く、温室がなくても栽培できる。

管理 開花中は直射日光を避け、レースのカーテン越しの日の当たる明るい窓辺に置き、最低温度10℃以上を保つ。植え込み材料の表面が乾いてから水やりする。春から秋は戸外の半日陰に置き、乾燥させないよう多めに水やりする。夏は風通しよく管理する。

ジゴペタルム　ビー・ジー・ホワイト

シャコバサボテン

Schlumbergera × buckleyi
(= Zygocactus)

サボテン科／半耐寒性多年草　別名：クリスマスカクタス　花ことば：つむじ曲がり

原産地：ブラジル
花　期：11〜1月　出回り時期：8〜12月
用　途：鉢植え

特徴 葉のような薄い板状の茎が節で連なり、先端にシルクの光沢で透明感のある花弁の反り返った花をつける。花が大きく花色も豊富な品種が次々と誕生している。

管理 開花株を購入したら2、3日涼しい場所に置いてから暖房していない室内の日の当たる窓辺に置く。春から秋は戸外で日に当て、夏以降は水やりを徐々に減らし、肥料やりも止める。

シャコバサボテン

シャコバサボテン
'ゴールドチャーム'

シュウカイドウ 秋海棠 ◆ ○　　Begonia

秋・冬

シュウカイドウ科／耐寒性多年草　別名：ヨウラクソウ（瓔珞草）　花ことば：片思い

原産地：マレー半島、中国
花　期：8〜10月　出回り時期：8〜10月
用　途：鉢植え、庭植え、切り花

特徴 草丈約60cm。ベゴニア類のなかで唯一戸外で越冬し、丈夫で日当たりの悪い場所でもよく咲く。バラ科のハナカイドウに花色が似ていて秋に咲くのでシュウカイドウという。夏の終わり頃、葉のわきから花茎を伸ばしてピンクの花を次々と長期間咲かせる。ほかに、葉の裏が赤く純白の花が咲くものもある。

管理 西日の当たらない半日陰に植え、鉢植えは木陰などに置くとしっとりした葉の質感と冴えた花の色が楽しめる。地上部が枯れても干からびないように時々水を与える。

シュウカイドウ

シュウメイギク 秋明菊 ◆ ◆ ○　　Anemone

キンポウゲ科／耐寒性多年草　別名：キブネギク（貴船菊）　花ことば：薄れゆく愛

原産地：ヒマラヤ地方、マレー半島、中国、台湾、日本
花　期：8〜10月　出回り時期：3月、10月
用　途：鉢植え、庭植え、切り花

特徴 上部で枝分かれした細い茎の先にキクのような花を1輪咲かせる。京都の貴船山に多く野生していたのでキブネギクとも呼ばれている。多くの品種があり、一重や八重咲き、大輪や小輪、高性や矮性などバラエティーに富んでいる。

管理 鉢植えは日なたに置き、夏は風通しのよい半日陰に移す。乾燥させないようたっぷり水やりする。

チャボシュウメイギク　　シュウメイギク

279

シンビジウム ◆◆◆◆◇◆

Cymbidium (Cym.)

ラン科／着生・地生ラン　別名：シンビジューム　花ことば：深窓の麗人、誠実な愛情

シンビジウム

シンビジウム　サラジーン'アイスカスケード'

原産地：ヒマラヤ地方、東南アジア、中国、朝鮮半島、日本、オーストラリアなど　花期：11〜3月
出回り時期：9〜12月　用途：鉢植え、切り花

(特徴) 耐寒性が強く温室がなくても花を咲かせられる、花つきや花もちのよい品種が次々と誕生している、メリクロン*で苗が大量に作られる―などで生産量、人気ともナンバーワンを誇る。芳香のあるものや花茎がたれ下がるものも多く出回るようになった。小型シンビジウム誕生に貢献したキンリョウヘンは丈夫で、隠れた人気がある。

(管理) 開花中は明るい窓辺でレースのカーテン越しの日を当て、植え込み材料が乾かないように水やりする。暖房機の温風に当てないように注意する。

※メリクロン…芽の先端部を培養して植物体を増やす方法。

右上／シンビジウム　スイートアイズ'モモコ'
右／キンリョウヘン

ステルンベルギア

Sternbergia

秋・冬

ヒガンバナ科／耐寒性夏植え球根　別名：黄花タマスダレ（一玉簾）

原産地：ヨーロッパ南部〜小アジア
花　期：10月　出回り時期：8〜9月
用　途：庭植え、鉢植え

特徴　秋に咲くタイプと冬から春に咲くタイプに大別される。最もポピュラーなのはルテアで、秋空の下、目の覚めるような黄金色の花を咲かせる。原産地では草原に群れ咲いていたようで、聖書の「ソロモンの野の百合」はこの花だという説がある。

管理　日当たりと水はけのよい場所に群植すると見応えがある。3〜4年植え放しのほうが大株になり花がよく咲く。鉢植えは日当たりのよい場所に置き、鉢土の表面が乾いたらたっぷり水やりする。花が終わった後の葉は球根を充実させるので切らないこと。

ステルンベルギア・ルテア

スノードロップ

Galanthus

ヒガンバナ科／耐寒性秋植え球根　別名：マツユキソウ（待雪草）　花ことば：希望

原産地：ヨーロッパ〜ロシア南部
花　期：2〜3月　出回り時期：12〜1月
用　途：鉢植え、庭植え

特徴　雪解けの頃、豆ランプのような純白の花を下向きに咲かせる春の使者。外側の花弁3枚は細長く、内側の花弁3枚はその半分の長さで、先に緑色の斑が入る。日が当たると花弁が開いて夕方に閉じる。ニヴァリスとやや大型のエルウェシーのほか、八重咲き種や秋咲き種もある。

管理　鉢植えは戸外の明るい場所に置き、鉢土の表面が乾いたら水やりする。花後は日陰に置き、極端に乾燥させないようにする。球根は乾燥を嫌うので購入したらすぐ植える。

スノードロップ
（ガランサス・エルウェシー）

セネシオ

Senecio

※セネシオ属のナルトサワギクは特定外来生物のため栽培できません

キク科／非耐寒性多年草　別名：セネキオ

秋・冬

セネシオ・マクログロッスス'ヴァリエガツス' 　セネシオ・コンフューサス

原産地：南アフリカ、熱帯アメリカ
花　期：12〜2月　出回り時期：11〜7月
用　途：鉢植え、つり鉢

特徴 セネシオ属は世界各地に分布し2千種あるが、栽培されるのはごく一部。冬に淡黄色の花をつけるマクログロッススは艶のあるアイビーに似た葉をもち、ワックスアイビーやクライミングセネシオと呼ばれる。夏にオレンジ色の花をつけメキシカンフレームバインの名で鉢花が出回るコンフューサス、観葉植物として出回るグリーンネックレス、寄せ植えで人気の銀白色の葉が美しいレウコスタキスなども同じ仲間。

管理 いずれも寒さに弱いので冬は暖かい室内に入れる。レウコスタキスはやや耐寒性があり、関東以西では寒風を避け、日当たりのよい戸外に置くこともできる。

セネシオ・レウコスタキス　グリーンネックレス（緑の鈴）

セロジネ ◆◆◇◆

Coelogyne (Coel.)

秋・冬

ラン科／着生ラン

原産地：ヒマラヤ地方、インド、東南アジア、オセアニア
花　期：冬～春　　出回り時期：冬～春
用　途：鉢植え

特徴 花茎が直立するもの、弓状に曲がるもの、下垂するものなど種によって異なる。一般に栽培されるのは温室がなくても育てられる種類で、交配種のインターメディアとその園芸種が多い。弓状に曲がった花茎に、唇弁の中央を彩る黄色がアクセントの雪白色の花を8～10輪つける。コンパクトな草姿で、丈夫で育てやすい。夏咲き種もある。

管理 弱めの日照を好むので、冬はレースのカーテン2枚越し程度の日が当たる室内に置き、最低温度5～15℃を保つ。夏は涼しい場所に置き、生育期は十分に水を与える。

セロジネ・インターメディア

ソリダスター ◆

× Solidaster

キク科／耐寒性多年草　花ことば：振り向いてください、豊富な知識

原産地：園芸種
花　期：8～9月　　出回り時期：3～4月、10～11月
用　途：庭植え、鉢植え、切り花

特徴 セイタカアワダチソウの仲間で北米原産のソリダゴと宿根アスターから生まれた交配種。草丈60～80cmで、すらりと伸びた茎は上部でよく枝分かれし、レモンイエローの小さな花をたくさん咲かせる。カスミソウに似たやさしい趣がある。

管理 暑さ寒さに強く、手間もかからず丈夫に育つ。苗が出回るので、日当たりと水はけのよい場所に植え、茎が伸びたら支柱を立てる。鉢植えにする場合は4号以上の鉢に植え、葉が少ししおれてきたら水を与える。花が終わった枝は地際から切り取る。

ソリダスター

秋・冬

ソラナム　実　　　Solanum

ナス科／非耐寒性常緑低木、春まき1年草　別名：観賞用ナス

ルリヤナギ

ソラナム・ヤスミノイデス（ツルハナナス）

原産地：アフリカ、パラグアイ、アルゼンチン
花　期：9〜11月、5〜7月　出回り時期：3〜10月
用　途：鉢植え、切り花、庭植え

特徴　ソラナムとはナス科ナス属の総称で、ジャガイモやナスなど野菜のほかに、花や果実が美しい観賞植物も多い。花を楽しむのは中南米原産で淡い藤色の花が下向きに咲くルリヤナギや星形の白い花をつけるヤスミノイデス、青紫色の花が春から秋まで咲き続けるラントネッティー、オセアニア原産のシホウカ（紫宝花）など。実を楽しむのはトマトのような赤い小さな実をつけるアカナス、秋から冬にかけて枝いっぱいにつけた丸い果実が赤や黄に変化するフユサンゴ、形のおもしろいフォックスフェイスなどがある。

管理　寒さに弱いものが多く、明るい室内で冬越しさせたほうが安全。姿が乱れたら切り戻す。

フユサンゴ'ビッグ・ボーイ'

左／ソラナム・ラントネッティー
下／シホウカ

秋・冬

アカナス

フォックスフェイス

285

秋・冬

ダイモンジソウ 大文字草 Saxifraga

ユキノシタ科／耐寒性多年草

原産地：中国、朝鮮半島、日本
花　期：8～11月　出回り時期：3～11月
用　途：鉢植え、ロックガーデン

特徴 基本種の白花は5枚の花弁のうち下側の2枚が長く、大の字に見えるのでこの名がある。最近は紅花種の鉢花なども店頭に並ぶ。

管理 渓流沿いの水しぶきがかかるような岩場に自生しているので、半日陰で水気の多い場所に植えるとよく育つ。鉢植えも半日陰に置き、夏と開花時は花色があせないよう日陰に移す。

ダイモンジソウ

紅花ダイモンジソウ'くれない'

ツルバキア Tulbaghia

ネギ科／耐寒性春植え球根　別名：ワイルドガーリック　花ことば：小さな背信

原産地：南アフリカ
花　期：11～3月、5～8月　出回り時期：4～7月
用　途：庭植え、鉢植え、切り花

特徴 細長い花茎の先に10数輪の可憐な花を横向きに咲かせる。多くはニンニクのようなにおいがあるが、フラグランスは甘い香りで、切り花としても人気がある。

管理 比較的寒さに強く、半日陰でよく育つ。暖地では戸外で越冬するが、寒冷地では鉢植えにして霜の降りる前に室内に入れ、日当たりのよい窓辺に置く。数年間は植え放しでよい。

上／ツルバギア・フラグランス
左／ツルバギア・ヴィオラケア

デンドロビウム

Dendrobium (Den.)

秋・冬

ラン科／着生ラン　　別名：デンドロ　　花ことば：わがままな美人

デンドロビウム（ノビル系）

デンドロビウム・レインボーダンス

原産地：インドなど熱帯アジア、韓国、日本、オーストラリア、ニューギニア
花　期：冬〜春　　出回り時期：冬〜夏
用　途：鉢植え、切り花

特徴　一般にデンドロビウムと呼ばれるのはノビル種を中心に改良した品種で、多肉質の茎の各節に冬から春にかけて花をつける。日本原産のセッコクを親にして誕生したミニデンドロは、小輪で花つきがよく人気が高い。ロディゲシーはセッコクの近縁種で、愛らしい花を毎年よく咲かせる。茎の先から花茎が伸びるデンファレ系もある。

デンドロビウム・ロディゲシー

管理　日光を好むので花時は日の当たる窓辺に置く。1週間に1回を目安に、植え込み材料の表面が乾いたら水やりする。デンファレ系は高温を好むので、蕾が開くまではできるだけ明るく暖かい場所に置き、開花中は霧吹きで水をかけると花もちがよくなる。

セッコク'銀竜'

デンドロビウム・エカポール'パンダ'（デンファレ系）

287

デンドロキルム ◆○◆

Dendrochilum

秋・冬

ラン科／着生ラン　別名：デンドロキラム

原産地：東南アジア、ニューギニア
花　期：冬～春※　出回り時期：主に冬～春
用　途：鉢植え

特徴 草丈20～30cmの比較的小型のラン。細長い花茎に小さな花を2列に整然とつけるので首飾りランの愛称がある。白、緑、黄褐色など地味な花色が多いが、芳香をもつ種類もある。代表的なグルマセウムはフィリピン原産で、冬から春にかけて香りのよい白い花が40輪以上も2列に並んで咲く。

管理 開花中は明るい窓辺でレースのカーテン越しの日に当て、最低温度を10℃以上に保つ。春から秋は半日陰に置いてたっぷり水やりし、夏は50～60％遮光して葉水を与える。

デンドロキルム・グルマセウム

※花期は種によって異なる。

トリカブト 鳥兜 ◆○◆

Aconitum

キンポウゲ科／耐寒性多年草　別名：アコニツム、ハナトリカブト　花ことば：騎士道

原産地：モンゴル南部、中国
花　期：9～10月　出回り時期：9～10月
用　途：切り花、庭植え、鉢植え

特徴 有毒植物として有名で、秋に青紫色の花を咲かせる。日本の山野にも30種ほどが自生するが、栽培されるのは主に中国原産のハナトリカブト。最近はヨーロッパ原産の洋種トリカブトや白花、白い花弁に紫の縁取りがあるものなどが人気。

管理 半日陰でやや湿り気のある場所を好む。夏の強光や高温、乾燥に弱いので、涼しい風が吹き抜けて午後は日陰になるような場所に植える。全草に有毒のアルカロイドを含むので、植え付けなどの作業をするときは手袋をして、汁が皮膚に付かないよう注意する。

ハナトリカブト

ニンニクカズラ 大蒜蔓

Mansoa (= Pseudocalymma)

秋・冬

ノウゼンカズラ科／非耐寒性常緑つる性低木　別名：ガーリックバイン

原産地：熱帯アメリカ（メキシコ〜ブラジル）
花　期：10〜11月　出回り時期：9〜10月
用　途：鉢植え

特徴 熱帯で広く栽培されているつる性の植物。葉や花を傷つけるとニンニクのようなにおいがするので、和名をニンニクカズラ、英名をガーリックバインという。秋に株いっぱいの花を房状につけて次々に咲かせる。咲き進むにつれて、花色が紅紫から白に変わる。

管理 寒さに弱いので冬は明るい室内で最低温度を5℃以上に保ち、水やりを控えて乾かし気味にする。葉が落ちても5℃以上に保てば春に新葉が出る。春から秋までは日当たりのよい戸外に置いて十分日に当て、鉢土が乾いたら水やりするが、過湿に注意。

ニンニクカズラ

ネリネ

Nerine

ヒガンバナ科／半耐寒性秋植え球根　別名：ダイヤモンドリリー　花ことば：華やか

原産地：南アフリカ、ボツワナ、ナミビア
花　期：9〜11月　出回り時期：10〜11月
用　途：鉢植え、切り花

特徴 太い花茎の先にピンクや赤、白色などの光沢のある花を咲かせる。日が当たると花弁がきらきらと輝く美しい品種もあり、英名をダイヤモンドリリーという。

管理 終日、日のよく当たる場所に置き、冬は霜と寒風の当たらない軒下などに移す。寒冷地では室内に入れる。初夏に葉が黄色くなったら水やりを止め、鉢のまま乾燥させる。

ネリネ・サルニエンシス'ピンクシェード'

ネリネ・サルニエンシス'ホワイトシェード'

ノボタン 野牡丹

秋・冬

Tibouchina

ノボタン科／半耐寒性常緑低木　　別名：シコンノボタン（紫紺野牡丹）　　花ことば：平静

シコンノボタン

チボウキナ'コートダジュール'

原産地：東南アジア、ブラジル
花　期：7～2月※　出回り時期：2～11月
用　途：鉢植え

特徴 ノボタンの名で出回るのはチボウキナ属のシコンノボタンやその園芸品種で、メラスティマ属の本当のノボタンは出回ることは少ない。シコンノボタンは紫紺色の一日花を夏から晩秋まで次々と咲かせ、'リトルエンジェル'は、白に淡紫色の覆輪花(ふくりん)が次第にピンク、濃桃色へと変化して美しい。

管理 日当たりが悪いと花つきが悪くなる。シコンノボタンは比較的寒さに強いので暖地の無霜地帯なら戸外で越冬できるが、それ以外は日の当たる室内に置く。夏から秋に蕾が発達するので水を切らさないようにし、冬は水やりをやや控えめにする。

※花期は種によって異なる。

上・左／花色の変化が美しい
チボウキナ'リトルエンジェル'

ハーデンベルギア Hardenbergia

秋・冬

| マメ科／半耐寒性常緑つる植物 | 別名：コマチフジ（小町藤）、ヒトツバマメ（一つ葉豆） |

原産地：オーストラリア東部～南部
花　期：12～3月　　出回り時期：12～4月
用　途：鉢植え、庭植え

特徴 濃紫色の蝶形の花を株いっぱいに次々と咲かせる。ピンクや白花もあり、刈り込んで低木状に仕立てたものや行灯（あんどん）作りが園芸店に並ぶ。

管理 乾燥を嫌い、強い日光や雨の当たらない風通しのよい場所を好む。冬は明るい窓辺に置き、受け皿に水をためないようにする。花がらはこまめに摘み、時々切り戻して整姿する。

ハーデンベルギア'ホワイトディ'　ハーデンベルギア

ハゲイトウ　葉鶏頭 Amaranthus

| ヒユ科／非耐寒性春まき1年草　　別名：ガンライコウ（雁来紅）　　花ことば：不老不死 |

原産地：熱帯アジア
花　期：8～10月　　出回り時期：6～9月
用　途：庭植え、切り花

特徴 雁が飛来する頃に葉が鮮やかに色づくのでガンライコウと呼ばれるが、最近は8月頃から色づく品種もある。ヒモゲイトウは花穂（かすい）がひも状にたれ下がる。

管理 よく肥えた日当たりのよい土地で育てる。苗は色づいていないものを選び、早めに植え付ける。根を切ると生育が悪くなるので、根に付いた土を落とさないようにする。

ヒモゲイトウ

ハゲイトウ'トリカラーパーフェクタ'

291

秋・冬

ハツコイソウ 初恋草　Leschenaultia

クサトベラ科／半耐寒性常緑低木　別名：レケナウルティア

原産地：オーストラリア東部～南部
花　期：10～1月　出回り時期：9～3月
用　途：鉢植え

(特徴) ピンクやオレンジ、黄色の小さく個性的な花を秋から早春にかけて株いっぱいに咲かせる。最近は、原種で鮮やかな青色の花をつけるビロバも出回る。

(管理) 寒さに弱いので冬は室内の明るい窓辺に置き、鉢土の表面が乾いてからたっぷり水やりする。春から秋は戸外で十分日に当て、梅雨期は軒下などで雨に当てないようにする。

ハツコイソウ（黄花品種）

レケナウルティア・ビロバ
'スカイブルー'

パフィオペディルム　Paphiopedilum (Paph.)

ラン科／多くは地生ラン　別名：レディスリッパ　花ことば：思慮深い、変わり者

原産地：インド～中国、熱帯アジア、ニューギニア、ブーゲンビル島
花　期：11～2月　出回り時期：周年
用　途：鉢植え、切り花

(特徴) 属名はギリシア語の「ビーナス」と「上靴」に由来し、唇弁が袋状になった独特の花の形から名付けられたもの。葉の中心から伸びた花茎に1～数輪の花をつけて1か月ほど咲く。緑葉種が育てやすい。夏に咲く種類もある。

(管理) 直射日光の当たらない室内に置く。鉢の中を乾かさないよう晴れた日の午前中に水やりする。

上／パフィオペディルム　スウィート・レモン
左／パフィオペディルム　パリシイ

ハボタン 葉牡丹 ◆◆◆◇ Brassica

秋・冬

アブラナ科／耐寒性夏まき1年草　別名：オーナメンタルケール　花ことば：祝福、利益

ハボタン（手前／名古屋縮緬系　奥／切れ葉系）

切り花用ハボタン'晴れ姿'

原産地：ヨーロッパ西部
花　期：11〜3月　出回り時期：9〜1月
用　途：庭植え、鉢植え、切り花

特徴 キャベツやブロッコリーの仲間で、日本で改良された園芸植物。葉の縁がキャベツのように丸い東京丸葉系、葉の縁に細かい縮みがある名古屋縮緬系、葉の形が丸葉と縮緬の中間形の大阪丸葉系、葉が切れ込む切れ葉系、長い茎の先に色づいた葉がバラの花形につくものなどがある。冬の花壇や寄せ植えに欠かせない。

管理 日当たりと水はけのよい場所に植え、鉢植えは日の当たる戸外に置く。乾きすぎると生育が悪くなるので十分水を与える。美しい発色のために10月以降は肥料を与えない。

ハボタン（大阪丸葉系）

293

秋・冬

バンダ ◆◆◆◆◇

Vanda (V.)

ラン科／着生ラン　花ことば：上品な美

原産地：インド〜オーストラリア
花　期：主に秋（年に2〜3回咲く不定期咲きが多い）
出回り時期：ほぼ周年　用　途：鉢植え、切り花

特徴 青紫色の丸い花を咲かせる南国ムードあふれる洋ランで、太く長い根を木枠のバスケットの中に絡ませた状態で店頭に並ぶ。バンダ属と近縁の属との属間交配で誕生した品種もあり花色なども豊富になった。

管理 日当たりのよい場所につるし、冬は最低温度15〜20℃を保つ。霧水を与えて保湿に努める。

アスコセンダ　イブ・サム・ワー（人工属）

バンダ　マヌエル・トーレス

パンパスグラス ◆◆◇

Cortaderia

イネ科／耐寒性多年草　別名：シロガネヨシ　花ことば：光輝

原産地：ブラジル南部〜アルゼンチン
花　期：9〜10月　出回り時期：3〜10月
用　途：庭植え、切り花、ドライフラワー

特徴 パンパスグラスといえばセロアナを指し、日本へは明治中期に渡来した。雌雄異株で秋に羽毛状の花穂をつけるのは雌株、花穂は長さ40〜80cmになる。矮性種'プミラ'や斑入り葉種もある。

管理 日当たりと風通し、水はけのよい場所なら植え放しでもよく育つ。切り花やドライフラワーにするときは、穂が開くと光沢が薄れるので早めに切る。

上／パンパスグラス'プミラ'
左／パンパスグラス・セロアナ

ビデンス ◆○❀

Bidens

キク科／半耐寒性多年草　別名：ウインターコスモス

原産地：北アメリカ、メキシコ
花　期：6～11月　出回り時期：4月、11月
用　途：鉢植え、庭植え

特徴　花の少なくなる晩秋に、コスモスのような一重の花を咲かせウインターコスモスの名で出回るラエウィスと、匍匐性で夏に黄色の花を咲かせるフェルリフォリアがある。

管理　いずれも丈夫で育てやすい。ウインターコスモスは立ち性で花時に倒れやすいので、夏に刈り込んで草丈をおさえる。

ビデンス・フェルリフォリア

ビデンス・ラエウィス'琴姫'

ピラカンサ　実 ●●

Pyracantha

バラ科／耐寒性常緑低木　別名：トキワサンザシ（常磐山櫨子）　花ことば：慈悲

原産地：ヨーロッパ南部～西アジア
観賞期：9～3月（花は5～6月）　出回り時期：9～1月
用　途：庭植え、垣根、鉢植え

特徴　トキワサンザシの仲間を総称してピラカンサという。5～6月に白い小さな花がたくさん咲き、晩秋から冬に燃えるような赤や黄色の実をトゲのある枝いっぱいにつける。

管理　日陰では実がつきにくいため日当たりと水はけのよい場所に植える。花はその年伸びた下のほうの短い枝に咲くので、3月下旬に伸びすぎた枝を切り戻す。鉢植えは毎年春先に植え替える。

上／ピラカンサ
左／ピラカンサの花

ファレノプシス

Phalaenopsis (Phal.)

ラン科／着生ラン　　別名：コチョウラン（胡蝶蘭）　　花ことば：清純

原産地：アジア南部の熱帯～亜熱帯地方
花　期：2～3月　　出回り時期：ほぼ周年
用　途：鉢植え、切り花

特徴 白いチョウが舞っているような優雅な花姿で、フォーマルフラワーとしても欠かせない。いくつかの原種を基に多くの品種が誕生し、白花のほかピンクや紫紅、黄色、ストライプやスポットタイプ、ミニ系など花色も草姿も多彩になっている。

管理 夏以外は暖かい室内でレースのカーテン越しの日に当てる。冬は最低温度15℃以上を保つ。

ファレノプシスの寄せ植え

ファレノプシス　ブラザードーン（スポットタイプ）

フクジュソウ　福寿草

Adonis

キンポウゲ科／耐寒性多年草　　別名：ガンジツソウ（元日草）　　花ことば：永遠の幸せ

原産地：シベリア東部、中国、朝鮮半島、日本
花　期：2～4月　　出回り時期：12月
用　途：鉢植え、庭植え

特徴 輝くような黄金色の花を咲かせ、新春を寿ぐめでたい花として寄せ植えなどが出回る。正月用に出荷される大輪咲きの黄花系、赤花系、変わり咲きの段咲き系などさまざまな系統があり、江戸時代から盛んに栽培されている。

管理 光線不足だと開花しないので日当たりのよい場所に置くが、暑さに弱いので、夏は木陰に移す。

上／フクジュソウ'福寿海'（黄花系）
右／フクジュソウ'紅撫子'（赤花系）

フジバカマ 藤袴 🌸🌸

Eupatorium

キク科／耐寒性多年草　花ことば：あの日の思い出

原産地：中国、朝鮮半島、日本（関東以西）
花　期：8〜10月　出回り時期：7〜11月
用　途：庭植え、鉢植え、切り花

特徴 秋の七草のひとつで、万葉時代から観賞されてきた。草丈約1mで、淡紫色や濃紫色の花をたくさんつけて、風にそよぐ姿は風情がある。最近は開発などによって自生地はほぼ絶滅に近い状態だが、栽培される量は多く、切り花や鉢植えが出回っている。茎や葉は生乾きのときに芳香があり、中国名を香水蘭という。

管理 丈夫で育てやすい。庭植え、鉢植えとも日当たりのよい場所で育てる。夏に株元近くで刈り込むと草姿が整い、丈を低く咲かせることができる。株分けで殖やす。

フジバカマ

ブバルディア 🌸🌸🌸

Bouvardia

アカネ科／半耐寒性常緑低木、多年草　別名：ブバリア、カンチョウジ（寒丁子）

原産地：メキシコ〜中南米の熱帯高地
花　期：9〜11月　出回り時期：5〜7月、9月
用　途：鉢植え、切り花

特徴 細長い筒形の小さな花の先が4裂し、枝先にたくさんの花房を作って次々と咲く。花には甘い香りがある。

管理 日当たりを好むので春から秋は戸外の日の当たる場所に置くが、夏は半日陰に移す。冬は室内の明るい窓辺に置いて5℃以上に保つ。水切れに弱いので水を忘れずに与え、花が終わったら切り戻す。

上／ブバルディア（赤花種）
左／ブバルディア（桃花種）

秋・冬

ブルーキャッツアイ

Otacanthus

ゴマノハグサ科／半耐寒性多年草　別名：オタカンツス

原産地：ブラジル南部
花　期：10～12月　出回り時期：ほぼ周年
用　途：鉢植え、庭植え

特徴 名は花弁の中心が白くネコの目のように見えることから付けられた愛称で、正式にはオタカンツスという。1990年大阪で開催された花の万博の頃から出回るようになった。晩夏から秋に開花するが、暖かければ、ほぼ一年中濃青色の花が咲く。

管理 暑さに強く、日当たりと水はけのよい場所を好む。霜に当たると葉が傷むが、凍らないところなら庭植えも可能。鉢植えは冬は暖かい室内の窓辺に置き、最低温度を10℃以上に保てば花が咲き続ける。多湿を嫌うので鉢土が乾いてから水やりする。

ブルーキャッツアイ（オタカンツス・カエルレウス）

ベラドンナリリー

Amaryllis

ヒガンバナ科／半耐寒性夏植え球根　別名：ホンアマリリス　花ことば：私の裸を見て

原産地：南アフリカ
花　期：9月　出回り時期：7月
用　途：鉢植え、庭植え、切り花

特徴 太い花茎の先に、径8～12cmでよい香りのするユリに似た花を6～12輪ほど四方に向けて咲かせる。花が終わると葉が伸びて冬から春に茂る。花が咲いているときに葉がないことから、英名をネーキッドレディ（裸の淑女）という。花色はピンク、白、濃紅、覆輪などがあり、水あげ、花もちがよいので切り花としても人気がある。

管理 丈夫で育てやすい。鉢植えは冬は室内の明るい窓辺に置き、凍らないようにする。葉が枯れたら鉢ごと乾燥させ、9月になって新芽が伸び出してから少しずつ水を与える。

ベラドンナリリー

ベンケイソウ　弁慶草

Hylotelephium

秋・冬

ベンケイソウ科／耐寒性多肉植物　別名：イキグサ（活草）　花ことば：平穏無事

原産地：ヨーロッパ、中国東北部、朝鮮半島
花　期：7～10月　出回り時期：1～9月
用　途：鉢植え、庭植え、切り花

特徴　紅紫色の小さな花を手まり状に咲かせ、涼しくなるとともに花色が濃くなる。最近は、強健な性質を弁慶に例えて名付けられたベンケイソウに比べ、花房が大きいオオベンケイソウやムラサキベンケイソウの園芸種がベンケイソウと呼ばれて出回る。

管理　日陰では育ちにくい。日当たりのよい戸外に置き、夏の高温時は水やりを控え、乾燥気味に保つ。

オオベンケイソウ

ムラサキベンケイソウ'オータムジョイ'

ポインセチア

Euphorbia

トウダイグサ科／非耐寒性常緑広葉低木　別名：ショウジョウボク（猩猩木）　花ことば：祝福

原産地：メキシコ高原
観賞期：10～3月
出回り時期：10～12月
用　途：鉢植え、切り花

特徴　濃い緑の葉と赤く染まる苞葉（ほうよう）が美しく、クリスマスの時期を華やかに飾る人気の鉢物。花は中央にある黄色の小さなかたまりの部分で、花の周りの苞葉は日が短くなると色づく。

管理　日当たりのよい窓辺に置いて、最低温度を10℃以上に保つ。鉢土が乾いてからたっぷり水やりする。

上／ポインセチア
左／ポインセチア'ジングルベル'

ホトトギス 杜鵑草 ●●●● ○ Tricyrtis

ユリ科／半耐寒～耐寒性多年草　別名：ユテンソウ（油点草）　花ことば：永遠にあなたのもの

ホトトギス

タイワンホトトギス

原産地：東アジア、日本
花　期：9～10月　　出回り時期：4～10月
用　途：鉢植え、庭植え、切り花

(特徴) 花が上向きにつくホトトギス型と釣鐘状につくジョウロウホトトギス型があり、いずれも野趣あふれる代表的な秋の山野草。花弁に入る紫色の斑点が、野鳥のホトトギスの胸毛の模様に似ていることからこの名がある。タイワンホトトギスの交配種や花弁が強く反り返るヤマホトトギス、キイジョウロウホトトギスなどが鉢花で出回る。

(管理) 半日陰で適度な湿気のある場所に自生しているので、花壇も鉢植えも夏の強い日に当てないようにする。乾燥させると下葉が枯れるので夏は水を十分与え、葉の裏にも水をかけてハダニを予防する。5～6月に1、2回摘心すると丈を低くおさえることができる。

右上／キイジョウロウホトトギス
右／ヤマホトトギス

ポリクセナ

Polyxena

秋・冬

ヒアシンス科／半耐寒性夏植え球根　　別名：ポリキセナ

原産地：南アフリカ
花　期：11～12月　出回り時期：7～9月
用　途：鉢植え

特徴 球根を植えると2週間ほどでピンクや白の愛らしい星形の花を咲かせる。ピンクの花に濃い色のすじが入るコリンボサと、香りのある花を咲かせるエンシフォリアがある。属名はギリシア神話の英雄アキレスの最愛の人ポリクセネにちなんで名付けられた。

管理 寒さに弱いので、鉢に植えて日当たりのよい場所で管理する。冬の日中は日のよく当たる戸外に、夜間は室内に置く。葉が枯れたら水やりを中止し、鉢ごと乾燥させる。

ポリクセナ・コリンボサ

ミセバヤ

Sedum

ベンケイソウ科／耐寒性常緑多年草　　別名：タマノオソウ　　花ことば：安心、憧憬

原産地：中国、日本
花　期：9～10月　出回り時期：7～9月
用　途：鉢植え、ロックガーデン

特徴 多肉質で粉白色を帯びた丸い葉が3枚茎を囲んでつき、下垂した茎の先に紅紫色の小さな花を球状にたくさん咲かせる。ヒダカミセバヤは花色が濃く、鮮やかで草姿はコンパクト。

管理 日当たりのよい場所に置き、鉢土の表面が乾いてから、花に水をかけないようにたっぷり水やりする。

上／ヒダカミセバヤ
左／ミセバヤ

秋・冬

ミナ・ロバータ ♦

Ipomoea lobata (=Mina lobata)

ヒルガオ科／非耐寒性春まき1年草

原産地：メキシコ～南アメリカ北部
花　期：6～10月　出回り時期：6～8月
用　途：庭植え、鉢植え

特徴 草丈2～5m。つる性でアサガオのような葉をつけ、赤からオレンジ、黄へと変化する花を長い花穂(かすい)いっぱいに初夏から秋まで次々と咲かせる。苗と行灯(あんどん)作りの鉢植えが出回る。

管理 日当たりと水はけのよい場所に植える。寒さに弱いが、冬も最低温度15℃以上を保てば鉢植えは周年開花する。

右・左／ミナ・ロバータ

モラエア ♦♦○

Moraea

アヤメ科／半耐寒性秋植え球根　別名：モレア、バタフライアイリス

原産地：南アフリカ
花　期：9～2月　出回り時期：9～10月
用　途：鉢植え

特徴 草丈は20～100cmまでさまざま。よく枝分かれした茎にアヤメに似た藤色の花を次々に咲かせるポリスタキアは、秋から冬に咲く。ほかに、白い花弁の基部に青い目が入る美しい花を早春に咲かせるアリスタタ、青紫色の花弁に青い目が入るビローサなど模様の美しいものが多く、英名をバタフライアイリスという。

管理 寒さに弱いので鉢植えにする。日当たりと風通しのよい場所に置き、霜が降りる前に室内に取り込む。初夏に葉が枯れたら球根を掘り上げ、涼しい場所で乾燥貯蔵する。

モラエア・ポリスタキア

ヤナギバヒマワリ 柳葉向日葵 ◆ Helianthus

秋・冬

キク科／半耐寒性多年草　別名：ヘリアンサス　花ことば：崇拝

原産地：北アメリカ　花　期：9〜10月
出回り時期：3〜4月、10〜11月
用　途：鉢植え、庭植え、切り花

特徴 ヒマワリの仲間で草丈1〜2m。まっすぐに伸びた無毛の茎にヤナギの葉のような細長い葉を交互にたくさんつけ、よく分かれた枝の先に径5cmほどのレモンイエローの花を株いっぱいにこぼれるほど咲かせる。'ゴールデンピラミッド'は草丈約1mの矮性種で、茎の先にまとまって花が咲く。秋空の下、黄色の花が映えて美しい。

管理 よく日の当たる場所に置き、鉢土の表面が乾いたらたっぷり水やりする。草丈15cm程度のときに摘心すると花数が増え、丈も低くなって倒れずに咲かせられる。

ヤナギバヒマワリ'ゴールデンピラミッド'

ユウゼンギク 友禅菊 ◆◆◆◇ Aster

キク科／耐寒性多年草　別名：ニューヨークアスター　花ことば：さようなら私の恋よ

原産地：北アメリカ
花　期：8〜10月　出回り時期：8〜10月
用　途：鉢植え、庭植え、切り花

特徴 草丈は20〜200cmまでさまざまで、花径2〜3cmの小さな花を枝先いっぱいに咲かせる。丈夫で、花色も赤、白、ピンク、青、紫と豊富。

管理 日当たりと風通しのよい場所に置き、鉢土の表面が白く乾いたらたっぷり水やりする。花が終わった茎は地際から切る。生育旺盛なので1年に1回株分けして植え替えるとよい。

ユウゼンギク

ユウゼンギクの鉢植え

秋・冬

ユリオプスデージー ◆

Euryops

キク科／半耐寒性常緑低木

原産地：南アフリカ
花　期：11～5月　出回り時期：周年
用　途：鉢植え、庭植え、切り花

特徴 深い切れ込みのある銀緑色の葉とマーガレットに似た鮮黄色の花とのコントラストが素晴らしく、花の少ない冬も咲き続ける貴重な鉢花。'ゴールデンクラッカー'の名で出回るウィルギネウスは、小さな葉をつけた枝が斜め上に伸びる。

管理 寒さにやや弱いので、冬は日当たりのよいベランダや室内に置き、花後、枝を軽く切り戻す。

ユリオプスデージー

ユリオプス・ウィルギネウス
'ゴールデンクラッカー'

リカステ ◆◆◆◆◇

Lycaste（Lyc.）

ラン科／着生・地生ラン

原産地：メキシコ～ボリビア
花　期：秋、冬～春＊　出回り時期：冬～春
用　途：鉢植え、切り花

特徴 萼（がく）が大きく三方向に開いた美しい花を咲かせる。バルブ（球根）が完成すると薄くて大きな葉が枯れ落ちる落葉性のものが多い。近縁のアングロア属との交配種アングロカステは、リカステに似た、より丈夫で豪華な花を咲かせる。

管理 比較的低温に耐える。直射日光を避けて、明るい窓辺で最低温度を10℃に保つ。夏は涼しく管理する。

＊花期は種によって異なる。

アングロカステ　ジュピター
（人工属）

リカステ　アイランド・オブ・ブルコーン

リコリス ◆◆◆◆◆◇　　　　　　　　　　　Lycoris

ヒガンバナ科／耐寒性夏植え球根　花ことば：悲しき思い出

秋・冬

リコリス・オーレア 　　　　　　　　　　ヒガンバナ

原産地：中国、日本
花　期：7〜10月※
出回り時期：4月、8〜10月
用　途：庭植え、鉢植え、切り花

特徴 ヒガンバナの仲間で、鮮黄色の花をつけるオーレア、花弁の先がピンクから次第に青く染まっていくスプレンゲリー、大型で淡いピンクの花をつけるナツズイセンなど原種が栽培されるほか、原種を基に改良された色彩豊かな花色の園芸品種も誕生している。いずれも花の時期に葉がないので、マジックリリーとも呼ばれている。

リコリス'アルビピンク'

管理 日なたを好むが西日が当たらないように落葉樹の下などに植える。花後に出る葉で光合成を行うので切らないようにし、休眠中でも時々水を与える。秋に葉が出るヒガンバナやオーレアは寒さに弱いので、寒冷地では鉢に植えて冬は保護する。

※花期は種によって異なる。

リコリス・スプレンゲリー

305

秋・冬

リンドウ 龍胆

Gentiana

リンドウ科／耐寒性多年草　別名：ゲンチアナ　花ことば：貞節、誠実、さびしい愛情

シンキリシマリンドウ

エゾリンドウ

原産地：アフリカの一部を除く世界各地
花　期：4～11月※
出回り時期：2～4月、8～11月
用　途：鉢植え、庭植え、切り花

特徴 野山の草原などに自生するリンドウは、秋も深まった頃、青紫色の筒形の美しい花をつけて季節を知らせる。花は日光を受けて開き、雨や曇りの日は閉じる。切り花として高性種のエゾリンドウの系統、鉢花として矮性種のシンキリシマリンドウが多く栽培される。ほかに、春咲きの'アルペンブルー'などもある。

管理 光線不足だと花が咲きにくいので、できるだけ風通しと日当たりのよい戸外に置き、夏は西日の当たらない涼しい半日陰に移す。鉢土の表面が乾いたらたっぷり水やりする。

※花期は種によって異なる。

ゲンチアナ・アコーリス'アルペンブルー'

ルクリア

Luculia

秋・冬

アカネ科／非耐寒性常緑低木　別名：ニオイザクラ（匂い桜）、アッサムニオイザクラ

原産地：ヒマラヤ地方〜中国（雲南省）
花　期：10〜11月　出回り時期：8〜12月
用　途：鉢植え、切り花

特徴 インドアッサム地方に自生し、桜色の花に芳香があるのでアッサムニオイザクラとも呼ばれる。細い筒をもった径3〜4cmの5弁花を枝先いっぱいに房状に咲かせる。花もちがよく1か月ぐらい楽しめる。生長が早く、放任すると姿が乱れる。

管理 寒さにやや弱く、冬は日当たりのよい窓辺に置き水やりを控える。春から開花期は、乾燥させると葉が黄変したり落ちるので毎日水やりする。春に切り戻して西日の当たらない日なたに、夏は雨を避けて風通しのよい半日陰に置く。

ルクリア・ピンセアナ

ルコウソウ 縷紅草

Ipomoea (= Quamoclit)

ヒルガオ科／非耐寒性つる性春まき1年草　花ことば：おせっかい、多忙

原産地：熱帯アメリカ
花　期：6〜10月　出回り時期：6〜7月
用　途：鉢植え、庭植え、日よけ

特徴 葉は糸状に細かく切れ込み、星形の可憐な花が日中もしおれず、夏から晩秋まで咲き続ける。ほかにハート形の葉をもつマルバルコウやハゴロモルコウもあり、フェンスに絡ませたり、日よけやグラウンドカバーとして利用される。

管理 風通しと日当たりのよい場所に置き、生育旺盛なので夏は毎日水やりし、花がらを摘む。

上／マルバルコウ
左／ルコウソウ

307

秋・冬

レオノチス ◆ ○

Leonotis

シソ科／半耐寒性多年草　別名：カエンキセワタ、ライオンズイヤー

原産地：南アフリカ
花　期：10〜11月　出回り時期：10〜1月
用　途：鉢植え、庭植え

特徴 晩秋に白やオレンジ色の花を咲かせる。店頭に並ぶ鉢植えは摘心(てきしん)して草丈を低く仕立てたもので、暖地の花壇で育てると2mぐらいに育つ。属名はギリシア語の「ライオン」、「耳」に由来し、花冠がライオンの耳のように見えることから付けられたもので、英名もライオンズイヤーという。

管理 やや寒さに弱いので、霜や寒風を避けて日のよく当たる南側のベランダや軒下に置き、鉢土が乾いたら水やりする。花後は、株元から約10cmのところで切り戻す。

レオノチス・レオヌルス

ワレモコウ 吾亦紅 ◆

Sanguisorba

バラ科／耐寒性多年草　花ことば：移りゆく日々、変化

原産地：ヨーロッパ、シベリア、中国、朝鮮半島、日本
花　期：7〜10月　出回り時期：7〜8月
用　途：鉢植え、庭植え、切り花

特徴 山野で普通に見かける秋の草で、よく分かれた細い枝の先に赤紫色の玉のような花穂(かすい)をつける。花穂は小さな花がたくさん集まったもので、花弁はなく、上から順に咲いていく。切り花にされるのは主にナガボノアカワレモコウで、草丈20cmほどの小型のヒメワレモコウは小さな鉢植えや寄せ植えなどにされる。ほかに斑(ふ)入り葉種もある。

管理 日のよく当たる場所に置き、真夏は半日陰に移して、鉢土の表面が乾いたらたっぷり水やりする。夏に刈り込むと丈低く咲かせられる。花後、半分ぐらいに切り戻す。

ワレモコウ

PART4
周年の花
ALL SEASONS

アエオニウム 葉 ●●◆ Aeonium

| ベンケイソウ科／多肉植物　別名：エオニウム |

原産地：北アフリカなど
観賞期：周年　出回り時期：周年　用　途：鉢植え

特徴 赤や黒、黄色などの美しい葉をたくさんつけてロゼット*になり、成株になると次第に盛り上がるように上部の茎が伸び、下部には葉の落ちた跡が残る。黒紫色の葉を傘のように広げる'黒法師'やへら状の葉が美しい'艶日傘'などたくさんの品種がある。

管理 日の当たる場所に置かないと葉色が美しくならない。夏は半日陰に置いて、水やりを控える。

*ロゼット…地際から出た葉が地面に接して放射状に広がったもの。

アエオニウム'黒法師'　　アエオニウム'艶日傘'

アルピニア ●●○ 葉 ●◐ Alpinia

| ショウガ科／非耐寒～半耐寒性常緑多年草　別名：ジンジャーリリー |

原産地：熱帯アジア、ソロモン諸島、ポリネシア
観賞期：周年（花は6～7月）　出回り時期：4～6月
用　途：鉢植え、切り葉

特徴 葉に入る白い斑模様が美しい斑入りゲットウや斑が黄色いキフゲットウが鉢植えや切り葉で出回る。根茎に芳香のあるものや花の美しいものも多い。日本にも自生し、大きな葉に芳香があるゲットウ（月桃）は食物を包むのに利用される。

管理 直射日光を避けて半日陰に置く。斑入りゲットウは寒さに弱いので、冬は室内で15℃以上に保つ。

アルピニア・サンデラエ（斑入りゲットウ）　　アルピニア・ゼルンベト'バリエガタ'（キフゲットウ）

アルストロメリア

Alstroemeria

ユリズイセン科／半耐寒～耐寒性多年草　別名：ユリズイセン（百合水仙）

周年

アルストロメリア'ワルターフレーミング'

アルストロメリア'リンダ'

アルストロメリア'紅千鳥'

原産地：南アメリカ
花　期：5～6月　出回り時期：1～6月／切り花は周年
用　途：切り花、鉢植え、庭植え

特徴 花色が多彩で、花弁に条斑が入る個性的な品種が多いが、条斑のないスポットレスタイプも人気がある。南米のチリからペルーに自生するので、ペルーのユリやインカのユリとも呼ばれる。花もちがよいので切り花として人気があるが、最近は鉢植え用の品種もある。

管理 暑さ寒さに弱い品種が多い。冬は霜に当てないよう、ベランダの日当たりのよい暖かい場所や室内の窓辺に置いて、過湿を嫌うので鉢土が乾くのを待って水やりする。花が終わると休眠に入るので、水やりを止め、雨の当たらない涼しい日陰で夏越しさせる。

アルストロメリア・プルケラ

アロエ 葉 Aloe

| ユリ科／非耐寒〜半耐寒性多肉植物　別名：イシャイラズ　花ことば：迷信、邪教 |

周年

原産地：熱帯アフリカ〜南アフリカ
観賞期：周年（花は秋〜冬）　出回り時期：周年
用　途：鉢植え

特徴 一般にアロエといえばキダチロカイで、火傷や健胃などに効く民間薬として使われ医者いらずとも呼ばれる。晩秋に咲くオレンジ色の花も美しく人気がある。葉に灰白色の模様が入るものや口紅アロエなど、観賞用の鉢植えも出回る。

管理 日当たりがよく雨のかからない場所に置き、鉢土が乾いてから水やりする。冬は霜に当てないようにする。

アロエ・アルボレスケンス（キダチロカイ）

アロエ'千代田錦'

アンスリウム Anthurium

| サトイモ科／非耐寒性多年草、つる性植物　別名：ベニウチワ（紅団扇）　花ことば：情熱 |

原産地：熱帯アメリカ
花　期：周年　出回り時期：周年
用　途：切り花、鉢植え

特徴 赤やピンク、緑などに色づくロウ細工のような仏炎苞（ぶつえんほう）が美しいアンドレアヌムが代表的で、ハワイの切り花でも有名。ほかに、葉を観賞する種類の鉢植えも出回る。

管理 直射日光を避けた明るい室内に置き、冬は最低温度13℃以上を保つ。苞の色があせたら花茎の元から切る。

アンスリウム・アンドレアヌム'オバケ'

アンスリウム・アンドレアヌム'エリザベス'

312

カスミソウ 霞草 ◆◆○　　　Gypsophila

周年

ナデシコ科／耐寒性1年草　別名：ムレナデシコ（群撫子）、ジプソフィラ　花ことば：清い心

ジプソフィラ・ムラリス'ガーデンブライト'

ジプソフィラ・パニクラタ（宿根カスミソウ）

原産地：ヨーロッパ、アジア
花　　期：5～8月
出回り時期：10～5月、周年／切り花は周年
用　　途：切り花、鉢植え、庭植え

特徴 小さな花が株全体を覆い、まるで霞が漂うように見え、英名をベビーズブレス（赤ちゃんの吐息）という。切り花にされる宿根カスミソウや一重咲きのエレガンスには白花のほかピンクや濃赤色があり、フィラフラワー（広い空間を埋める細かな花）として高い人気を誇っている。鉢植えに向く矮性種(わいせい)のムラリスやレペンス、マット状に広がる野生種で、カーペットかすみ草の名で流通するオノエマンテマなどが出回る。

管理 日当たりと風通しのよい場所に置き、花が咲いてからは水やりを控えて乾燥気味に育てる。宿根カスミソウは花が終わったら早めに切り戻すと二番花が楽しめる。

ジプソフィラ・ケラスティオイデス（オノエマンテマ）

ジプソフィラ・エレガンス

ジプソフィラ・レペンス'ロゼア'

313

カラー ❤️🧡💛🤍💜💚

Zantedeschia

周年

| サトイモ科／半耐寒性春植え球根 | 別名：オランダカイウ（―海芋） | 花ことば：素敵な美しさ |

オランダカイウ

黄花カイウ

原産地：南アフリカ
花　期：4～7月
出回り時期：1～6月、9～12月／切り花は周年
用　途：切り花、鉢植え、庭植え

特徴 英名のカラーリリーは修道女の僧服のカラー（衿）をイメージして名付けられたもの。白や黄、オレンジなどに色づくメガフォン状の仏炎苞（ぶつえんほう）の中には、棒のような花が包まれている。水カラーと呼ばれるオランダカイウのように水辺を好む湿地性カラーと、花色が豊富で乾燥した土地を好む畑地性カラーとがあり、いずれも切り花や鉢花が出回る。

管理 日当たりを好むので明るい場所に置く。オランダカイウは水を切らさないようにし、畑地性種は夏は西日を避けて風通しのよい場所に置き、過湿に注意する。

カラー'ブラックアンドビューティー'

カラー'ローズジェム'

カゲツ 花月　葉 ●◗

Crassula

ベンケイソウ科／半耐寒性常緑低木　別名：カネノナルキ（金の成る木）、クラッスラ

原産地：南アフリカ
観賞期：周年（花は冬～春）　出回り時期：周年
用　途：鉢植え

特徴 よく枝分かれした太い茎につく葉は多肉質で艶があり、寒さにあうと紅葉する。40～50cmに生育すると、淡いピンク色の星形の花を茎の先に多数つける。最近は小さくても花の咲くものや、葉の縁が濃紅色に染まるものなど多彩。

管理 日当たりがよく、冬は寒風と霜の当たらない場所に置き、水を控えて乾燥気味に育てる。

カゲツの花

黄金花月

ザミア　葉 ●

Zamia

ソテツ科／非耐寒性常緑低木　別名：ヒロハザミア（広葉―）

原産地：アメリカ合衆国（フロリダ）、メキシコ、西インド諸島
観賞期：周年　出回り時期：ほぼ周年
用　途：鉢植え、切り葉

特徴 ササのような青緑色の羽根状の葉は肉厚で硬く、全面が褐色の粉状質で覆われる。高さ60～120cmほどになるプミラが鉢植えや切り葉として出回る。

管理 強光を好むので日のよく当たる場所に置き、過湿を嫌うので鉢土が乾いてから水やりする。10月下旬から水やりを控え、乾燥気味にして越冬させる。室内に置くときは通年乾燥気味にする。

上／ザミア・プミラの鉢植え
右／ザミア・プミラ

サボテン類 葉 ●

周年

サボテン科／半耐寒性多肉植物　花ことば：あたたかい心、はかない夢（タマサボテン）

上／ミニサボテン類
下／サボテン'緋牡丹'（右）と'ピンク牡丹'（左）　　下／サボテン'月宮殿'

原産地：南・北アメリカ
観賞期：周年　出回り時期：周年
用　途：鉢植え

特徴 長い乾燥に備え水を蓄えるために茎が肥大して独特の形になり、多くは葉や枝の変化したものといわれるトゲを持っている。美しい花を咲かせる花サボテンや小鉢仕立てにしたミニサボテンが多数出回り、丈夫さとかわいらしさ、姿や形のおもしろさなどから個性的なインテリアの鉢物として人気がある。

管理 日当たりを好むので、家の東か南側の日のよく当たる軒下などに置き、生育期の春から秋は、週に1～2回たっぷり水やりする。冬は日の当たる窓辺に置き、20日に1回、ホコリを洗う程度の葉水を与える。

サボテン'金青閣'

サンダーソニア ◆

Sandersonia

イヌサフラン科／半耐寒性春植え球根　別名：チャイニーズランタン　花ことば：共感

原産地：南アフリカ
花　期：6〜7月　出回り時期：4〜7月、9〜11月／切り花は周年
用　途：切り花、鉢植え、庭植え

（特徴）草丈60〜80cm。茎の上部の葉の付け根から長い花柄を伸ばし、オレンジ色の鐘形の花を下げる。1つの花が約1週間咲き続け、それが下から順に次々と咲いていくので1か月ぐらい楽しめる。英名はクリスマスベルズ。

（管理）日当たりのよい場所で雨に当てないようにし、夏は風通しのよい半日陰に移す。過湿に弱いので、鉢土の表面が乾いてから水を与える。花が終わったら水やりを控え、葉が枯れたら水をやらずに鉢のまま乾燥させる。球根を太らせるときは花がらを摘む。

サンダーソニア・オーランティアカ

ストレリチア ◆ ○

Strelitzia

バショウ科／半耐寒性多年草　別名：ゴクラクチョウカ（極楽鳥花）　花ことば：恋の伊達者

原産地：南アフリカ
花　期：周年　出回り時期：周年
用　途：鉢植え、切り花

（特徴）草丈1〜2m。硬くて長い花茎の先の船形の苞の中から、オレンジ色で羽を広げた鳥のような花を6〜8輪次々と咲かせる。主に栽培されるのは小型のレギナエで、切り花や鉢植えで出回る。英名のバードオブパラダイスを訳して和名をゴクラクチョウカという。

（管理）日当たりのよい場所に置き、夏は葉焼けしないように半日陰に移す。冬は明るい室内に置いて5℃以上を保ち、水やりを控える。花が終わったら花茎の付け根から切り取る。

ストレリチア・レギナエ

スターチス ◆ ◆ ◇ ◆

Limonium

周年

イソマツ科／非耐寒〜耐寒性春・秋まき1年草、多年草　　別名：リモニウム　　花ことば：驚き

スターチス・シヌアタ

スターチス・シネンセ'スーパーレディー'

原産地：主にヨーロッパ、地中海沿岸地方
花　期：4〜9月
出回り時期：2〜4月／切り花は周年
用　途：切り花、鉢植え、庭植え、ドライフラワー

特徴 一般にスターチスというと、茎が太く、紫や黄、ピンクの萼(がく)の内側に白や黄色の花を咲かせる1年草のシヌアタを指し、矮性種(わいせい)の鉢花も出回る。細い茎がよく枝分かれし、多数の小さな花を長い間咲かせる宿根リモニウムも人気がある。生の花でもカサカサしたドライな質感で、乾燥しても色が変わらないので、ドライフラワーとしてもよく利用される。

管理 雨に当たると花が傷み、病気にかかりやすいので、日当たりのよい軒下やベランダに置き、鉢土の表面が乾いてから水やりする。冬は霜の当たらない場所で水やりを控える。

リモニウム・スウォロウィー

スパティフィラム ◇

Spathiphyllum

周年

サトイモ科／非耐寒性多年草　別名：ササウチワ（笹団扇）　花ことば：すがすがしい

原産地：熱帯アメリカ
花　期：4〜5月、9〜11月
出回り時期：周年／切り花は周年
用　途：切り花、鉢植え

特徴 草丈70cm前後。濃緑色で長楕円形の葉の間から長い花茎を伸ばし、先端に純白の仏炎苞をもつ花を1つつけて次々に咲かせる。切り花としても出回るが、観葉植物としても人気があり、日本で誕生した花つきのよい'メリー'が最も多く店頭に並ぶ。ほかに小鉢栽培やテラリウムで楽しめる草丈30cmほどの小型種もある。

管理 あまり暗い場所では、葉はきれいだが花つきが悪くなるので、明るい室内や戸外の半日陰に置く。白色の苞が緑に変色したら花が終わったしるしなので、根元から切り取る。

スパティフィラム'メリー'

セントポーリア ◆◆◆◇◆◆

Saintpaulia

イワタバコ科／非耐寒性常緑多年草　別名：アフリカスミレ　花ことば：小さな愛

原産地：タンザニア北部〜ケニア南部
花　期：環境により周年　出回り時期：周年
用　途：鉢植え、つり鉢、テラリウム

特徴 スミレに似た可憐な花で、環境がよければ室内で一年中花が楽しめる。スタンダード、ミニ、トレイル（這い性）、縁花の各品種があり、花色、花形、葉の形などが豊富。現在2万種以上の品種があるといわれ、好みのものを手軽にコレクションすることができる。

管理 直射日光の当たらない明るい窓際で、レースのカーテン越しの日を1日12時間以上当てる。夏は蒸れないように涼しい場所に置き、鉢土の表面が乾いてからたっぷり水やりする。冬は水を控えて10℃以上に保つ。元気な葉を用土にさして殖やすことができる。

セントポーリア各種

セダム 葉 ●◗

Sedum

周年

| ベンケイソウ科／耐寒性多年草 | 別名：マンネングサ（万年草） |

黄金丸葉マンネングサ

セダム'タマツヅリ'

原産地：オーストラリアを除く世界各地
観賞期：周年（花は春、夏）　出回り時期：周年
用　途：鉢植え、庭植え、ロックガーデン、グラウンドカバー

特徴 丈夫な多肉植物で乾燥によく耐える。黄緑色の茎葉が密生して地面を覆うように広がる日本産のオノマンネングサ、丸葉マンネングサ、タイトゴメ、外国産のメキシコマンネングサ、ツルマンネングサなどがグラウンドカバーなどによく利用され、春の新葉が美しい黄色の黄金丸葉マンネングサ、葉の縁が白くなる覆輪マンネングサが人気がある。主に鉢植えで出回る'乙女心'や'虹の玉'などもある。

管理 水はけのよい日なたを好むが、丈夫で半日陰でも生育する。鉢植えは日当たりのよい場所に置き、極端に乾燥したときだけ水やりする。

左上／セダム'虹の玉'
左／斑入りマンネングサ

ダスティーミラー 葉

Senecio

周年

| キク科／耐寒性多年草 | 別名：シロタエギク（白妙菊） |

原産地：地中海沿岸
観賞期：周年　出回り時期：ほぼ周年
用　途：鉢植え、庭植え、切り葉

特徴 茎葉が白い綿毛に覆われてシロタエギクの名で知られ、花壇や寄せ植え、花束などの配色に利用される。葉が大きい'ダイヤモンド'や'シルバーダスト'がある。繊細な葉が美しい'シルバーレース'もこの名で出回るが、暑さにやや弱く、寒冷地向き。

管理 日のよく当たる場所に置き、鉢土の表面が乾いたら葉にかけないようたっぷり水やりする。

セネシオ'シルバーレース'
（タナセタム'シルバーレース'）　ダスティーミラーと花（左上）

チランドシア 葉

Tillandsia

| パイナップル科／非耐寒性多年草 | 別名：チランジア、ハナアナナス |

原産地：南・北アメリカ
観賞期：周年　出回り時期：周年
用　途：鉢植え

特徴 チランドシアの仲間でエアープランツと呼ばれるものは土がなくても育つので、ヘゴや流木、石などに着生させてオブジェのように飾り、グリーンインテリアとして一年中楽しめる。キアネアは平たく重なった桃紫色の苞の一つ一つから美しい青紫色の花を咲かせる。

管理 エアープランツは週に1～2回霧吹きで株全体に水を与える。

エアープランツの寄せ植え　チランジア・キアネア

321

トルコギキョウ トルコ桔梗

Eustoma

リンドウ科／非耐寒性秋・春まき1・2年草　別名：ユーストマ、リシアンサス

原産地：アメリカ合衆国（コロラド、テキサス）～メキシコ、西インド諸島
花　期：8～9月　出回り時期：3～10月／切り花は周年
用　途：切り花、鉢植え

特徴 エキゾチックな花を咲かせ、蕾がターバンを巻いたように見えるところからトルコギキョウの和名が付いたという。八重咲きや黄花種、花弁の先にピンクや紫色が入る覆輪種もあり、いずれも人気がある。

管理 初夏に購入した開花株は、花後3分の1切り戻し、涼しい場所で夏越しさせると秋に再び花が咲く。

トルコギキョウ（覆輪品種）
トルコギキョウ（紫色品種）

ニューサイラン

Phormium

ユリ科／半耐寒性多年草　別名：マオラン

原産地：ニュージーランド
観賞期：周年　出回り時期：3、5、9、11、12月
用　途：切り葉、鉢植え、庭植え

特徴 革質で剣状の葉に、黄や紫、乳白色の縦縞が入るもの、葉全体が暗紫色になるものなど多くの園芸品種がある。主に切り葉にされるが、小型の品種が鉢物でも出回り、寄せ植えなどに利用される。夏に花が咲くがほとんど観賞されない。

管理 日当たりのよい場所で夏はまめに水やりし、冬は寒風を避ける。枯れたり色のあせた葉は元から切る。

斑入りニューサイラン

ニューサイラン'ピンクパンサー'

バンクシア ◆◆◆   Banksia

周年

ヤマモガシ科／常緑低木〜高木　花ことば：心によろいを着る

原産地：オーストラリア西部、パプアニューギニア
花　期：不定期（春に多い）
出回り時期：10、12月／切り花は周年
用　途：切り花、ドライフラワー、鉢植え

[特徴] 円筒形や球形の花穂が枝先につき、開花すると雌しべが長く伸びて瓶洗いのブラシのようになる。暗緑色の葉の縁が切れ込み、裏面に白や赤褐色の毛があるものが多い。輸入切り花で人気だったが、最近は耐寒性のあるものが鉢植えで出回るようになった。

[管理] 室内の明るい窓辺に置き、過湿を嫌うので水は控えめにする。暖地では、霜よけすると戸外で越冬するものもある。

バンクシア・コッキネア　　　　バンクシア・フーケリアナ

ピンクッションフラワー ◆◆◆   Leucospermum

ヤマモガシ科／非耐寒性常緑低木　別名：レウコスペルマム　花ことば：どこでも成功を

原産地：南アフリカ南東部沿岸
花　期：5〜6月
出回り時期：2〜6月、周年／切り花は周年
用　途：切り花、ドライフラワー、鉢植え

[特徴] 属名はギリシア語で「白い種がある」という意味だが、針山に待ち針を刺したような花が咲くので英名のピンクッションフラワーで出回る。ピン一本一本がそれぞれひとつの花で、花柱の長さは5〜6cm。切り花が主だったが、最近は鉢花も店頭に並ぶ。

[管理] 日のよく当たる戸外に置き、梅雨期は軒下やベランダなどで雨を避ける。冬は室内で10℃以上に保つ。

レウコスペルマム'ジョーイリボン・レッド'　　　レウコスペルマム・コルディフォリウム

323

バラ ◆◆◆◇◆◆

Rosa

周年

| バラ科／落葉低木 | 別名：ソウビ（薔薇） | 花ことば：愛、美 |

バラ'フリージア'（フロリバンダ F）

バラ'ブラックティー'（ハイブリッドティー HT）

原産地：北半球各地
花　期：5～6月、9～10月
出回り時期：周年／切り花は周年
用　途：切り花、鉢植え、庭植え

【特徴】美しい花容で花色、香りが素晴らしく、ギリシア時代から愛されて栽培され、数多くの品種が誕生している。四季咲き大輪系のハイブリッドティー、四季咲き中輪房咲き系のフロリバンダ、高さ40cmほどの小輪咲き、小型種で鉢植えになるミニチュア、つる性のクライミング、ハイブリッドティーが作られる以前のオールドローズ、日本や中国の原種、最近人気のイングリッシュローズなどが苗木や鉢花、切り花などで多数出回る。

【管理】庭植えも鉢植えも日当たりと風通しのよい場所で育てる。ミニバラを室内で観賞するときは日当たりのよい南側の窓辺に置く。花が終わったら、できるだけ早めに切り戻す。

バラ'スタリナ'（ミニチュア Min）

バラ'エクセラサ'（クライミング Cl）

イングリッシュローズ'シャリファ・アスマ'（Er）

オールドローズ'マダム ハーディ'

ナニワイバラ（日本産原種）

モッコウバラ
（中国産原種）

フェスツカ 葉🟢

Festuca

イネ科／耐寒性多年草、秋まき1年草　別名：ウシノケグサ（牛の毛草）

原産地：北アフリカ、ヨーロッパ、日本など
観賞期：周年（花は春～夏）
出回り時期：4月、11月
用　途：庭植え、ロックガーデン

(特徴) 草丈20～40cmになるグラウカが一般的で、灰青色の硬い葉が多数立って半球状に育ち、葉より高く伸びた茎の先に白緑色の小さな花を穂状につける。ロックガーデンや花壇の縁取りに使われるほか、常緑性なので冬のシバとしても利用できる。針のような葉がとくに幼苗の時期に銀白色をしているので銀針草ともいう。

(管理) こぼれダネで殖える丈夫な植物だが、蒸れに弱く、日陰に植えるといつのまにか消えてしまうので、日当たりと風通しのよい場所に植える。過湿を嫌うので水やりを控える。

フェスツカ・グラウカ

ブラッシア 🟠🟢

Brassia (Brs.)

ラン科／着生ラン　別名：スパイダーオーキッド

原産地：中央・南アメリカの熱帯地方
花　期：周年※　出回り時期：主に冬～夏
用　途：鉢植え、切り花

(特徴) オンシジウムの仲間で、花がクモを想像させるところからスパイダーオーキッドとも呼ばれる。弓状に伸びた花茎に、花弁と萼片が細長い花を2列に咲かせる。花色が黄や黄緑で、基部近くに褐色の斑点がある品種が多く出回り、下方に伸びる側萼片が30cm以上になる品種や芳香を放つ品種もある。

(管理) 直射日光を避けて明るい場所に置き、春から秋の生育期には植え込み材料が乾いたらたっぷり水をやる。冬はガラス越しの日によく当て、最低温度12℃以上を保つ。

ブラッシア・カウダタ

※花期は種によって異なる。

プロテア ◆◆◇◆

Protea

周年

| ヤマモガシ科／半耐寒性常緑低木 | 花ことば：豊かな心、華やかな期待 |

原産地：南アフリカ、熱帯アフリカ
花　期：5～6月
出回り時期：6～7月、10～2月／切り花は周年
用　途：切り花、ドライフラワー、鉢植え

特徴 花を豪華に美しく飾って花弁のように見えるのは総苞片（そうほうへん）で、赤やピンクなどに色づき、その内側に多数の小さな花が集まっている。輸入切り花として人気だが、最近はキングプロテアが苗や鉢植えでも出回る。

管理 日当たりと風通しのよい場所に置き、鉢土の表面が乾いてから1日待って水を与える。花が終わったら花首のところで切る。

プロテア・ネリーフォリア　キングプロテア

ヘリコニア ◆◆◆◇

Heliconia

| バショウ科／非耐寒性多年草 | 花ことば：注目、脚光 |

原産地：南太平洋諸島、熱帯アメリカ
花　期：5～8月
出回り時期：1～2月、4～11月／切り花は周年
用　途：切り花、鉢植え

特徴 バナナのような葉と色鮮やかな船形の苞（ほう）が美しく、主に輸入切り花が出回る。長さ30cmほどの花穂（かすい）がたれ下がってつく大型種のロストラタや、花茎がまっすぐ立ち上がって花を咲かせる小型種のプシタコラムなど、色や形の変化が多い。

管理 春から秋は日当たりのよい戸外に置く。真夏は半日陰に移し、たっぷり水をやる。冬は室内で15℃以上に保つ。

ヘリコニア・ロストラタ　ヘリコニア・プシタコラム

327

マスデバリア ◆◆◆◆◇

Masdevallia（Masd.）

ラン科／着生ラン

原産地：中央・南アメリカ
花　期：周年※　　出回り時期：3～4月　　用　途：鉢植え

(特徴) ユニークな花形の小型着生ランで、へら状の葉を密生させ、花茎の先に愛らしい花を1つ咲かせる。10cm前後の大輪花から2cm前後の小輪花までさまざまあって花色、花形も豊富。交配によって耐暑性のあるものも出回る。

(管理) 一年中レースのカーテン越しの日を当てる。交配種は風通しのよい涼しい木陰で夏越させる。冬は10℃以上に保つ。

※花期は種によって異なる。

マスデバリア'レッド・バロン'

マスデバリア　エンジェル・フロスト'ハツイズ・ファンタジア'

レウカデンドロン ◆◆◆◆◆

Leucadendron

ヤマモガシ科／半耐寒性常緑小低木～高木　　別名：リュウカデンドロン

原産地：南アフリカ（ケープ地方）
花　期：5～7月　　出回り時期：切り花は周年
用　途：切り花、ドライフラワー

(特徴) 多くの種類が輸入切り花で出回る。雌雄異株で、まっすぐに伸びた枝を取り巻くように細長い葉がたくさんつき、雄花、雌花とも深紅や緑、黄色などに美しく色づく苞葉に包まれる。松かさのような球果が大きく美しくなる種類もある。

(管理) 切り花は松かさ状の花が硬いものを選ぶ。多湿に弱いので注意。

レウカデンドロン'シルバーチップ'

レウカデンドロン'サファリサンセット'

レースフラワー ◆◆○◆

Ammi

セリ科／耐寒性1年草、多年草　別名：ドクゼリモドキ　花ことば：こまやかな愛情

原産地：地中海沿岸
花　期：3～4月
出回り時期：2～4月、10～11月／切り花は周年
用　途：切り花、庭植え、鉢植え

特徴 切り花の定番。しなやかな茎の先に繊細な花をパラソルを広げたように咲かせる。ホワイト、ブルー、ピンクがレースフラワーの名で出回っているが、それぞれ属が異なるので花容も少しずつ違う。最近は鉢花も出回る。

管理 ホワイトレースフラワーは日当たりのよい花壇で、鉢花のブルーレースフラワーは日当たりのよい戸外で、雨を避けて管理する。

ブルーレースフラワー（トラキメネ属）

ホワイトレースフラワー（アンミ属）

ローズマリー ◆○◆　葉◆

Rosmarinus

シソ科／半耐寒～耐寒性常緑低木　別名：マンネンロウ　花ことば：あなたは私を蘇らせる

原産地：地中海沿岸
観賞期：周年（花は9～6月）　出回り時期：周年
用　途：鉢植え、庭植え、ハーブ

特徴 株全体に香りがあり、薬用、香料、料理の臭み消しなどに幅広く利用できる人気のハーブ。立ち性、匍匐性、半匍匐性があり、ピンクや青、白色の小さな花をつける。

管理 日当たりと風通しのよい場所に置き、高温多湿を嫌うので夏は雨や西日を避け、乾燥気味に育てる。2年目から収穫できるが、枝先を常に収穫していると花芽がつかないので注意する。

上／ローズマリー（匍匐性タイプ）
左／ローズマリー（立ち性タイプ）

知りたい花の名前が見つかる
総索引

- 本書に出てくる花名を50音順に並べました。
- 太字はタイトル項目の花名（通称名）、細字はその他の和名、英名、別名など。
- 細字の花名の後の矢印（▶）は、その花名が矢印以降の太字のタイトル項目内に出てくることを表します。

ア

アーティチョーク ･･････････････････ 128
アイスランドポピー ▶**ポピー** ･･････････ 112
アイノカンザシ ･･････････････････････ 30
アイビーゼラニウム ▶**ゼラニウム** ･････ 85
アイリス
　イングリッシュアイリス ▶**球根アイリス** 56
　球根アイリス ･････････････････････ 56
　ジャーマンアイリス ････････････････ 185
　ジュノーアイリス ▶**球根アイリス** ･･･ 56
　ダッチアイリス ▶**球根アイリス** ･････ 56
　バタフライアイリス ▶**モラエア** ････ 302
　ミニアイリス ▶**球根アイリス** ･･･････ 56
アエオニウム ･･････････････････････ 310
アオマツリ ▶**プルンバゴ** ････････････ 224
アカナス ▶**ソラナム** ･･････････････ 285
アカバセンニチコウ ▶**アルテルナンテラ** 143
赤花クリーピングタイム ▶**タイム** ････ 191
アカバナマツシソウ ････････････････ 128
赤花ワタ ▶**トロロアオイ** ･･････････ 205
アガパンサス ･･････････････････････ 129
アカリファ ････････････････････････ 129
アカリファ・ヒスパニオラエ ･････････ 129
アカリファ・ヒスピダ ･･･････････････ 129
アカンサス ････････････････････････ 130
アカンサス・モリス ････････････････ 130
秋咲きクロッカス ▶**クロッカス** ･････ 66
秋咲きスノーフレーク ▶**スノーフレーク** 82
アキザクラ ▶**コスモス** ････････････ 275
アキメネス ････････････････････････ 130
アキランサス ▶**アルテルナンテラ** ････ 143
アキレア ･･････････････････････････ 131

アキレア・フィリペンドゥリナ ･･･････ 131
アキレア・プタルミカ ･･･････････････ 131
アキレア・ミレフォリウム ･･･････････ 131
アキレギア ････････････････････････ 31
アグロステンマ ････････････････････ 30
アグロステンマ・ギタゴ ････････････ 30
アケボノエリカ ▶**エリカ** ･･･････････ 263
アケボノフウロ ▶**ゲラニウム** ･･･････ 68
アゲラタム（アゲラツム） ･･･････････ 32
アコニツム ▶**トリカブト** ･･･････････ 288
アサガオ ･･････････････････････････ 132
アサガオタバコ ▶**サルピグロッシス** ･･ 181
アサギズイセン ▶**フリージア** ･･･････ 105
アサリナ ･･････････････････････････ 133
アサリナ・スカンデンス ････････････ 133
アサリナ・プロクンベンス ･･･････････ 133
アザレア ･･････････････････････････ 32
アジサイ ･･････････････････････････ 134
アシダンテラ ･･････････････････････ 260
アシダンテラ・ビコロル ････････････ 260
アスクレピアス ････････････････････ 133
アスクレピアス・クラサビカ ･････････ 133
アスクレピアス・シリアカ ･･･････････ 133
アスクレピアス・ツベロサ ･･･････････ 133
アスクレピアス・フルティコスス
　▶**フウセントウワタ** ･･････････････ 221
アスコセンダ ▶**バンダ** ････････････ 294
アスター ･･････････････････････････ 136
　クジャクアスター ･･････････････････ 163
　宿根アスター ▶**クジャクアスター** ･･ 163
　チャイナアスター ▶**アスター** ･･････ 136
　ニューヨークアスター ▶**ユウゼンギク** 303
アスタルテア ･･････････････････････ 33
アスタルテア・ファッシキュラリス ･･ 33
アスチルベ ････････････････････････ 136
アステリスカス ････････････････････ 33
アステリスカス・マリティムス ▶**アステリスカス** 33
アストランティア（アストランチア） ･ 137
アストランティア・マヨル ･･･････････ 137
アスペルラ ････････････････････････ 137
アスペルラ・オリエンタリス ･････････ 137
アッサムニオイザクラ ▶**ルクリア** ･･ 307
アッツザクラ ･･････････････････････ 34
アデニウム ････････････････････････ 138
アデニウム・オベスム ･･････････････ 138
アナガリス ････････････････････････ 34
アナガリス・アルウェンシス ･････････ 34
アナナス類 ････････････････････････ 139

アニゴザントス ▶**カンガルーポー**	54
アニソドンテア	37
アニソドンテア・カペンシス	37
アネモネ	35
アネモネ・コロナリア	35
アネモネ・ブランダ	35
アネモネ・フルゲンス	35
アフェランドラ	138
アフェランドラ・スクアロサ	138
アブチロン	140
アブチロン・ストリアツム	140
アブチロン・メガポタミクム	140
アフリカギク ▶**アルクトティス**	38
アフリカキンセンカ ▶**ディモルフォセカ**	91
アフリカスミレ ▶**セントポーリア**	319
アフリカホウセンカ ▶**インパチェンス**	146
アフリカンヒアシンス ▶**ラケナリア**	119
アフリカンマリーゴールド ▶**マリーゴールド**	241
アマゾンリリー	260
アマモドキ ▶**ニーレンベルギア**	205
アマリリス	36
アメシエラ	261
アメシエラ・フィリピネンシス	261
アメジストセージ ▶**サルビア／セージ**	179
アメリカシャクナゲ ▶**カルミア**	160
アメリカノウゼンカズラ ▶**ノウゼンカズラ**	206
アメリカフヨウ	141
アメリカンブルー ▶**エボルブルス**	150
アラゲカエンソウ ▶**マネッチア**	115
アラセイトウ ▶**ストック**	80
アラマンダ	141
アラマンダ・カタルティカ	141
アラマンダ・ネリフォーリア	141
アラマンダ・ビオラケア	141
アリアケカズラ ▶**アラマンダ**	141
アリウム	142
アリウム・カエルレウム	142
アリウム・ギガンチウム	142
アリウム・ネアポリタナム	142
アリウム・モーリー	142
アリッサム	37
アリッサム・サキサティリス	37
アリッサム・モンタナム	37
アルクトティス	38
ベニジウム・ファストオスム ▶**ベニジウム**	110
アルケミラ	143
アルケミラ・モリス	143
アルストロメリア	311

アルストロメリア・プルケラ	311
アルテルナンテラ	143
アルテルナンテラ・フィコイデア	143
アルテルナンテラ・ポリゲンス	143
アルピニア	310
アルピニア・サンデラエ	310
アルピニア・ゼルンベト	310
アルブカ	144
アルブカ・カナデンシス	144
アルブカ・ネルソニー	144
アルペンストロベリー ▶**ワイルドストロベリー**	125
アルメリア	38
アルメリア・マリティマ	38
アルメリア・ラティフォリア	38
アロエ	312
アロエ・アルボレスケンス	312
アロンソア	144
アロンソア・ワルセウィッチー	144
アワバナ ▶**オミナエシ**	266
アングロカステ ▶**リカステ**	304
アンゲロニア	145
アンゲロニア・サリカリーフォリア	145
アンジャベル ▶**カーネーション**	48
アンスリウム	312
アンスリウム・アンドレアヌム	312
アンブレラプラント ▶**シペラス**	185

イ

イースターカクタス	39
イエギク ▶**キク**	270
イエスタデー・ツデー・アンド・ツモロー ▶**ブルンフェルシア**	109
イエローサルタン ▶**セントーレア**	86
イエローボール ▶**クラスペディア**	163
イカダカズラ ▶**ブーゲンビレア**	220
イキグサ ▶**ベンケイソウ**	299
イキシア	39
イキシア・ビリディフロラ	39
イキシア・ポリスタキア	39
イキシオリリオン（イクシオリリオン）	40
イキシオリリオン・タタリクム	40
イクソラ ▶**サンタンカ**	181
イシャイラズ ▶**アロエ**	312
イスメネ ▶**ヒメノカリス**	218
イソトマ	145
糸葉シャクヤク ▶**シャクヤク**	73
糸葉ハルシャギク ▶**コレオプシス**	176
イヌサフラン ▶**コルチカム**	274

イフェイオン ▶**ハナニラ**	96
イフェイオン・ウニフロラム ▶**ハナニラ**	96
イフェイオン・セロウィアナ ▶**ハナニラ**	96
イベリス	40
イベリス・アマラ	40
イベリス・ウンベラータ	40
イベリス・センペルビレンス	40
イポメア ▶**テラスライム**	201
イポメア・ロバータ ▶**ミナ・ロバータ**	302
イリス ▶**球根アイリス**	56
イリス・ヒストリオイデス ▶**球根アイリス**	56
イリス・レティキュラータ ▶**球根アイリス**	56
イロマツヨイグサ ▶**ゴデチア**	175
イワナビ ▶**レウィシア**	124
インカのユリ ▶**アルストロメリア**	311
イングリッシュアイリス ▶**球根アイリス**	56
イングリッシュラベンダー ▶**ラベンダー**	254
イングリッシュローズ ▶**バラ**	325
インコアナナス ▶**アナナス類**	139
インドザクラ ▶**ヤトロファ**	248
インドソケイ ▶**プルメリア**	224
インパチェンス	146
インパチェンス・レペンス	146

ウ

ウイキョウ	147
ウインターコスモス ▶**ビデンス**	295
ウォーターヒアシンス ▶**ホテイアオイ**	237
ウォーターポピー	147
ウォールフラワー	41
ウキツリボク ▶**アブチロン**	140
ウケザキクンシラン ▶**クンシラン**	67
ウサギノオ ▶**ラグルス**	252
ウシノケグサ ▶**フェスツカ**	326
ウシノシタ ▶**ストレプトカーパス**	188
ウッコンコウ ▶**チューリップ**	89
ウメナデシコ ▶**ビスカリア**	99
ウモウケイトウ ▶**ケイトウ**	172
ウンランモドキ ▶**ネメシア**	94

エ

エアープランツ ▶**チランドシア**	321
エイムジエラ ▶**アメシエラ**	261
エオニウム ▶**アエオニウム**	310
エキウム	41
エキウム・カンディカンス	41
エキウム・プランタギネウム	41
エキウム・ブルガレ	41
エキザカム	148
エキザカム・アッフィネ	148
エキナケア（エキナセア）	148
エキナケア・プルプレア	148
エキノプス	149
エキノプス・リトロ	149
エクメア ▶**アナナス類**	139
エクメア・ファスキアタ ▶**アナナス類**	139
エスキナンサス	149
エスキナンサス・スペキオサ	149
エゾギク ▶**アスター**	136
エゾノヘビイチゴ ▶**ワイルドストロベリー**	125
エゾミソハギ ▶**ミソハギ**	243
エゾムラサキ ▶**ワスレナグサ**	125
エゾリンドウ ▶**リンドウ**	306
エニシダ	42
エニシダ ▶**エニシダ**	42
エノテラ ▶**ツキミソウ**	195
エビスグサ ▶**シャクヤク**	73
エピデンドルム（エピデンドラム）	261
エビネ	43
エフデギク ▶**カカリア**	155
エボルブルス	150
エボルブルス・ピロスス	150
エミューブッシュ ▶**エレモフィラ**	264
エミリア・サギタッタ ▶**カカリア**	155
エラチオールベゴニア ▶**ベゴニア**	227
エランティス	44
エランティス・シリシカ	44
エランティス・ヒエマリス	44
エリカ	262
エリカ・アビエティナ	262
エリカ・パターソニア	262
エリカモドキ ▶**アイノカンザシ**	30
エリゲロン	44
エリゲロン・カルビンスキアヌス	44
エリゲロン・スペキオサス	44
エリシマム ▶**ウォールフラワー**	41
エリスロニウム	45
エリスロニウム・ツオルムネンセ	45
エリンジウム	150
エリンジウム・アルピナム	150
エリンジウム・ギガンチウム	150
エリンジウム・プラナム	150
エルウァタミア・コロナリア ▶**サンユウカ**	182
エレムルス	152
エレモフィラ	264
エレモフィラ・ニヴェア	264

エレモフィラ・マクラタ ……………	264
エロディウム・コルシクム ▶**ゲラニウム** …	68
エンジェルストランペット ……………	151

オ

黄金花月 ▶**カゲツ** ……………………	315
黄金丸葉マンネングサ ▶**セダム** ………	320
黄金ヤグルマソウ ▶**セントーレア** ……	86
オウショッキ ▶**トロロアオイ** ………	205
オウムのくちばし ▶**ロータス** ………	124
オオアマナ ▶**オーニソガラム** ………	46
オオイワギリソウ ▶**グロキシニア** …	169
オオインコアナナス ▶**アナナス類** …	139
オーキッドカクタス ▶**クジャクサボテン** ‥	60
オオキンケイギク ▶**コレオプシス** …	176
オーストラリアンフクシア ▶**コーレア** …	273
オオトリトマ ▶**トリトマ** ……………	202
オーナメンタルケール ▶**ハボタン** …	293
オーニソガラム ………………………	46
オーニソガラム・アラビクム …………	46
オーニソガラム・ウンベラツム ………	46
オーニソガラム・シルソイデス ………	46
オーニソガラム・ドゥビウム …………	46
オオバギボウシ ▶**ギボウシ** …………	55
オオバナノコギリソウ ▶**アキレア** …	131
オオハンゴンソウ ▶**ルドベキア** ……	257
オオヒエンソウ ▶**デルフィニウム** …	201
オオベンケイソウ ▶**ベンケイソウ** …	299
オオムラサキツユクサ ▶**ムラサキツユクサ** …	244
オオヤエクチナシ ▶**ガーデニア** ……	153
オールドローズ ▶**バラ** ………………	325
オオルリソウ ▶**シノグロッスム** ……	71
オカトトキ ▶**キキョウ** ………………	161
オキザリス ……………………………	265
オキザリス・ウェルシコロル …………	265
オキザリス・セルヌア …………………	265
オキザリス・トリアングラリス ………	265
オキザリス　バーシカラー ……………	265
オキザリス　ペスーカプラエ …………	265
オキザリス・ボーウィー ………………	265
オキシペタルム ………………………	45
オキシペタルム・カエルレウム ………	45
オキナワアサガオ ▶**アサガオ** ………	132
オクナ …………………………………	47
オクナ・セルラータ ……………………	47
オクラ ▶**トロロアオイ** ……………	205
オジギソウ ……………………………	152
オステオスペルマム ▶**ディモルフォセカ** …	91

オスベッキア・ネパレンシス ▶**ブータンノボタン** …	221
オタカンサス ▶**ブルーキャッツアイ** ……	298
オタカンサス・カエルレウス	
▶**ブルーキャッツアイ** …………	298
オダマキ ▶**アキレギア** ………………	31
オトメギキョウ ▶**カンパニュラ** ……	52
オトメギボウシ ▶**ギボウシ** …………	55
オドンチオダ ▶**オドントグロッサム** …	264
オドントグロッサム（オドントグロッスム） ‥	264
オニゲシ ▶**ポピー** ……………………	112
オニノシコグサ ▶**シオン** ……………	276
オノエマンテマ ▶**カスミソウ** ………	313
オノマンネングサ ▶**セダム** …………	320
オミナエシ ……………………………	266
オランダカイウ ▶**カラー** ……………	314
オランダセキチク ▶**カーネーション** …	48
オリエンタルポピー ▶**ポピー** ………	112
オリガヌム ▶**オレガノ** ………………	152
オレガノ ………………………………	152
オレンジマーガレット ▶**マーガレット** …	114
オレンジマーマレード ▶**マーマレードノキ** …	240
オンシジウム …………………………	266
温帯スイレン ▶**スイレン** ……………	187
オンファロデス（オムファロデス） ……	47
オンファロデス・カッパドキア ………	47
オンファロデス・リニフォリア ………	47

カ

ガーデニア ……………………………	153
ガーデンシクラメン ▶**シクラメン** …	277
カーネーション ………………………	48
カーペットかすみ草 ▶**カスミソウ** …	313
ガーベラ ………………………………	49
ガーリックバイン ▶**ニンニクカズラ** …	289
カイガラサルビア ▶**モルセラ** ………	247
ガイラルディア ………………………	154
ガイラルディア・プルケラ ……………	154
ガウラ …………………………………	154
カエンキセワタ ▶**レオノチス** ………	308
カオヨグサ ▶**カキツバタ** ……………	50
カオヨグサ ▶**シャクヤク** ……………	73
カガチ ▶**ホオズキ** …………………	237
カカリア ………………………………	155
カガリビバナ ▶**シクラメン** …………	277
カキツバタ ……………………………	50
カクトラノオ ▶**ハナトラノオ** ………	214
カゲツ …………………………………	315
カザグルマ ▶**クレマチス** ……………	64

総索引

ガザニア	155
ガザニア・ユニフロラ	155
カサバルピナス ▶ルピナス	123
カシワバアジサイ ▶アジサイ	135
カスミソウ	313
カスミノキ ▶スモークツリー	190

カズラ

アメリカノウゼンカズラ ▶ノウゼンカズラ	206
アリアケカズラ ▶アラマンダ	141
イカダカズラ ▶ブーゲンビレア	220
ゲンペイカズラ ▶クレロデンドルム	168
スイカズラ ▶ツキヌキニンドウ	195
ツタバキリカズラ ▶アサリナ	133
ニンニクカズラ	289
ノウゼンカズラ	206
ヒメノウゼンカズラ ▶テコマリア	200
ピンクノウゼンカズラ ▶ポドラネア	238
フウセンカズラ	220
ベンガルヤハズカズラ ▶ツンベルギア	197
ヤハズカズラ ▶ツンベルギア	197
カタナンケ	156
カタナンケ・カエルレア	156
カッコウアザミ ▶アゲラタム	32
カトレア	267
カトレア・クローバー ▶ストロベリーキャンドル	81
カナダオダマキ ▶アキレギア	31
カナリアヅル ▶キンレンカ	162
カナリーヒース ▶エリカ	263
カネノナルキ ▶カゲツ	315
カノコユリ ▶ユリ	251
ガマ	156
カミツレ ▶カモミール	157
カメラウキウム・ウンキナツム ▶ワックスフラワー	126
カモミール(カモマイル)	157
カヤツリグサ ▶シペラス	185
カラー	314
カラアイ ▶ケイトウ	171
カラーリリー ▶カラー	314
カラジウム	158
カラジウム・フンボルティー	158
カラミンサ(カラミント)	157
カラミンサ・グランディフローラ	157
カラミンサ・ネペタ	157
カランコエ	268
カランコエ・ファリナケア	268
カランコエ・プロスフェルディアナ	268
ガランサス・エルウェシー ▶スノードロップ	281
ガランサス・ニヴァリス ▶スノードロップ	281
カランドリニア	159
カランドリニア・ウンベラタ	159
カリオプテリス	269
カリオプテリス・インカナ	269
カリオプテリス・クランドネンシス	269
カリフォルニアデージー	50
カリフォルニアポピー ▶ハナビシソウ	98
カリフォルニアライラック ▶セアノサス	83
カリブラコア ▶ペチュニア	229
カルーナ	269
カルセオラリア	51
カルセオラリア・インテグリフォリア	51
カルセオラリア・ヘルベオヒブリダ	51
ガルトニア	159
ガルトニア・カンディカンス	159
カルミア	160
カルミア・ラティフォリア	160
カレープランツ(カリープラント)	160
カレンデュラ ▶キンセンカ	60
カロコロツス	51
カロコロツス・ベヌストゥス	51
カロコロツス・ルーテウス	51
カロライナジャスミン	54
カワホネ ▶コウホネ	174
カンガルーポー	54
寒咲きクロッカス ▶クロッカス	66
ガンジツソウ ▶フクジュソウ	296
観賞ギク ▶キク	270
観賞トウガラシ ▶ゴシキトウガラシ	274
観賞用ナス ▶ソラナム	284
カンチョウジ ▶ブバルディア	297
カンナ	161
カンパニュラ	52
カンパニュラ・グロメラータ	53
カンパニュラ・コクレアリーフォリア	53
カンパニュラ・パーシフォリア	53
カンパニュラ・フラギリス	52
カンパニュラ・ポシャルスキアナ	53
カンパニュラ・ポルテンシュラギアナ	52
カンパニュラ・メディウム	52
寒ボタン ▶ボタン	111
ガンライコウ ▶ハゲイトウ	291

キ

キイジョウロウホトトギス ▶ホトトギス	300
黄エビネ ▶エビネ	43
キキョウ	161

オトメギキョウ ▶**カンパニュラ**	52
白花フタエギキョウ ▶**キキョウ**	161
ツルギキョウ ▶**ツルニチニチソウ**	196
トルコギキョウ	322
フタエギキョウ ▶**キキョウ**	161
モモバギキョウ ▶**カンパニュラ**	53
キク	270
アフリカギク ▶**アルクトティス**	38
イエギク ▶**キク**	270
糸葉ハルシャギク ▶**コレオプシス**	175
エゾギク ▶**アスター**	136
エフデギク ▶**カカリア**	154
オオキンケイギク ▶**コレオプシス**	176
観賞ギク ▶**キク**	270
キブネギク ▶**シュウメイギク**	279
キリンギク ▶**リアトリス**	256
キンケイギク ▶**コレオプシス**	176
クンショウギク ▶**ガザニア**	155
ゲンペイコギク ▶**エリゲロン**	44
嵯峨（さが）ギク ▶**キク**	271
ジャノメギク ▶**サンビタリア**	182
ジャノメギク ▶**ベニジウム**	110
シュウメイギク	279
シロタエギク ▶**ダスティーミラー**	321
スプレーギク ▶**キク**	271
センジュギク ▶**マリーゴールド**	241
耐寒マツバギク ▶**デロスペルマ**	202
ダンギク ▶**カリオプテリス**	269
チャボシュウメイギク ▶**シュウメイギク**	279
テンニンギク ▶**ガイラルディア**	154
ナツシロギク ▶**マトリカリア**	243
ハゴロモギク ▶**アルクトティス**	38
ハナワギク ▶**クリサンセマム**	62
ハルシャギク ▶**コレオプシス**	176
ヒナギク ▶**デージー**	92
フウキギク ▶**シネラリア**	70
ボサギク ▶**キク**	270
マツカサギク ▶**ルドベキア**	257
マツバギク	240
ムギワラギク ▶**ヘリクリサム**	232
ムラサキバレンギク ▶**エキナケア**	148
モクシュンギク ▶**マーガレット**	114
ヤグルマギク ▶**セントーレア**	86
ヤグルマテンニンギク ▶**ガイラルディア**	154
ユウゼンギク	303
洋種アズマギク ▶**エリゲロン**	44
ルリギク ▶**ストケシア**	188
ルリヒナギク ▶**ブルーデージー**	106
キシモツケ ▶**シモツケ**	72
キスミークイック ▶**ハナキリン**	212
キセランセマム	162
キセランセマム・アンヌーム	162
キダチチョウセンアサガオ ▶**エンジェルストランペット**	151
キダチロカイ ▶**アロエ**	312
キチコウ ▶**キキョウ**	161
キツネノテブクロ ▶**ジギタリス**	183
キツネユリ ▶**グロリオーサ**	171
黄花カイウ ▶**カラー**	314
黄花クンシラン ▶**クンシラン**	67
黄花コスモス ▶**コスモス**	275
黄花セツブンソウ ▶**エランティス**	44
黄花タマスダレ ▶**ステルンベルギア**	281
黄花ノコギリソウ ▶**アキレア**	131
黄花ルピナス ▶**ルピナス**	123
キフアブチロン ▶**アブチロン**	140
キフゲットウ ▶**アルピニア**	310
キブネギク ▶**シュウメイギク**	279
ギボウシ	55
ギボウシズイセン ▶**アマゾンリリー**	260
キミカゲソウ ▶**スズラン**	79
キャッツテール ▶**アカリファ**	129
キャッツテール ▶**ガマ**	156
キャッツテール ▶**ブルビネラ**	107
キャンディタフト ▶**イベリス**	40
球根アイリス	56
球根カタバミ ▶**オキザリス**	265
球根ベゴニア ▶**ベゴニア**	227
ギョリュウバイ	57
ギョリュウモドキ ▶**カルーナ**	269
ギリア	58
ギリア・カピタータ	58
ギリア・コロノピフォリア	58
ギリア・トリコロル	58
ギリア・ルテア	58
ギリア・ルブラ	58
ギリア・レプタンサ	58
キリンギク ▶**リアトリス**	256
キンギョソウ	59
キングサリ	57
キングプロテア ▶**プロテア**	327
キンケイギク ▶**コレオプシス**	176
キンシバイ ▶**ヒペリクム**	216
銀針草（ギンシンソウ）▶**フェスツカ**	326
キンセンカ	60
キンチャクソウ ▶**カルセオラリア**	51

ギンパイソウ ▶**ニーレンベルギア**	**205**
キンヨウボク ▶**アフェランドラ**	**138**
キンランジソ ▶**コリウス**	**175**
キンリョウヘン ▶**シンビジウム**	**280**
キンレンカ	**162**

ク

クササンタンカ ▶**ペンタス**	**235**
クサフヨウ ▶**アメリカフヨウ**	**141**
クサミソハギ ▶**クフェア**	**164**
クジャクアスター	**163**
クジャクサボテン	**60**
クジャクソウ ▶**クジャクアスター**	**163**
クジャクソウ ▶**マリーゴールド**	**241**
グズマニア ▶**アナナス類**	**139**
グズマニア・マグニフィカ ▶**アナナス類**	**139**
クセランセマム ▶**キセランセマム**	**162**
クダモノトケイソウ ▶**トケイソウ**	**203**
クチナシ ▶**ガーデニア**	**153**
口紅アロエ ▶**アロエ**	**312**
口紅シラン ▶**シラン**	**74**
口紅ズイセン ▶**スイセン**	**77**
クッションマム ▶**キク**	**271**
クナウティア・マケドニカ ▶**アカバナマツムシソウ**	**128**
首飾リラン ▶**デンドロキルム**	**288**
クフェア	**164**
クフェア・イグネア	164
クフェア・ヒソピフォリア	164
クフェア・ミクロペタラ	164
クモマグサ	**61**
クラーキア・アモエナ ▶**ゴデチア**	**175**
クラーキア・グランディフロラ ▶**ゴデチア**	**175**
クライミングセネシオ ▶**セネシオ**	**282**
グラジオラス	**165**
グラジオラス・トリスティス	165
クラスペディア	**163**
クラスペディア・グロボーサ	163
クラッスラ ▶**カゲツ**	**315**
クリアンサス（クリアンツス）	**61**
クリアンサス・フォルモッスス	61
クリーピングスナップドラゴン ▶**キンギョソウ**	**59**
クリーピングビオラ ▶**パンジー／ビオラ**	**97**
クリーピングミントブッシュ ▶**プロスタンテラ**	**108**
グリーンネックレス ▶**セネシオ**	**282**
クリサンセマム	**62**
クリサンセマム・カリナツム	62
クリサンセマム・パルドサム	62
クリサンセマム・ムルチコーレ	62
クリスマスカクタス ▶**シャコバサボテン**	**278**
クリスマスベゴニア ▶**ベゴニア**	**226**
クリスマスベルズ ▶**サンダーソニア**	**317**
クリスマスローズ	**272**
クリトリア	166
クリトリア・テルナテア	166
クリヌム（クリナム）	**166**
クリヌム・ムーレイ	166
クリビア ▶**クンシラン**	**67**
クリムソンクローバー ▶**ストロベリーキャンドル**	**81**
クルクマ	**167**
クルクマ・アリスマティフォリア	167
クルクマ・ペティオラタ	167
クルメケイトウ ▶**ケイトウ**	**172**
クルメツツジ	**62**
グレープヒアシンス ▶**ムスカリ**	**117**
クレオメ	**167**
クレオメ・ハスレリアナ	167
クレナイロケア ▶**ロケア**	**256**
クレピス	**63**
クレピス・ルブラ	63
グレビレア	**63**
グレビレア・ロブスタ	63
クレマチス	**64**
クレマチス・カートマニー	65
クレマチス・シルホーサ	65
クレマチス・タングチカ	65
クレマチス・テキネンシス	65
クレマチス・ピチセラ	64
クレマチス・マクロペタラ	65
クレマチス・モンタナ	65
クレロデンドルム	**168**
クレロデンドルム・インキスム	168
クレロデンドルム・ウガンデンセ	168
クレロデンドルム・トムソニアエ	168
クレロデンドルム・マクロシフォン	168
クロウエア ▶**サザンクロス**	**180**
グローリーオブザスノー ▶**チオノドクサ**	**90**
グロキシニア	**169**
クロコスミア	**169**
クロコスミア・メイソニオルム	169
クロタネソウ ▶**ニゲラ**	**94**
クロッカス	**66**
クロッサンドラ	**170**
クロッサンドラ・インフンディブリフォルミス	170
グロッバ	**170**
グロッバ・ウィニティー	170

グロッバ・ションバーキー	170	'ゴールデンボール' ▶ **アステリスカス**	33
クロバツメクス ▶ **ストロベリーキャンドル**	81	ゴールデンチェイン ▶ **キングサリ**	57
クロボシオオアマナ ▶ **オーニソガラム**	46	ゴールデンフィーバーヒュー ▶ **マトリカリア**	243
グロリオーサ	171	'ゴールドコイン' ▶ **アステリスカス**	33
グロリオーサ・スペルバ	171	ゴールドスティック ▶ **クラスペディア**	163
グロリオーサ・ロスチャイルディアナ	171	ゴールドダスト ▶ **アリッサム**	37
クンショウギク ▶ **ガザニア**	155	ゴールドフィッシュプランツ ▶ **コルムネア**	69
クンシラン	67	**コーレア**	273
		コーンフラワー ▶ **ルドベキア**	257
ケ		コガマ ▶ **ガマ**	156
ケアノツス ▶ **セアノサス**	83	**コキア**	174
ゲイッソリザ	67	コクチナシ ▶ **ガーデニア**	153
ゲイッソリザ・ロケンシス	67	ゴクラクチョウカ ▶ **ストレリチア**	317
ケイトウ	172	**ゴシキトウガラシ**	274
ケイランツス ▶ **ウォールフラワー**	41	五色葉カンナ ▶ **カンナ**	161
ケープハニーサックル ▶ **テコマリア**	200	五色葉ゼラニウム ▶ **ゼラニウム**	85
ケープフクシア ▶ **フィゲリウス**	219	コシモツケ ▶ **シモツケ**	72
ケーププリムローズ ▶ **ストレプトカーパス**	189	**コスモス**	275
ケシ ▶ **ポピー**	112	木立性ベゴニア ▶ **ベゴニア**	227
ゲッカコウ ▶ **チューベローズ**	194	コチョウソウ ▶ **シザンサス**	70
ゲッカビジン	171	コチョウラン ▶ **ファレノプシス**	296
ゲッキツ	273	**ゴデチア**	175
ゲットウ ▶ **アルピニア**	310	ゴデチア・アモエナ	175
ケマンソウ	69	ゴデチア・グランディフロラ	175
ケムリノキ ▶ **スモークツリー**	190	コバノランタナ ▶ **ランタナ**	253
ケラトスティグマ	173	コマチフジ ▶ **ハーデンベルギア**	291
ケラトスティグマ・グリフィシー	173	コムギセンノウ ▶ **ビスカリア**	99
ケラトスティグマ・プルンバギノイデス	173	コモンセージ ▶ **サルビア／セージ**	179
ゲラニウム	68	コモンタイム ▶ **タイム**	190
ゲラニウム・インカヌム	68	**コリウス**	175
ゲラニウム・サンギネウム	68	コリセウムアイビー ▶ **シンバラリア**	76
ゲルセミウム ▶ **カロライナジャスミン**	54	**コルチカム**	274
ケロネ	173	**コルムネア**	69
ケロネ・リオニー	173	コレオステフス ▶ **クリサンセマム**	62
ケンタウレア ▶ **セントーレア**	86	**コレオプシス**	176
ゲンチアナ ▶ **リンドウ**	306	コレオプシス・ウェルティキュラタ	176
ゲンチアナ・アコーリス ▶ **リンドウ**	306	コレオプシス・ティンクトリア	176
ゲンペイカズラ ▶ **クレロデンドルム**	168	コレオプシス・ドラモンディー	176
ゲンペイクサギ ▶ **クレロデンドルム**	168	コレオプシス・ロセア	176
ゲンペイコギク ▶ **エリゲロン**	44	ゴンフォカルプス・フルティコスス	
ゲンペイヨメナ ▶ **エリゲロン**	44	▶ **フウセントウワタ**	221
		ゴンフレナ ▶ **センニチコウ**	191
コ		ゴンフレナ・グロボーサ	191
コウショッキ ▶ **モミジアオイ**	247	ゴンフレナ・ハーゲアナ	191
コウホネ	174	**コンボルブルス**	177
コーラルドロップス ▶ **ベッセラ**	230	コンボルブルス・クネオラム	177
'ゴールデンクラッカー' ▶ **ユリオプスデージー**	304	コンボルブルス・サバティウス	177
'ゴールデンダラー' ▶ **アステリスカス**	33	コンボルブルス・トリコロル	177

サ

- サイネリア ▶**シネラリア** ………………… 70
- 嵯峨(さが)ギク ▶**キク** ………………… 271
- **サギソウ** ……………………………… 177
- サギノマイ ▶**ディクロメナ・コロラタ** ……… 198
- サクラ ………………………………………
  - アキザクラ ▶**コスモス** ……………… 275
  - アッサムニオイザクラ ▶**ルクリア** …… 307
  - **アッツザクラ** ……………………… 34
  - インドザクラ ▶**ヤトロファ** ………… 248
  - **シバザクラ** ………………………… 71
  - ナンヨウザクラ ▶**ヤトロファ** ……… 248
  - ニオイザクラ ▶**ルクリア** …………… 307
  - ビジョザクラ ▶**バーベナ** …………… 208
  - 八重咲きアッツザクラ ▶**アッツザクラ** … 34
- サクラソウ ▶**プリムラ** ………………… 102
- ササウチワ ▶**スパティフィラム** ………… 319
- **サザンクロス** …………………………… 180
- サツマイモ ▶**テラスライム** …………… 201
- サテンフラワー ▶**ゴデチア** …………… 175
- **サフラン** ……………………………… 276
- サフランモドキ ▶**ゼフィランサス** ……… 190
- サボテン類 ……………………………… 316
- サマーヒアシンス ▶**ガルトニア** ………… 159
- **ザミア** ………………………………… 315
- ザミア・プミラ …………………………… 315
- **サラセニア** …………………………… 180
- サラセニア・フラバ ……………………… 180
- サラセニア・プルプレア ………………… 180
- サラセニア・レウコフィラ ……………… 180
- **サルビア ▶サルビア／セージ** ………… 178
- サルビア・オフィキナリス ……………… 179
- サルビア・グアラニチカ ………………… 179
- サルビア・グレイギー …………………… 178
- サルビア・コクシネア …………………… 178
- サルビア・スプレンデンス ……………… 178
- サルビア・パテンス ……………………… 179
- サルビア・ファリナセア ………………… 178
- サルビア・ミクロフィラ ………………… 178
- サルビア・メキシカナ …………………… 179
- サルビア・レウカンサ …………………… 179
- **サルピグロッシス** ……………………… 181
- サルメンバナ ▶**サルピグロッシス** ……… 181
- サンゴアブラギリ ▶**ヤトロファ** ………… 248
- サンゴバナ ▶**ツボサンゴ** ……………… 196
- サンシキスミレ ▶**パンジー／ビオラ** …… 97
- サンシキヒルガオ ▶**コンボルブルス** …… 177
- **サンダーソニア** ………………………… 317
- サンダーソニア・オーランティアカ ……… 317
- **サンタンカ** …………………………… 181
- サンタンカ・キネンシス ………………… 181
- サンダンカ ▶**サンタンカ** ……………… 181
- **サンビタリア** ………………………… 182
- サンビタリア・プロクンベンス ………… 182
- サンフラワー ▶**ヒマワリ** ……………… 217
- サンユウカ ……………………………… 182

シ

- シーシェルインパチェンス ▶**インパチェンス** … 146
- シーホリー ▶**エリンジウム** …………… 150
- 地エビネ ▶**エビネ** ……………………… 43
- ジェラルトンワックスフラワー
  ▶**ワックスフラワー** ………………… 126
- シェルフラワー ▶**モルセラ** …………… 247
- **シオン** ………………………………… 276
- 四季咲きベゴニア ▶**ベゴニア** ………… 226
- 四季咲きロベリア ▶**ロベリア** ………… 258
- **ジギタリス** …………………………… 183
- ジギタリス・プルプレア ………………… 183
- **シクラメン** …………………………… 277
- シクラメン・コーム ▶**シクラメン** ……… 277
- シケイ ▶**シラン** ……………………… 74
- **ジゴペタルム(ジゴペタラム)** ………… 278
- シコンノボタン ▶**ノボタン** …………… 290
- **シザンサス** …………………………… 70
- シゾセントロン ▶**ヒメノボタン** ………… 219
- **シダルケア** …………………………… 183
- シダルケア・カンディダ ………………… 183
- シチヘンゲ ▶**アジサイ** ………………… 134
- シチヘンゲ ▶**ランタナ** ………………… 253
- 湿地性カラー ▶**カラー** ………………… 314
- シナワスレナグサ ▶**シノグロッサム** …… 71
- **ジニア** ………………………………… 184
- ジニア・アングスティフォリア ………… 184
- ジニア・エレガンス ……………………… 184
- ジニア・ハーゲアナ ……………………… 184
- ジニア・リネアリス ……………………… 184
- **シネラリア** …………………………… 70
- **シノグロッサム** ………………………… 71
- シバザクラ ……………………………… 71
- ジプソフィラ ▶**カスミソウ** …………… 313
- ジプソフィラ・エレガンス ▶**カスミソウ** … 313
- ジプソフィラ・ケラスティオイデス ▶**カスミソウ** … 313
- ジプソフィラ・パニクラタ ▶**カスミソウ** … 313
- ジプソフィラ・ムラリス ▶**カスミソウ** … 313

ジプソフィラ・レペンス ▶カスミソウ	313	シラー・シビリカ	74
シベナガムラサキ ▶**エキウム**	41	シラー・ヒスパニカ	74
シペラス	185	シラー・ペルビアナ	74
シペラス・アルボストリアツス	185	シラサギカヤツリ ▶**ディクロメナ・コロラタ**	198
シホウカ ▶**ソラナム**	285	シラサギスゲ ▶**ディクロメナ・コロラタ**	198
シマサンゴアナナス ▶**アナナス類**	139	**シラン**	74
縞斑スズラン ▶**スズラン**	79	ジリア ▶**ギリア**	58
シモツケ	72	シルクジャスミン ▶**ゲッキツ**	273
ジャーマンアイリス	185	'シルバーレース' ▶**ダスティーミラー**	321
ジャーマンカモミール ▶**カモミール**	157	**シレネ**	75
シャグマユリ ▶**トリトマ**	202	シレネ・アルペストリス	75
シャクヤク	73	シレネ・アルメリア	75
ジャコウソウ ▶**タイム**	191	シレネ・コエリーロサ ▶**ビスカリア**	99
ジャコウソウモドキ ▶**ケロネ**	173	シレネ・ペンジュラ	75
ジャコウレンリソウ ▶**スイートピー**	78	シレネ・ユニフロラ	75
シャコバサボテン	278	シロガネヨシ ▶**パンパスグラス**	294
シャスターデージー	72	シロジャク ▶**クジャクアスター**	162
ジャスミン		シロスジアマリリス ▶**アマリリス**	36
カロライナジャスミン	54	シロタエギク ▶**ダスティーミラー**	321
シルクジャスミン ▶**ゲッキツ**	273	シロバナエニシダ ▶**エニシダ**	42
ハゴロモジャスミン	96	白花シモツケ ▶**シモツケ**	72
マダガスカルジャスミン	239	白花シラン ▶**シラン**	74
ジャスミン ▶**ハゴロモジャスミン**	96	白花フタエギキョウ ▶**キキョウ**	161
ジャノメエリカ ▶**エリカ**	263	シンガポールプルメリア ▶**プルメリア**	223
ジャノメギク ▶**サンビタリア**	182	シンキリシマリンドウ ▶**リンドウ**	306
ジャノメギク ▶**ベニジウム**	110	**ジンジャー**	186
シャムノマイヒメ ▶**グロッバ**	170	ジンジャーリリー ▶**アルピニア**	310
シャローム ▶**クルクマ**	167	新テッポウユリ ▶**ユリ**	251
シュウカイドウ	279	シンニンギア ▶**グロキシニア**	169
シューティングスター ▶**ディクロメナ・コロラタ**	198	**シンバラリア**	76
シュウメイギク	279	**シンビジウム(シンビジューム)**	280
宿根アスター ▶**クジャクアスター**	163		
宿根カスミソウ ▶**カスミソウ**	313	**す**	
宿根サルビア ▶**サルビア/セージ**	178	**スイートアリッサム**	76
宿根スイートピー ▶**スイートピー**	78	スイートサルタン ▶**セントーレア**	86
宿根ネメシア ▶**ネメシア**	94	スイートバジル ▶**バジル**	211
宿根バーベナ ▶**バーベナ**	208	**スイートピー**	78
宿根ビオラ ▶**パンジー/ビオラ**	97	スイートフェンネル ▶**ウイキョウ**	147
宿根リモニウム ▶**スターチス**	318	スイートポテト ▶**テラスライム**	201
ジュノーアイリス ▶**球根アイリス**	56	スイカズラ ▶**ツキヌキニンドウ**	195
シュリンププラント ▶**ベロペロネ**	233	**スイセン**	77
シュロガヤツリ ▶**シペラス**	185	アサギズイセン ▶**フリージア**	105
ジョウゴバナ ▶**クロッサンドラ**	170	ギボウシズイセン ▶**アマゾンリリー**	260
ショウジョウボク ▶**ポインセチア**	299	口紅ズイセン ▶**スイセン**	77
ショウマ ▶**アスチルベ**	136	スズランズイセン ▶**スノーフレーク**	82
ショウリョウバナ ▶**ミソハギ**	243	ナツズイセン ▶**リコリス**	305
シラー	74	ニホンズイセン ▶**スイセン**	77
シラー・カンパヌラータ	74	ヒオウギズイセン ▶**ワトソニア**	126

ヒメヒオウギズイセン ▶クロコスミア	169
房咲きズイセン ▶スイセン	77
ヤリズイセン ▶イキシア	39
ユリズイセン ▶アルストロメリア	311
ラッパズイセン ▶スイセン	77
スイセンアヤメ ▶スパラキシス	82
スイレン	187
スエツムハナ ▶ベニバナ	230
スエヒロソウ ▶ブルーファンフラワー	223
スカエボラ ▶ブルーファンフラワー	223
スカビオサ	186
スカビオサ・アトロプルプレア	186
スカビオサ・コーカシア	186
スキルラ ▶シラー	74
スクテラリア	78
スクテラリア・ヴェンテナティー	78
スクテラリア・コスタリカナ	78
スジギボウシ ▶ギボウシ	55
スズラン	79
スズランエリカ ▶エリカ	262
スズランズイセン ▶スノーフレーク	82
スターグラス ▶ディクロメナ・コロラタ	198
スターチス	318
スターチス・シヌアタ	318
スターチス・シネンセ	318
スターツデザートピー ▶クリアンサス	61
スターピンク ▶サザンクロス	180
ステイロディスカス	79
ステイロディスカス・タゲテス	79
ステラ・コルダータ ▶バコパ	210
ステルンベルギア	281
ステルンベルギア・ルテア	281
ストケシア	188
ストック	80
ストレプトカーパス	189
ストレプトカーパス・ウェンドランディー	189
ストレプトカーパス・サクソルム	189
ストレリチア	317
ストレリチア・レギナエ	317
ストローフラワー ▶ヘリクリサム	232
ストロベリーキャンドル	81
スナップドラゴン ▶キンギョソウ	59
スノーインサマー ▶セラスチウム	83
スノードロップ	281
スノーフレーク	82
スパイダーオーキッド ▶ブラッシア	326
スパイダーフラワー ▶グレビレア	63
スパイダーリリー ▶ヒメノカリス	218

スパティフィラム	319
スパラキシス	82
スパラキシス・トリコロル	82
スピードリオン ▶ケロネ	173
スプリングスターフラワー ▶ハナニラ	96
スプレーギク ▶キク	271
スペアミント ▶ミント	244
スミシアンタ	188
スミシアンタ・セプリナ	188
スモークツリー	190
スリッパーグロキシニア ▶グロキシニア	169

せ

セアノサス	83
西洋アサガオ ▶アサガオ	132
西洋アジサイ ▶アジサイ	134
西洋オダマキ ▶アキレギア	31
西洋カタクリ ▶エリスロニウム	45
西洋サクラソウ ▶プリムラ	102
西洋シャクヤク ▶シャクヤク	73
西洋ツツジ ▶アザレア	32
西洋ノコギリソウ ▶アキレア	131
西洋フウチョウソウ ▶クレオメ	167
西洋マツムシソウ ▶スカビオサ	186
セージ ▶サルビア／セージ	178
セキチク ▶ダイアンサス	88
セダム	320
セッコク ▶デンドロビウム	287
セネシオ(セネキオ)	282
セネシオ・コンフーサス	282
セネシオ・マクログロッスス	282
セネシオ・レウコスタキス	282
ゼフィランサス	190
ゼフィランサス・カンディダ	190
ゼフィランサス・キトリナ	190
ゼフィランサス・グランディフロラ	190
セラスチウム	83
セラスチウム・トメントスム	83
ゼラニウム	84
セリンセ	87
セロシア ▶ケイトウ	172
セロジネ	283
センコツ ▶コウホネ	174
センジュギク ▶マリーゴールド	241
センテッドゼラニウム ▶ゼラニウム	84
セントーレア	86
セントーレア・モンタナ	86
セントポーリア	319

センニチコウ	191	ダルマクンシラン ▶**クンシラン**	67
センボンタンポポ ▶**クレピス**	63	ダルマヒオウギ ▶**ヒオウギ**	215
		ダンギク ▶**カリオプテリス**	269
ソ		ダンシングレディー ▶**オンシジウム**	266
ソウビ ▶**バラ**	324	ダンドク ▶**カンナ**	161
ソケイノウゼン ▶**パンドレア**	215	**ダンピエラ**	87
ソライロアサガオ ▶**アサガオ**	132	ダンピエラ・ディバーシフォリア	87
ソラナム	284		
ソラナム・ヤスミノイデス	284	**チ**	
ソラナム・ラントネッティー	285	チェリーセージ ▶**サルビア／セージ**	178
ソリダスター	283	チェロネ ▶**ケロネ**	173
ソレノステモン ▶**コリウス**	175	**チオノドクサ**	90
ソレノプシス・アクシラリス ▶**イソトマ**	145	チオノドクサ・サルデンシス	90
		チオノドクサ・ルシリエ	90
タ		**チグリディア**	193
ダールベルグデージー ▶**ディッソディア**	199	チグリディア・パウオニア	193
ダイアンサス	88	**チトニア**	194
タイガーリリー ▶**チグリディア**	193	チトニア・ロツンディフォリア	194
耐寒性スイレン ▶**スイレン**	187	チドリソウ ▶**ラークスパー**	118
耐寒マツバギク ▶**デロスペルマ**	202	チボウキナ ▶**ノボタン**	290
ダイサギソウ ▶**サギソウ**	177	チャイナアスター ▶**アスター**	136
タイツリソウ ▶**ケマンソウ**	69	チャイニーズフォーゲットミーノット	
タイトゴメ ▶**セダム**	320	▶**シノグロッサム**	71
タイマツバナ ▶**モナルダ**	246	チャイニーズランタン ▶**サンダーソニア**	317
タイム	191	チャイニーズランタン ▶**ホオズキ**	237
ダイモンジソウ	286	チャボシュウメイギク ▶**シュウメイギク**	279
ダイヤモンドリリー ▶**ネリネ**	289	ちゃわんバス ▶**ハス**	211
大輪ヒメフウロ ▶**ゲラニウム**	68	**チューベローズ**	194
大輪ルリマガリバナ ▶**ブロワリア**	224	**チューリップ**	89
タイワンホトトギス ▶**ホトトギス**	300	チョウセンアザミ ▶**アーティチョーク**	128
タイワンレンギョウ ▶**デュランタ**	200	チョウマメ ▶**クリトリア**	166
タゲテス・ルギタ ▶**マリーゴールド**	241	チョコレートコスモス ▶**コスモス**	275
タゲテス・レモニー ▶**マリーゴールド**	241	チランジア・キアネア ▶**チランドシア**	321
ダスティーミラー	321	**チランドシア（チランジア）**	321
タスマニアンベル ▶**コーレア**	273		
タチアオイ	193	**ツ**	
タツタナデシコ ▶**ダイアンサス**	88	**ツキヌキニンドウ**	195
ダッチアイリス ▶**球根アイリス**	56	**ツキミソウ**	195
タナセタム ▶**ダスティーミラー**	321	ツクバネアサガオ ▶**ペチュニア**	228
タバコソウ ▶**クフェア**	164	ツタガラクサ ▶**シンバラリア**	76
タヒチアンブライダルベール ▶**ブライダルベール**	222	ツタバキリカズラ ▶**アサリナ**	133
ダフォディル ▶**スイセン**	77	**ツボサンゴ**	196
タマクルマバソウ ▶**アスペルラ**	137	ツマクレナイ ▶**ホウセンカ**	236
玉咲きリアトリス ▶**リアトリス**	256	ツマベニ ▶**ホウセンカ**	236
タマサボテン ▶**サボテン類**	316	ツメキリソウ ▶**マツバボタン**	240
タマスダレ ▶**ゼフィランサス**	190	ツリウキソウ ▶**フクシア**	101
タマノオソウ ▶**ミセバヤ**	301	ツリガネオモト ▶**ガルトニア**	159
ダリア	192	ツリガネソウ ▶**カンパニュラ**	52

ツリガネヤナギ ▶ペンステモン	235		寺岡アザミ ▶ドイツアザミ	92
ツルギキョウ ▶ツルニチニチソウ	196		テラスライム	201
ツルニチニチソウ	196		テランセラ ▶アルテルナンテラ	143
ツルバギア	286		**デルフィニウム**	201
ツルバギア・ヴィオラケア	286		デルフィニウム・グランディフロルム	201
ツルバギア・フラグランス	286		**デロスペルマ**	202
ツルハナナス ▶ソラナム	284		デロスペルマ・エキナツム	202
ツルマンネングサ ▶セダム	320		デロスペルマ・クーペリ	202
ツンベルギア	197		テンジクアオイ ▶ゼラニウム	84
ツンベルギア・アラタ	197		テンジクボタン ▶ダリア	192
ツンベルギア・エレクタ	197		**デンドロキルム（デンドロキラム）**	288
ツンベルギア・グランディフロラ	197		**デンドロ ▶デンドロビウム**	287
ツンベルギア・マイソレンシス	197		**デンドロビウム**	287
			テンニンギク ▶ガイラルディア	154

テ

ディアスキア	198		**ト**	
ディアスパシス	90		**ドイツアザミ**	92
ディアスパシス・フィリフォリア	90		ドイツアヤメ ▶ジャーマンアイリス	185
ティーツリー ▶ギョリュウバイ	57		ドイツスズラン ▶スズラン	79
テイオウカイザイク ▶ヘリクリサム	232		トウィーディア・カエルレア ▶オキシペタルム	45
ディクロメナ・コロラタ	198		トウショウブ ▶グラジオラス	165
ディサ	199		銅葉（どうば）ダリア ▶ダリア	192
ディサ・ユニフロラ	199		トウワタ ▶アスクレピアス	133
ディサ・ワトソニイ	199		トーチリリー ▶トリトマ	202
ディッソディア	199		トキワサンザシ ▶ピラカンサ	295
ティトニア ▶チトニア	194		トキワバナ ▶キセランセマム	162
ティファ・ミニマ ▶ガマ	156		ドクゼリモドキ ▶レースフラワー	329
ティモフィラ ▶ディッソディア	199		**トケイソウ**	203
ディモルフォセカ	91		トサカケイトウ ▶ケイトウ	172
ディモルフォセカ・シヌアタ	91		トラケリウム ▶ユウギリソウ	248
デイリリー ▶ヘメロカリス	231		トラノオノキ ▶ヘーベ	109
デージー	92		トラフビロードギリ ▶スミシアンタ	188
カリフォルニアデージー	50		トラフユリ ▶チグリディア	193
シャスターデージー	72		ドラムスティック ▶クラスペディア	163
ダールベルグデージー ▶ディッソディア	199		トランペット・ハニーサックル ▶ツキヌキニンドウ	195
ブルーデージー	106		トランペットフラワー ▶ノウゼンカズラ	206
ペーパーデージー ▶ヘリクリサム	232		**トリカブト**	288
ユリオプスデージー	304		**トリテレイア**	93
リビングストンデージー	121		**トリトマ**	202
テコマリア	200		トルコギキョウ	322
テコマリア・カペンシス	200		トレニア	204
デザートキャンドル ▶エレムルス	152		トレニア・バイロニー	204
デザートピー ▶クリアンサス	61		ドロセアンサス ▶リビングストンデージー	121
デザートローズ ▶アデニウム	138		**トロロアオイ**	205
テッセン ▶クレマチス	64		ドワーフ・ワトソニア ▶ワトソニア	126
デッドネットル ▶ラミウム	120			
デュランタ	200			
デュランタ・エレクタ	200			

ナ

- ナガボノアカワレモコウ ▶**ワレモコウ** ····· 308
- ナスタチウム ▶**キンレンカ** ················· 162
- ナツシロギク ▶**マトリカリア** ·············· 243
- ナツズイセン ▶**リコリス** ··················· 305
- ナツスミレ ▶**トレニア** ····················· 204
- ナツユキソウ ▶**セラスチウム** ··············· 83
- ナデシコ ▶**ダイアンサス** ···················· 88
- ナニワイバラ ▶**バラ** ························ 325
- **ナノハナ** ······································ 93
- ナバナ ▶**ナノハナ** ··························· 93
- ナルキッスス ▶**スイセン** ···················· 77
- ナルキッスス・バルボコジウム ▶**スイセン** ··· 77
- ナンテンソケイ ▶**パンドレア** ··············· 215
- ナンヨウザクラ ▶**ヤトロファ** ··············· 248

ニ

- **ニーレンベルギア** ···························· 205
- ニオイアラセイトウ ▶**ウォールフラワー** ···· 41
- ニオイエビネ ▶**エビネ** ······················ 43
- ニオイザクラ ▶**ルクリア** ··················· 307
- ニオイバンマツリ ▶**ブルンフェルシア** ······ 109
- ニオイムラサキ ▶**ヘリオトロープ** ··········· 231
- **ニゲラ** ·· 94
- ニゲラ・ダマスケナ ···························· 94
- ニコチアナ ▶**ハナタバコ** ··················· 213
- ニコチアナ・アラータ ▶**ハナタバコ** ········ 213
- ニシキイモ ▶**カラジウム** ··················· 158
- **ニチニチソウ** ································ 206
- ニチリンソウ ▶**ヒマワリ** ··················· 217
- ニホンズイセン ▶**スイセン** ·················· 77
- ニューギニアインパチェンス ▶**インパチェンス** ·· 146
- **ニューサイラン** ······························ 322
- ニューヨークアスター ▶**ユウゼンギク** ····· 303
- ニワナズナ ▶**スイートアリッサム** ··········· 76
- **ニンニクカズラ** ······························ 289

ヌ

- ヌバタマ ▶**ヒオウギ** ························ 215

ネ

- ネーキッドレディ ▶**ベラドンナリリー** ······ 298
- 熱帯スイレン ▶**スイレン** ··················· 187
- ネムリグサ ▶**オジギソウ** ··················· 152
- **ネメシア** ······································ 94
- ネメシア・ストルモサ ·························· 94
- **ネモフィラ** ···································· 95
- ネモフィラ・マクラタ ·························· 95
- ネモフィラ・メンジーシー ····················· 95
- **ネリネ** ·· 289
- ネリネ・サルニエンシス ······················· 289

ノ

- **ノウゼンカズラ** ······························ 206
- ノウゼンハレン ▶**キンレンカ** ··············· 162
- ノゲイトウ ▶**ケイトウ** ······················ 172
- ノコギリソウ ▶**アキレア** ··················· 131
- **ノボタン** ····································· 290
- ノボリフジ ▶**ルピナス** ····················· 123
- **ノラナ** ······································· 208
- ノラナ・パラドクサ ··························· 207
- ノラナ・フミフサ ······························ 207

ハ

- ハアザミ ▶**アカンサス** ····················· 130
- **バージニアストック** ··························· 95
- バーズアイ ▶**ギリア** ························· 58
- **ハーデンベルギア** ···························· 291
- バードオブパラダイス ▶**ストレリチア** ······ 317
- ハートピー ▶**フウセンカズラ** ··············· 220
- **バーベナ** ····································· 208
- バーベナ・テネラ ······························ 208
- バーベナ・ボナリエンシス ···················· 208
- バーベナ・リギタ ······························ 208
- ハイドランジア ▶**アジサイ** ················· 134
- ハイドランジア・アルボレスケンス ▶**アジサイ** ··· 134
- パイナップルミント ▶**ミント** ··············· 244
- パイナップルリリー ▶**ユーコミス** ··········· 249
- バイパーズビューグロス ▶**エキウム** ········· 41
- **ハイビスカス** ································ 209
- ハイマツゲボタン ▶**カランドリニア** ········ 159
- ハイモ ▶**カラジウム** ························ 158
- バウエラ ▶**アイノカンザシ** ··················· 30
- バウエラ・ルビオイデス ▶**アイノカンザシ** ··· 30
- ハウチワマメ ▶**ルピナス** ··················· 123
- パエオニア・アノマラ ▶**シャクヤク** ········· 73
- **ハエマンツス** ································ 207
- ハエマンツス・アルビフロルス ··············· 207
- ハエマンツス・ムルティフロルス ············ 207
- ハギカ ▶**ブータンノボタン** ················· 221
- **パキスタキス** ································ 210
- パキスタキス・コクシネア ···················· 210
- パキスタキス・ルテア ························ 210
- ハクチョウソウ ▶**ガウラ** ··················· 154
- ハグマノキ ▶**スモークツリー** ··············· 190

ハゲイトウ	291	花ベゴニア ▶ベゴニア	226
バコパ	210	ハナヤナギ ▶クフェア	164
ハゴロモギク ▶アルクトティス	38	**ハナヤギ ▶クリサンセマム**	62
ハゴロモグサ ▶アルケミラ	143	ハニーサックル ▶ツキヌキニンドウ	195
ハゴロモジャスミン	96	ハニシキ ▶カラジウム	158
ハゴロモノマツ ▶グレビレア	63	**パピアナ**	98
ハゴロモルコウソウ ▶ルコウソウ	307	バビアナ・ストリクタ	98
バジル	211	バビアナ・ルブロキアネア	98
ハス	211	パピルス ▶シペラス	185
ハゼリソウ ▶ファセリア	100	**パフィオペディルム**	292
畑地性カラー ▶カラー	314	**ハブランツス**	214
バタフライアイリス ▶モラエア	302	ハブランツス・アンダーソニー	214
バタフライオーキッド ▶オンシジウム	266	ハブランツス・ロブスツス	214
バタフライチューリップ ▶カロコロツス	51	**ハボタン**	293
バタフライピー ▶クリトリア	166	ハマオモト ▶クリヌム	166
バタフライブッシュ ▶ブッドレア	222	ハマカンザシ ▶アルメリア	38
ハチス ▶ハス	211	**バラ**	324
ハッカ ▶ミント	244	ハリアサガオ ▶ヨルガオ	252
ハツコイソウ	292	ハリマツリ ▶デュランタ	200
バッシア ▶コキア	174	バルーンバイン ▶フウセンカズラ	220
パッシフローラ ▶トケイソウ	203	バルーンフラワー ▶キキョウ	161
パッションフラワー ▶トケイソウ	203	春咲きグラジオラス ▶グラジオラス	165
パッションフルーツ ▶トケイソウ	203	ハルシャギク ▶コレオプシス	176
ハツユキソウ ▶ユーフォルビア	249	ハワイアンハイビスカス ▶ハイビスカス	209
ハナアオイ ▶ラバテラ	253	**バンクシア**	323
ハナアザミ ▶ドイツアザミ	92	バンクシア・コッキネア	323
ハナアナナス ▶チランドシア	321	バンクシア・フーケリアナ	323
ハナイチゲ ▶アネモネ	35	**パンジー ▶パンジー／ビオラ**	97
ハナカンナ ▶カンナ	161	パンジーオーキッド ▶ミルトニア	116
ハナギリソウ ▶アキメネス	130	パンジーゼラニウム ▶ゼラニウム	85
ハナキリン	212	**バンダ**	294
ハナキンポウゲ ▶ラナンキュラス	119	**パンドレア**	216
ハナグルマ ▶ガーベラ	49	パンドレア・ヤスミノイデス	216
ハナサフラン ▶クロッカス	66	**パンパスグラス**	294
花サボテン ▶サボテン類	316	パンパスグラス・セロアナ	294
ハナシキブ ▶カリオプテリス	269		
ハナシュクシャ ▶ジンジャー	186	**ヒ**	
ハナショウブ	212	**ヒアシンス(ヒヤシンス)**	99
ハナスベリヒユ	213	ピーコックオーキッド ▶アシダンテラ	260
ハナタバコ	213	ヒース ▶エリカ	262
ハナツメクサ ▶シバザクラ	71	ヒエンソウ ▶ラークスパー	118
ハナツルグサ ▶エスキナンサス	149	**ヒオウギ**	215
ハナトラノオ	214	ヒオウギアヤメ ▶ヒオウギ	215
ハナトリカブト ▶トリカブト	288	ヒオウギズイセン ▶ワトソニア	126
ハナニラ	96	**ビオラ ▶パンジー／ビオラ**	97
ハナネギ ▶アリウム	142	ヒガンバナ ▶リコリス	305
ハナハッカ ▶オレガノ	153	ヒゲナデシコ ▶ダイアンサス	88
ハナビシソウ	98	ビジョザクラ ▶バーベナ	208

ビジョナデシコ ▶**ダイアンサス**	88
ビスカリア	99
ヒソップ	216
ヒダカミセバヤ ▶**ミセバヤ**	301
ヒツジグサ ▶**スイレン**	187
ヒッペアストラム ▶**アマリリス**	36
ヒデリソウ ▶**マツバボタン**	240
ビデンス	295
ビデンス・フェルリフォリア	295
ビデンス・ラエウィス	295
ヒトツバマメ ▶**ハーデンベルギア**	291
ヒナギク ▶**デージー**	92
ヒナゲシ ▶**ポピー**	112
ヒペリカム	216
ヒペリカム・キネンセ	216
ヒマラヤの青いケシ ▶**メコノプシス**	245
ヒマラヤユキノシタ	100
ヒマワリ	217
ヒメエニシダ ▶**エニシダ**	42
ヒメガマ ▶**ガマ**	156
ヒメキンギョソウ ▶**リナリア**	121
ヒメゲッカビジン ▶**ゲッカビジン**	171
ヒメコウホネ ▶**コウホネ**	174
ヒメコスモス ▶**ブラキカム**	105
ヒメスイレン ▶**スイレン**	187
ヒメツルソバ	218
ヒメツルニチニチソウ ▶**ツルニチニチソウ**	196
ヒメトリトマ ▶**トリトマ**	202
ヒメノウゼンカズラ ▶**テコマリア**	200
ヒメノカリス	218
ヒメノカリス・スペキオサ	218
ヒメノカリス・マクロステファナ	218
ヒメノカリス・リットラリス	218
ヒメノボタン	219
ヒメハイノボタン ▶**ヒメノボタン**	219
ヒメハナシノブ ▶**ギリア**	58
ヒメハナビシソウ ▶**ハナビシソウ**	98
ヒメヒオウギ ▶**ラペイロウジア**	120
ヒメヒオウギズイセン ▶**クロコスミア**	169
ヒメフウロ ▶**ゲラニウム**	68
ヒメフヨウ ▶**アニソドンテア**	37
ヒメライラック ▶**ライラック**	118
ヒメワレモコウ ▶**ワレモコウ**	308
ヒモゲイトウ ▶**ハゲイトウ**	291
ヒャクニチソウ ▶**ジニア**	184
ヒューケラ ▶**ツボサンゴ**	196
ビヨウヤナギ ▶**ヒペリカム**	216
ピラカンサ	295

ビリーボタン ▶**クラスペディア**	163
昼咲きツキミソウ ▶**ツキミソウ**	195
ビロードギリ ▶**スミシアンタ**	188
ヒロハザミア ▶**ザミア**	315
ビンカ ▶**ツルニチニチソウ**	196
ビンカ ▶**ニチニチソウ**	206
ピンククロス ▶**ディアスパシス**	90
ピンクスズラン ▶**スズラン**	79
ピンクタートルヘッド ▶**ケロネ**	173
ピンクッション ▶**スカビオサ**	186
ピンクッションフラワー	323
ピンクトランペット ▶**ポドラネア**	238
ピンクノウゼンカズラ ▶**ポドラネア**	238
ピンクボロニア ▶ボロニア	113
ピンクレースフラワー ▶**レースフラワー**	329
ピンパーネル ▶**アナガリス**	34

フ

プアーマンズオーキッド ▶**シザンサス**	70
ファイアークラッカーバイン ▶**マネッチア**	115
ファイアーヒース ▶**エリカ**	263
ファセリア	100
ファセリア・カンパヌラリア	100
ファセリア・タナセテイフォリア	100
ファレノプシス	296
ファンシーゼラニウム ▶**ペラルゴニウム**	110
フィーバーヒュー ▶**マトリカリア**	243
フィゲリウス	220
フィゲリウス・アエクアリス	220
フィソステギア ▶**ハナトラノオ**	214
フィソステギア・バージニア ▶**ハナトラノオ**	214
斑入りゲットウ ▶**アルピニア**	310
斑入りコクチナシ ▶**ガーデニア**	153
斑入りゴシキトウガラシ ▶**ゴシキトウガラシ**	274
斑入りニューサイラン ▶**ニューサイラン**	322
斑入りハイビスカス ▶**ハイビスカス**	209
斑入り葉ゼラニウム ▶**ゼラニウム**	85
斑入りハナスベリヒユ ▶**ハナスベリヒユ**	213
斑入りハナトラノオ ▶**ハナトラノオ**	214
斑入りマンネングサ ▶**セダム**	320
フウキギク ▶**シネラリア**	70
ブーゲンビレア	220
フウセンカズラ	220
フウセンダマノキ ▶**フウセントウワタ**	221
フウセントウワタ	221
ブータンノボタン	221
ブータンルリマツリ ▶**ケラトスティグマ**	173
フウリンソウ ▶**カンパニュラ**	52

フウリンブッソウゲ ▶ハイビスカス	209
フウロソウ ▶ゼラニウム	68
フェアウェル・トゥー・スプリング ▶ゴデチア	175
フェスツカ	**326**
フェスツカ・グラウカ	326
フェリシア ▶ブルーデージー	106
フェリシア・フェテロフィラ ▶ブルーデージー	106
フェンネル ▶ウイキョウ	147
フォーゲットミーノット ▶ワスレナグサ	125
フォックスフェイス ▶ソラナム	285
フカミグサ ▶ボタン	111
吹き詰め咲きアネモネ ▶アネモネ	35
フクシア	**101**
フクジュソウ	**296**
覆輪ツルニチニチソウ ▶ツルニチニチソウ	196
覆輪マンネングサ ▶セダム	320
フクロナデシコ ▶シレネ	75
房咲きズイセン ▶スイセン	77
フサフジウツギ ▶ブッドレア	222
フジバカマ	**297**
プシュキニア（プーシキニア）	**101**
プシュキニア・スキロイデス・リバノティカ	101
フタエギキョウ ▶キキョウ	161
プチルージュ ▶ラペイロウジア	120
ブッドレア	**222**
ブッドレア・ダビディー	222
ブバリア ▶ブバルディア	297
ブバルディア	**297**
フユサンゴ ▶ソラナム	284
ブライダルベール	**222**
ブラウンボロニア ▶ボロニア	113
ブラキカム	**105**
ブラキカム・イベリディフォリア	105
ブラキカム・デイバシフォリア	105
ブラキカム・ムルティフィダ	105
ブラキスコメ ▶ブラキカム	105
ブラックアイドスーザン ▶ルドベキア	257
ブラックホリホック ▶タチアオイ	193
ブラッシア	**326**
フラワリング・メイプル ▶アブチロン ...	140
フリージア	**105**
フリーセア ▶アナナス類	139
フリーセア・カリナタ ▶アナナス類 ...	139
フリーセア・ポエルマンニー ▶アナナス類	139
フリティラリア	**104**
フリティラリア・インペリアリス	104
フリティラリア・ペルシカ	104
フリティラリア・ミハイロフスキー ...	104

フリティラリア・メレアグリス	104
プリムラ	**102**
プリムラ・オブコニカ	103
プリムラ・キューエンシス	103
プリムラ・シネンシス	103
プリムラ・ジュリアン	102
プリムラ・ポリアンサ	102
プリムラ・マラコイデス	103
プリムラ・ロゼア	103
ブルーキャッツアイ	**298**
ブルークローバー	**106**
ブルーサルビア ▶サルビア／セージ ..	178
ブルースター ▶オキシペタルム	45
ブルーデージー	**106**
ブルーファンフラワー	**223**
ブルーボール ▶エキノプス	149
ブルーポピー ▶メコノプシス	245
ブルーレースフラワー ▶レースフラワー	329
ブルビネラ	**107**
ブルビネラ・フロリバンダ	107
プルメリア	**223**
プルメリア・オブツサ	223
プルメリア・ルブラ	223
プルモナリア	**107**
プルモナリア・アングスティフォリア ..	107
プルモナリア・オフィキナリス	107
プルモナリア・サッカラタ	107
プルンバゴ	**224**
プルンバゴ・アウリクラタ	224
ブルンフェルシア	**109**
ブルンフェルシア・アウストラリス ...	109
フレンチマリーゴールド ▶マリーゴールド	241
フレンチラベンダー ▶ラベンダー	254
フローレンスフェンネル ▶ウイキョウ .	147
プロスタンテラ	**108**
プロスタンテラ・バクステリ・セリシア ..	108
フロックス	**225**
フロックス・ディバリカータ	225
フロックス・ドラモンディ	225
フロックス・パニキュラータ	225
プロテア	**327**
プロテア・ネリーフォリア	327
ブロワリア	**224**
ブロワリア・スペキオサ	224
ブロンズフェンネル ▶ウイキョウ	147

へ

ヘイシソウ ▶サラセニア	180

ペーパーデージー ▶**ヘリクリサム** ……… 232	ヘリコニア・プシタコラム ……………… 327
ヘーベ ……………………………………… 109	ヘリコニア・ロストラタ ………………… 327
ベゴニア ………………………………… 226	ベリス ▶**デージー** ……………………… 92
ベゴニア・センパフローレンス ………… 226	ヘリトリオシベ ▶**クロッサンドラ** …… 170
ベゴニア・メイソニア ……………………… 227	**ヘリプテラム** …………………………… 233
ベゴニア・レクス …………………………… 227	ヘリプテラム・アンテモイデス ………… 233
ペチュニア ……………………………… 228	ヘリプテラム・マングルシー …………… 233
ベッセラ ………………………………… 230	ペルーのユリ ▶**アルストロメリア** …… 311
ベッセラ・エレガンス …………………… 230	ベルガモット ▶**モナルダ** ……………… 246
ヘディキウム ▶**ジンジャー** …………… 186	ベルゲニア ▶**ヒマラヤユキノシタ** …… 100
ヘディキウム・ガードネリアナム ▶**ジンジャー** … 186	ペルシカリア・カピタタ ▶**ヒメツルソバ** … 218
ヘディキウム・コロナリウム ▶**ジンジャー** … 186	ベルテッセン ▶**クレマチス** …………… 64
ヘテロケントロン・エレガンス ▶**ヒメノボタン** … 219	ヘレボルス ▶**クリスマスローズ** ……… 272
ベニウチワ ▶**アンスリウム** …………… 312	ヘレボルス・オリエンタリス
ベニコチョウ ▶**アロンソア** …………… 144	▶**クリスマスローズ** ………………… 272
ベニサンゴバナ ▶**パキスタキス** ……… 210	ヘレボルス・チベタヌス ▶**クリスマスローズ** … 272
ベニジウム ……………………………… 110	ヘレボルス・ニゲル ▶**クリスマスローズ** … 272
ベニジウム・ファストオスム …………… 110	ヘレボルス・フェチダス ▶**クリスマスローズ** … 272
ベニディオ・アルクトティス ▶**アルクトティス** … 38	**ベロニカ** ………………………………… 234
ベニニガナ ▶**カカリア** ………………… 155	ベロニカ・スピカタ ……………………… 234
ベニバナ ………………………………… 230	ベロニカ・ペドゥンクラリス …………… 234
紅花ダイモンジソウ ▶**ダイモンジソウ** … 286	ベロニカ・ロンギフォリア ……………… 234
紅花ツメクサ ▶**ストロベリーキャンドル** … 81	**ベロペロネ** ……………………………… 233
紅花トケイソウ ▶**トケイソウ** ………… 203	ベロペロネ・グッタータ ………………… 233
ベニハリ ▶**リビングストンデージー** … 121	ベンガルヤハズカズラ ▶**ツンベルギア** … 197
ベニヒメリンドウ ▶**エキザカム** ……… 148	**ベンケイソウ** …………………………… 299
ベニヒモノキ ▶**アカリファ** …………… 129	**ペンステモン** …………………………… 235
ベニベンケイ ▶**カランコエ** …………… 268	ペンステモン・バルバツス ……………… 235
ベニラン ▶**シラン** ……………………… 74	ペンステモン・ヒブリダス ……………… 235
ペパーミント ▶**ミント** ………………… 244	**ペンタス** ………………………………… 235
ベビーズブレス ▶**カスミソウ** ………… 313	ペンタス・ランケオラタ ………………… 235
ベビーブルーアイズ ▶**ネモフィラ** …… 95	**ペンツィア** ……………………………… 111
ヘメロカリス ………………………………… 231	ペンツィア・グランディフロラ ………… 111
ベラドンナリリー ………………………… 298	
ベラムカンダ ▶**ヒオウギ** ……………… 215	**ホ**
ペラルゴニウム ………………………… 110	ホイヘラ ▶**ツボサンゴ** ………………… 196
ペラルゴニウム・インクラッサツム …… 110	ホイヘラ・サングイネア ▶**ツボサンゴ** … 196
ヘリアンサス ▶**ヤナギバヒマワリ** …… 303	**ポインセチア** …………………………… 299
ヘリオトロープ ………………………… 231	ホウキギ ▶**コキア** ……………………… 174
ヘリオトロープ・アルボレスケンス …… 231	**ホウセンカ** ……………………………… 236
ヘリオトロープ・エウロパエウム ……… 231	**ホオズキ** ………………………………… 237
ヘリクリサム …………………………… 232	ポーチドエッグプランツ ▶**リムナンテス** … 122
ヘリクリサム・カシアナム ……………… 232	ポーチュラカ ▶**ハナスベリヒユ** ……… 213
ヘリクリサム・サブリフォリウム ……… 232	ホオベニエニシダ ▶**エニシダ** ………… 42
ヘリクリサム・ブラクテアツム ………… 232	ホクシャ ▶**フクシア** …………………… 101
ヘリクリサム・ペティオラツム ………… 232	ホザキアヤメ ▶**バビアナ** ……………… 98
ヘリクリサム・レトリツム ……………… 232	ボサギク ▶**キク** ………………………… 270
ヘリコニア ……………………………… 327	ホシクジャク ▶**イースターカクタス** … 39

星咲きゼラニウム ▶**ゼラニウム**	84	マジックリリー ▶**リコリス**	305
ホスタ ▶**ギボウシ**	55	**マスデバリア**	328
細葉ヒャクニチソウ ▶**ジニア**	184	マダガスカルシタキソウ ▶**マダガスカルジャスミン**	239
ボタン	111	**マダガスカルジャスミン**	239
ボタンイチゲ ▶**アネモネ**	35	マツカサアザミ ▶**エリンジウム**	150
ポットガーベラ ▶**ガーベラ**	49	マツカサギク ▶**ルドベキア**	257
ポットマム ▶**キク**	271	**マツバギク**	240
ポットマリーゴールド ▶**キンセンカ**	60	**マツバボタン**	240
ホテイアオイ	237	マツユキソウ ▶**スノードロップ**	281
ホテイソウ ▶**ホテイアオイ**	237	**マトリカリア**	243
ポティナラ ▶**カトレア**	267	**マネッチア**	115
ホトトギス	300	マネッチア・インフラタ	115
ポドラネア	238	マユハケオモト ▶**ハエマンツス**	207
ポドラネア・リカソリアナ	238	**マリーゴールド**	241
ホネヨモギ ▶**コウホネ**	174	マルコルミア（マルコミア）	
ポピー	112	▶**バージニアストック**	95
アイスランドポピー ▶**ポピー**	112	マルコルミア・マリティマ	
ウォーターポピー	147	▶**バージニアストック**	95
オリエンタルポピー ▶**ポピー**	112	丸葉マンネングサ ▶**セダム**	320
カリフォルニアポピー ▶**ハナビシソウ**	98	マルバルコウ ▶**ルコウソウ**	307
ブルーポピー ▶**メコノプシス**	245	**マンデビラ**	242
ポリアンサス ▶**チューベローズ**	194	マンデビラ・サンデリ	242
ポリアンサス・ツベロサ ▶**チューベローズ**	194	マンデビラ・ボリビエンシス	242
ポリクセナ（ポリキセナ）	301	マンテマ ▶**シレネ**	75
ポリクセナ・エンシフォリア	301	マンネングサ ▶**セダム**	320
ポリクセナ・コリンボサ	301	マンネンロウ ▶**ローズマリー**	329
ポリゴナム・カピタツム ▶**ヒメツルソバ**	218		
ホリホック ▶**タチアオイ**	193	**ミ**	
ボロニア（ボロニア）	113	実生ダリア ▶**ダリア**	192
ボローニア・クレヌラタ	113	ミズウチワ ▶**ウォーターポピー**	147
ボローニア・ピンナータ	113	水カラー ▶**カラー**	314
ボローニア・ヘテロフィラ	113	ミスクサ ▶**ガマ**	156
ボローニア・メガスティグマ	113	ミズヒナゲシ ▶**ウォーターポピー**	147
ホワイトスター ▶**オキシペタルム**	45	**ミセバヤ**	301
ホワイトレースフラワー ▶**レースフラワー**	329	ミゾカクシ ▶**ロベリア**	258
ホンアマリリス ▶**ベラドンナリリー**	298	**ミソハギ**	243
ポンテデリア	238	ミッキーマウスプランツ ▶**オクナ**	47
ポンテデリア・コルダータ	238	緑の鈴 ▶**セネシオ**	282
ボンバナ ▶**オミナエシ**	266	**ミナ・ロバータ**	302
ボンバナ ▶**ミソハギ**	243	ミナヅキ ▶**アジサイ**	135
		ミナレットルピナス ▶**ルピナス**	123
マ		ミニアイリス ▶**球根アイリス**	56
マーガレット	114	ミニカーネーション ▶**カーネーション**	48
マーガレットコスモス ▶**ステイロディスカス**	79	ミニカトレア ▶**カトレア**	267
マーマレードノキ	239	ミニサボテン ▶**サボテン類**	316
マーマレードブッシュ ▶**マーマレードノキ**	239	ミニデンドロ ▶**デンドロビウム**	287
マオラン ▶**ニューサイラン**	322	ミニホリホック ▶**シダルケア**	183
マガリバナ ▶**イベリス**	40	**ミムラス**	115

ミモザ・プディカ ▶**オジギソウ**	152
ミヤコワスレ	116
ミヤマオダマキ ▶**アキレギア**	31
ミヤマヨメナ ▶**ミヤコワスレ**	116
ミラー ▶**アルケミラ**	143
ミルクウィード ▶**アスクレピアス**	133
ミルトニア	116
ミント	244
ミントブッシュ ▶**プロスタンテラ**	108
'ミントベル' ▶**プロスタンテラ**	108

ム

ムーンフラワー ▶**ヨルガオ**	252
ムギセンノウ ▶**アグロステンマ**	30
ムギナデシコ ▶**アグロステンマ**	30
ムギワラギク ▶**ヘリクリサム**	232
ムシトリナデシコ ▶**シレネ**	75
ムスカリ	117
ムスカリ・アルメニアカム	117
ムスカリ・コモスム	117
ムスカリ・ボトリオイデス	117
ムスカリ・ラティフォリウム	117
ムラサキクンシラン ▶**アガパンサス**	129
ムラサキツユクサ	244
ムラサキハシドイ ▶**ライラック**	118
ムラサキバレンギク ▶**エキナケア**	148
ムラサキベンケイソウ ▶**ベンケイソウ**	299
ムレナデシコ ▶**カスミソウ**	313

メ

メキシカンサンフラワー ▶**チトニア**	194
メキシカンジニア ▶**サンビタリア**	182
メキシカンフレームバイン ▶**セネシオ**	282
メキシコハナヤナギ ▶**クフェア**	164
メキシコヒマワリ ▶**チトニア**	194
メキシコヒャクニチソウ ▶**ジニア**	184
メキシコマンネングサ ▶**セダム**	320
メコノプシス	245
メコノプシス・ベトニキフォリア	245
目玉焼き草 ▶**リムナンテス**	122
メディニラ	245
メディニラ・スペシオサ	245
メディニラ・マグニフィカ	245
メドーセージ ▶**サルビア／セージ**	179
メボウキ ▶**バジル**	211
メランポジウム	246
メランポジウム・パルドスム	246
メンタ ▶**ミント**	244

モ

モクシュンギク ▶**マーガレット**	114
モスカツス・ツベロスス ▶**トロロアオイ**	205
モスフコックス ▶**シバザクラ**	71
モッコウバラ ▶**バラ**	325
モナルダ	246
モナルダ・ディディマ	246
モナルダ・フィスツロサ	246
モナルダ・プンクタータ	246
モミジアオイ	247
モミジバゼラニウム ▶**ゼラニウム**	85
モモイロタンポポ ▶**クレピス**	63
モモバギキョウ ▶**カンパニュラ**	53
モラエア	302
モラエア・アリスタタ	302
モラエア・ピロサ	302
モラエア・ポリスタキア	302
モルセラ	247
モルセラ・ラエビス	247
モレア ▶**モラエア**	302
モンキーフラワー ▶**ミムラス**	115
モントブレチア ▶**クロコスミア**	169

ヤ

八重咲きアッツザクラ ▶**アッツザクラ**	34
八重咲きオダマキ ▶**アキレギア**	31
八重サンユウカ ▶**サンユウカ**	182
ヤグルマギク ▶**セントーレア**	86
ヤグルマソウ ▶**セントーレア**	86
ヤグルマテンニンギク ▶**ガイラルディア**	154
ヤグルマハッカ ▶**モナルダ**	246
ヤツシロソウ ▶**カンパニュラ**	53
ヤトロファ	248
ヤトロファ・インテゲリマ	248
ヤトロファ・ポダグリカ	248
ヤナギハッカ ▶**ヒソップ**	216
ヤナギバヒマワリ	303
ヤハズカズラ ▶**ツンベルギア**	197
ヤマホトトギス ▶**ホトトギス**	300
ヤマモモソウ ▶**ガウラ**	154
ヤマユリ ▶**ユリ**	250
ヤリゲイトウ ▶**ケイトウ**	172
ヤリズイセン ▶**イキシア**	39
ヤロー ▶**アキレア**	131

ユ

ユウガオ ▶**ヨルガオ**	252

ユ

ユウギリソウ ………………………… **248**
ユーコミス …………………………… **249**
ユーコミス・アウツムナリス …………… 249
ユーコミス・ビコロル …………………… 249
ユーストマ ▶**トルコギキョウ** ………… **322**
ユウゼンギク ………………………… **303**
ユーチャリス ▶**アマゾンリリー** ……… **260**
ユーチャリス・グランディフロラ
　　▶**アマゾンリリー** ………………… **260**
ユーフォルビア ………………………… **249**
ユーフォルビア・フルゲンス …………… 249
ユーフォルビア・マルギナタ …………… 249
ユーフォルビア・レウコケファラ ……… 249
ユキゲユリ ▶**チオノドクサ** …………… **90**
ユテンソウ ▶**ホトトギス** ……………… **300**
ユリ ……………………………………… **250**
ユリオプス・ウィルギネウス
　　▶**ユリオプスデージー** …………… **304**
ユリオプスデージー ………………… **304**
ユリズイセン ▶**アルストロメリア** …… **311**

ヨ

洋種アズマギク ▶**エリゲロン** ………… **44**
洋種クモマグサ ▶**クモマグサ** ………… **61**
洋種コナスビ ▶**リシマキア** ………… **255**
洋種トリカブト ▶**トリカブト** ………… **288**
ヨウラクソウ ▶**シュウカイドウ** ……… **279**
ヨウラクユリ ▶**フリティラリア** ……… **104**
ヨダーマム ▶**キク** …………………… **271**
四つ葉のクローバー ▶**ストロベリーキャンドル** … **81**
ヨルガオ ……………………………… **252**

ラ

ラークスパー ………………………… **118**
ライア・エレガンス ▶**カリフォルニアデージー** … **50**
ライオンズイヤー ▶**レオノチス** ……… **308**
ライラック ……………………………… **118**
ラグルス（ラグラス） ………………… **252**
ラグルス・オバタス …………………… 252
ラケナリア …………………………… **119**
ラケナリア・ウニコロル ……………… 119
ラケナリア・ブルビフェラ …………… 119
ラッセルルピナス ▶**ルピナス** ………… **123**
ラッパズイセン ▶**スイセン** …………… **77**
ラナンキュラス ……………………… **119**
ラバテラ ……………………………… **253**
ラバテラ・ツリンギアカ ……………… 253
ラバテラ・トリメストリス …………… 253

ラブリーマム ▶**キク** ………………… **271**
ラペイロウジア ……………………… **120**
ラペイロウジア・シレノイデス ……… 120
ラペイロウジア・ラクサ ……………… 120
ラベンダー …………………………… **254**
ラベンダー・ストエカス ……………… 254
ラベンダー・ピンナタ ………………… 254
ラミウム ……………………………… **120**
ラミウム・マクラツム ………………… 120
ランタナ ……………………………… **253**
ランタナ・カマラ ……………………… 253
ランタナ・モンテビデンシス ………… 253

リ

リアトリス …………………………… **256**
リアトリス・スピカタ ………………… 256
リオン ▶**ケロネ** ……………………… **173**
リカステ ……………………………… **304**
シレネ・コエリ‐ロサ ▶**ビスカリア** …… **99**
リコリス ……………………………… **305**
リコリス・オーレア …………………… 305
リコリス・スプレンゲリー …………… 305
リシアンサス ▶**トルコギキョウ** …… **322**
リシマキア …………………………… **255**
リシマキア・キリアタ ………………… 255
リシマキア・ヌンムラリア …………… 255
リシマキア・プロクンベンス ………… 255
リシマキア・プンクタータ …………… 255
リップスティックプラント ▶**エスキナンサス** … **149**
リナリア ……………………………… **121**
リナリア・プルプレア ………………… 121
リナリア・マロッカナ ………………… 121
リビングストンデージー …………… **121**
リムナンテス ………………………… **122**
リムナンテス・ダグラシー …………… 122
リモニウム ▶**スターチス** …………… **318**
リモニウム・スウォロウィー ▶**スターチス** … **318**
リュウカデンドロン ▶**レウカデンドロン** … **328**
リュウキュウアサガオ ▶**アサガオ** …… **132**
リューココリネ ……………………… **122**
リューココリネ・イキシオイデス …… 122
リューココリネ・プルプレア ………… 122
リリー
　　カラーリリー ▶**カラー** …………… **314**
　　ジンジャーリリー ▶**アルピニア** …… **310**
　　スパイダーリリー ▶**ヒメノカリス** … **218**
　　タイガーリリー ▶**チグリディア** …… **193**
　　ダイヤモンドリリー ▶**ネリネ** ……… **289**

デイリリー ▶**ヘメロカリス**………	**231**
トーチリリー ▶**トリトマ**…………	**203**
パイナップルリリー ▶**ユーコミス**……	**249**
ベラドンナリリー………………………	**298**
マジックリリー ▶**リコリス**…………	**305**
レインリリー ▶**ゼフィランサス**……	**190**
ワンディリリー ▶**チグリディア**……	**193**
リリウム ▶**ユリ**…………………	**250**
リンドウ…………………………	**306**

ル

ルクリア…………………………	**307**
ルクリア・ピンセアナ…………………	307
ルコウソウ………………………	**307**
ルドベキア………………………	**257**
ルドベキア・ヒルタ……………………	257
ルドベキア・フルギダ…………………	257
ルピナス…………………………	**123**
ルリカラクサ ▶**ネモフィラ**………	**95**
ルリギク ▶**ストケシア**……………	**188**
ルリタマアザミ ▶**エキノプス**……	**149**
ルリチョウチョウ ▶**ロベリア**……	**258**
ルリトウワタ ▶**オキシペタルム**…	**45**
ルリトラノオ ▶**ベロニカ**…………	**235**
ルリニガナ ▶**カタナンケ**…………	**156**
ルリハコベ ▶**アナガリス**…………	**34**
ルリヒナギク ▶**ブルーデージー**…	**106**
ルリマツリ ▶**プルンバゴ**…………	**224**
ルリマツリモドキ ▶**ケラトスティグマ**…	**172**
ルリヤナギ ▶**ソラナム**……………	**284**

レ

レインリリー ▶**ゼフィランサス**……	**190**
レウィシア………………………	**124**
レウィシア・コチレドン………………	124
レウカデンドロン………………	**328**
レウココリネ ▶**リューココリネ**…	**122**
レウコスペルマム ▶**ピンクッションフラワー**……	**323**
レウコスペルマム・コルディフォリウム ▶**ピンクッションフラワー**……	**323**
レースフラワー…………………	**329**
レースラベンダー ▶**ラベンダー**…	**254**
レオノチス………………………	**308**
レオノチス・レオヌルス………………	308
レケナウルティア ▶**ハツコイソウ**…	**292**
レケナウルティア・ビロバ ▶**ハツコイソウ**…	**292**
レディースイヤードロップス ▶**フクシア**…	**101**
レディースマントル ▶**アルケミラ**………	**143**

レディスリッパ ▶**パフィオペディルム**…	**292**
レプトシフォン ▶**ギリア**…………	**58**
レプトスペルマム ▶**ギョリュウバイ**…	**57**
レリオカトレア ▶**カトレア**………	**267**
レンテンローズ ▶**クリスマスローズ**…	**272**

ロ

ローズゼラニウム ▶**ゼラニウム**…	**85**
ローズマリー……………………	**329**
ローズマロウ ▶**アメリカフヨウ**…	**141**
ロータス…………………………	**124**
ロータス・ベルテロティー……………	124
ロータス・マクラツス…………………	124
ロータス ▶**ハス**………………	**211**
ローダンセ ▶**ヘリプテラム**………	**233**
ローマンカモミール ▶**カモミール**…	**157**
ローレンチア ▶**イソトマ**…………	**145**
ロケア……………………………	**256**
ロケア・コッキネア……………………	256
ロツス ▶**ロータス**…………………	**124**
ロドヒポクシス ▶**アッツザクラ**…	**34**
ロベリア…………………………	**258**
ロベリア・エリヌス……………………	258

ワ

ワイルドガーリック ▶**ツルバギア**…	**286**
ワイルドストロベリー…………	**125**
ワイルドヒアシンス ▶**シラー**……	**74**
ワスレナグサ……………………	**125**
ワックスフラワー………………	**126**
ワトソニア………………………	**126**
ワレモコウ………………………	**308**
ワンディリリー ▶**チグリディア**…	**193**

文／金田 初代

● 著者紹介

[かねだ はつよ]

茨城県出身。東洋大学卒業後、出版社に勤務。現在、植物専門のフィルムライブラリー（株）アルスフォト企画に勤務。著書に『季節・生育地でひける 野草・雑草の事典530種』（西東社）などがある。

写真／金田 洋一郎

[かねだ よういちろう]

滋賀県出身。日本大学芸術学部写真科卒。フィルムライブラリー（株）アルスフォト企画を経営。園芸植物写真を中心に撮影活動に従事し、多数の出版物、印刷物に写真を提供。

- ●写真協力————瀬籐敏行　隅田雅春　長塚洋二　金田一
- ●撮影協力————浜崎雅子　紫竹ガーデン　フラワーヒル「花その」
- ●イラスト————谷川紀子
- ●デザイン————八木孝枝（株式会社スタジオダンク）
- ●DTP————株式会社明昌堂
- ●編集協力————TANDEM（萩原秀子）

※本書は、当社ロングセラー『花の事典』（2003年10月発行）の書名・判型・価格等を変更したものです。

持ち歩き！ 花の事典970種
知りたい花の名前がわかる

- ●著　者————金田 初代［かねだ はつよ］・金田 洋一郎［かねだ よういちろう］
- ●発行者————若松 和紀
- ●発行所————株式会社西東社

〒113-0034 東京都文京区湯島2-3-13

営業部：TEL（03）5800-3120　　FAX（03）5800-3128
編集部：TEL（03）5800-3121　　FAX（03）5800-3125

URL：http://www.seitosha.co.jp/

本書の内容の一部あるいは全部を無断でコピー、データファイル化することは、法律で認められた場合をのぞき、著作者及び出版社の権利を侵害することになります。

第三者による電子データ化、電子書籍化はいかなる場合も認められておりません。

落丁・乱丁本は、小社「営業部」宛にご送付ください。送料小社負担にて、お取替えいたします。

ISBN978-4-7916-2159-0